Obst- und Gartenbauverlag München

Helmut und Margrit Hintermeier

Blütenpflanzen und ihre Gäste

Teil 2

354 Farbfotos, 28 Zeichnungen

Bayerischer Landesverband für Gartenbau und Landespflege e.V.

Herausgeber:
Bayerischer Landesverband für Gartenbau und Landespflege e. V.
Herzog-Heinrich-Straße 21, 80336 München

E-Mail:
info@gartenbauvereine.org

Internet:
www.gartenratgeber.de

Auflage:
2. Auflage 2009
ISBN 978-3-87596-116-4

Bearbeitung:
Text und Zeichnungen: Helmut Hintermeier
Layout: Margrit Hintermeier
Alle Rechte beim Obst- und Gartenbauverlag des Bayerischen
Landesverbandes für Gartenbau und Landespflege e.V., München

Reproduktion:
MMIntec GmbH, Miesbach

Druck:
Mayr Miesbach GmbH, Miesbach

Zu diesem Buch

Seit dem Erscheinen der Broschüre „Blütenpflanzen und ihre Gäste" sind beim Verfasser zahlreiche Zuschriften mit vielen Anregungen eingegangen. Sie haben dazu ermutigt, in einem 2. Teil noch weitere bekannte Blütenpflanzen mit ihren Gästen vorzustellen, zumal in Teil 1 mehrere Arten mit überaus regem Insektenbesuch (z.B. Doldenblütler) aus Raumgründen nicht mehr berücksichtigt werden konnten. Auch diese Schrift wendet sich in erster Linie an Gartenbesitzer und Freizeit-Entomologen, aber auch an Biologielehrer, Imker und andere Naturfreunde. Wie schon im Titel angekündigt, wurde auf die Darstellung blütenbiologischer und blütenökologischer Aspekte besonderer Wert gelegt.

Eine beachtliche Anzahl der Blütenstauden und Gehölze lässt sich ohne großen finanziellen Aufwand auch in Gärten, Parkanlagen, Schulgärten und Schulhöfen anpflanzen – ein gleich in dreifacher Hinsicht lohnenswertes Vorhaben: Zum einen stellen Frühblüher als erste Pollen- und Nektarquelle des Jahres eine wichtige Starthilfe für überwinterte Schmetterlinge und zeitig im Jahr fliegende Hummeln und Wildbienen dar. Ferner halten die meist etwas feuchteren Gärten auch während der Sommerdürre noch Blüten in größerer Anzahl bereit und bilden so ab Juli eine willkommene „Überbrückungstracht" für die nach der Wiesenmahd sich meist einstellenden Nahrungsengpässe. Schließlich lassen sich in Privat- und Schulgärten gezielt all jene ökologischen Blumentypen anpflanzen, die dem Betrachter in sehr sinnenfälliger Weise vor Augen führen, wie sich Blüten und die sie besuchenden Insekten in ihren morphologischen Strukturen aufeinander abgestimmt haben.

Neben Blütenfarbe, Duft und Blühzeit sorgt vor allem der Bau, also gleichsam die „Architektur" der Blüten dafür, dass eine hinreichende Bestäubung durch die Besucher sichergestellt ist. Je anspruchsvoller eine Pflanze in der Wahl ihrer „Kundschaft" ist, desto genauer muss die gegenseitige Anpassung sein. Durch vielfältige eigene Beobachtungen geschult, können so selbst Kinder bald mühelos die besonderen Gestaltmerkmale von Tag- und Nachtfalterblumen, Bienen- und Hummelblumen, Fliegen- und Käferblumen erkennen. Damit dürfte das Buch vor allem bei der Durchführung schulischer Unterrichtsgänge sehr hilfreich sein. Die Schüler erhalten so vor Ort eine Fülle von Einsichten und Kenntnissen, wie sie die knappen Beschreibungen mitgeführter Bestimmungsbücher niemals bieten können. Viele bisher kaum beachtete oder geringschätzig als „Unkraut" eingestufte Wildpflanzen werden plötzlich als wertvolle Pollen- und Nektarspender oder lebenswichtige Futterpflanzen für Schmetterlingsraupen und viele andere phytophage Insekten erkannt.

Die Schrift dürfte aber auch in der Hand von Imkern gute Dienste leisten, die häufig dazu neigen, Blütenpflanzen hauptsächlich oder gar ausschließlich nach deren Trachtwert für Honigbienen zu beurteilen. Letztere sind zwar aufgrund ihrer Blütenstetigkeit und ausgeprägten Vorratswirtschaft in erster Linie an so genannten Massentrachten (Obstblüte, Löwenzahn, Raps...) interessiert, nach deren Abblühen nutzen aber auch Honigbienen ein sehr weit gespanntes Blütenspektrum. Verkörpert doch gerade die Honigbiene den Prototyp einer „Universalbiene": Während manche Wildbienenarten mit ihrer relativ kurzen Flugzeit als „Spezialbienen" naturgemäß mit ganz bestimmten Blumen synchronisiert sind, ist dies bei Honigbienen unmöglich.

Aber trotz mehrerer überragender Bestäubungseigenschaften besitzt die Honigbiene keineswegs eine Art „Bestäubungsmonopol". Ausgesprochene „Spezialblüten" wie Hummel-, Tag- und Nachtfalterblumen sind auf entsprechende „Blütenspezialisten" angewiesen und können sich ohne deren Bestäubungsdienste nicht generativ fortpflanzen. Ferner: Weitab von Bienenständen gehören Wildbienen mit über 80% aller Blütengäste zu den wichtigsten Bestäubern von Wild- und Kulturpflanzen. Mit ihrem erstaunlichen Artenreichtum – in Deutschland fliegen rund 500 Arten – schließen diese Solitärbienen so manche von der Honigbiene hinterlassene Bestäubungslücke. Umsichtige, ökologisch denkende Imker sollten daher auch die oft verkannten „Kleinen Verwandten" ihrer Schützlinge mit im Auge behalten und sich – wo immer nur möglich – für eine floristische Wiederbelebung der Gesamtlandschaft einsetzen.

Helmut Hintermeier

Inhalt

Hasel

Schon ab Anfang Februar mehren sich die Anzeichen dafür, dass die Zeit der kahlen Äste nun bald vorüber ist. Zu den allerersten, freilich recht unscheinbaren Blüten des Jahres gehören die der Hasel. Sie zählt zwar zur Familie der Birkengewächse, schlägt aber als einzige etwas aus der Art: Statt ein aufstrebender Baum zu werden, wie ihre Verwandten, die Birke, die Erle und die Hainbuche, begnügt sie sich mit der Stellung eines Busches.

Künder des Vorfrühlings

Bereits Grundschüler wissen, dass sich das astronomische Jahr in vier gleiche Zeitabschnitte gliedert: Frühling (21. 3.–21. 6) Sommer (21. 6.–23. 9.), Herbst (23. 9.–21. 12) und Winter (21. 12.–21. 3). Die von uns in der heimischen Natur erlebten Jahreszeiten, fallen mit dieser mathematischen Kalendereinteilung jedoch nicht zusammen; sie lassen sich nicht auf den Tag (z. B. Frühlingsanfang) festlegen – so glauben wir der ersten Lerche doch mehr, ob der Frühling da sei, als dem Kalendermacher.

Innerhalb der Biologie gibt es heute einen Wissenszweig, der sich mit der Erforschung des zeitlichen Ablaufs der Lebenserscheinungen der heimischen Tier- und Pflanzenwelt befasst. Das ist die als „Erscheinungslehre" bezeichnete Phänologie. So sucht die Pflanzenphänologie den Eintritt der wichtigsten Lebensabschnitte (Laubausbruch, Blühen, Reifen, Laubverfärbung, Blattfall) allgemein bekannter Pflanzen festzustellen. Durch langjährige Beobachtung ist man zu acht Jahreszeiten gelangt:

Vorfrühling – Erstfrühling – Vollfrühling – Frühsommer – Hochsommer – Frühherbst – Herbst – Winter. Eröffnet wird der Reigen durch die Hasel. Sie läutet den Vorfrühling ein, der bis zum Laubausbruch der Rosskastanie reicht. In wärmeren Gebieten beginnt der Vorfrühling schon recht früh, in der Regel einen Monat früher als in den kälteren Gebieten. Der Haselstrauch stäubt in Frankfurt am Main am 2. Februar, in Nürnberg am 1. März und in Dresden am 6. März.

Wind als Bestäuber

Rund ein Fünftel aller mitteleuropäischen Pflanzen sind bei ihrer Bestäubung auf den Wind angewiesen. Auch die Hasel zählt zu den Windblütlern und ist dieser Art der Pollenübertragung bestens angepasst. Die schon v o r dem Laubaustrieb blühende Hasel ist getrennt geschlechtlich einhäusig, d. h. männliche und weibliche Blüten sitzen an verschiedenen Stellen auf ein- und demselben Strauch.

Männliche Staubblüten: Die männlichen Blüten sind zu dichten, 3–6 cm langen Kätzchen (im Volksmund liebevoll Lämmerschwänzchen genannt) vereinigt, die in Dreiergruppen zusammenstehen. Schneidet man ein Kätzchen quer durch, so sieht man, wie von der Achse nach allen Seiten Blättchen ausstrahlen. Unter jeder dieser Kätzchenschuppen finden sich zwei mit ihnen verwachsene, sehr zarte Blättchen und unter diesen wieder acht Staubblätter (eigentlich sind es nur vier, die aber bis zum Grund geteilt und deren Hälften auseinandergerückt sind). Bei kaltem, regnerischem Wetter öffnen sich die Staubbeutel nicht. Bei milderer Witterung rieselt der Blütenstaub aus den Beuteln hervor, fällt aber nicht zu Boden, sondern lagert sich auf der waagrecht darunter stehenden Kätzchenschuppe ab. Hier bleibt er liegen bis ihn ein Windhauch abholt und ausstreut. Die Pollenproduktion ist gewaltig: Auf eine weibliche Blüte kommen etwa 2,5 Millionen Pollenkörner.

Weibliche Stempelblüten: Die weiblichen Blüten stehen in laubknospenähnlichen Blütenständen an vorjährigen Zweigen. Da die lebhaft roten Narben zur Blütezeit aus der Knospe hervortreten, sind sie gleichfalls dem

Birke, Erle und Hasel tragen ihre im Spätsommer angelegten, aber noch geschlossenen Blütenkätzchen schon bei Wintereinbruch.

Die Blütenkätzchen sitzen am Ende oder in den Blattachseln vorjähriger Zweige.

Die weiblichen Blüten sind bis auf die roten, fädigen Narben in den Knospen geborgen.

Die im Herbst reifenden Nüsse sitzen in einer zerschlitzten Fruchtbecherhülle.

Wind frei ausgesetzt. Die Narben (je zwei in einer Blüte) sind verhältnismäßig groß und dicht mit feinen Härchen besetzt, sodass sie den angewehten Pollen wie vortreffliche „Staubfänger" festhalten. Im Unterschied zum klebrigen Blütenstaub der Insektenblütler ist der Pollen der Hasel staubartig trocken und kann so leicht vom Wind verdriftet werden. Der Fruchtknoten der weiblichen Blüten ist im Inneren der Knospenhülle geborgen. Sie bildet einen wirksamen Frostschutz, da jetzt oft noch recht kalte Tage kommen. Nach erfolgter Bestäubung beginnt der Fruchtknoten zu schwellen: Die Fruchtknotenwand wird zur harten, holzigen Schale und die Samenknospe zum Kern der Haselnuss.

Die Hasel ist oft selbststeril, d. h. es werden nur Früchte gebildet, wenn die Narben mit Fremdpollen bestäubt werden. Doch braucht der Blütenstaub selten weit getragen zu werden, denn die Hasel wächst ja meist in größeren Beständen.

Erste Pollenquelle für Honigbienen

Im Jahreslauf hält die Natur für unsere Honigbienen ein Nahrungsangebot von fünf „Trachten" bereit: Die Vor- oder Entwicklungstracht (bis 30. 4.), die Frühtracht (1. 5.–20. 5.), die Frühsommertracht (20. 5.–15. 6.), die Sommertracht (15. 6.–15. 7.) und die Herbstaufbautracht (15. 7.–15. 10.).
Diese fünfteilige Trachtfolge – sie beginnt oft schon Ende Januar – eröffnet die Frühhasel, gefolgt von Schneeheide, Krokus, Schneeglöckchen, Winterling, Späthasel, Weide ... Die Vortracht beschert den Bienen vor allem entwicklungsfördernden Frischpollen, der eine rasche und zügige Erstarkung der Völker bewirkt.
Die pollensammelnde Biene reißt beim Hinauflaufen die Staubbeutel des Haselkätzchens auf und pudert sich dabei mit Blütenstaub ein. Der in den Körbchen gesammelte Pollen wird von den Bienen in mittelgroßen, blassgelben Höschen eingetragen. Blüten-

staub von insektenblütigen Pflanzen ist biologisch wertvoller als Pollen von Windblütlern. Auch wenn der Stickstoffgehalt des Haselpollens (2,5 %) relativ niedrig ist – in Lebensdauer-Fütterungsversuchen rangiert er immerhin in der zweithöchsten Güteklasse:
<u>Klasse I</u>: Lebensdauer der Bienen 40–45 Tage. Pollen: Weide, Raps, Obst, Klee, Ackersenf, Hederich, Heidekraut.
<u>Klasse II</u>: Lebensdauer der Bienen 31 Tage. Pollen: Hasel, Ahorn (Hefe, Soja).
<u>Klasse III</u>: Lebensdauer der Bienen 18–20 Tage. Pollen: Kiefer, Fichte, Gräser, wie etwa Mais (Gleim 1985).

Nahrung für Falterraupen

Von den Blättern der Hasel ernähren sich die Raupen von 18 Groß- und 28 Kleinschmetterlingen, wovon hier nur eine kleine Auswahl gebracht werden kann:
Grünes Blatt (*Geometra papilionaria*), Kleiner Frostspanner (*Operophtera brumata*), Großer

Die Hasel liefert den Honigbienen den ersten Frischpollen des Jahres.

Der nur 6–8 mm große Haselblattroller erscheint von Mai bis September.

In den Blattrollen schlüpfen und verpuppen sich die Larven des Käfers.

Frostspanner (*Erannis defoliaria*), Schwarzrandspanner (*Lomaspilis marginata*), Braunmarmorierter Baumspanner (*Alcis repandata*), Schwarzpunktierter Wollrückenspinner (*Ochropacha duplaris*), Weißdornspinner (*Trichiura crataegi*), Mondfleck (*Phalera bucephala*), Erlenzahnspinner (*Notodonta dromedarius*), Buchenspinner (*Stauropus fagi*), Kamelspinner (*Ptilodon capucina*), Kleiner Kahnspinner (*Pseudoips fagana*), Dunkelbraune Bandeule (*Noctua janthina*), Violettbraune Erdeule (*Xestia ditrapezium*), Triangeleule (*Xestia triangulum*), Braungraue Garteneule (*Lacanobia contigua*), Haseleule (*Colocasia coryli*), Kleine Kätzcheneule (*Orthosia cruda*).

Entwicklungsort für Käferlarven

Unter der Rinde, im morschen Holz der Hasel, vor allem in trockenen oder toten Zweigen leben die Larven mehrerer Käferarten: Feldahornbock (*Alosterna tabacicolor*), Gefleckter Schmalbock (*Strangalia maculata*), Schwarzer Schmalbock (*Strangalia nigra*), Kleiner Eichenbock (*Cerambyx scopolii*), Kleinbock (*Gracilia minuta*), Geheimnisvoller Zierbock (*Anaglyptus mysticus*), Rauer Wimperbock (*Pogonocherus hispidus*), Lindenbock (*Stenostola ferrea*), Schmaler Prachtkäfer (*Agrilus angustulus*), Kaiserlicher Pochkäfer (*Hedobia imperialis*).

Der Haselblattroller

Bei diesem nur 6–8 mm großen Käfer sind Flügeldecken und Halsschild (bis auf dessen dunklen Vorderschild) glänzend rot. Bei der Variabilität des Käfers kann die Rot-Schwarz-Verteilung aber auch anders sein, z. B. schwarze Flügeldecken und roter Kopf. Wie der Birkenblattroller fertigt auch diese Art für ihre Brut Blattwickel an, allerdings keine Längsrollen, sondern büchsenförmige Querrollen. Man findet den hübschen Käfer vor allem an Hasel, gelegentlich wickelt er aber auch an Erlen, Buchen, Hainbuchen, Pappeln und Eichen. Bei der Herstellung des Wickels wird ein Blatt von rechts oder links eingeschnitten, wobei der Hauptnerv ganz durchtrennt wird. In diesem schon weitgehend abgetrennten Blattstück werden Haupt- und Nebennerven nochmals durchgebissen, die Spreiten mit der Oberseite aufeinander geklappt und von der Blattspitze her zusammengerollt. Bereits während der Herstellung werden zwei Eier in die Rolle gelegt. Das fertige Röllchen hängt am übrig gebliebenen Blatt senkrecht herab und wird schließlich vom Weibchen ganz abgetrennt. Die Verpuppung erfolgt innerhalb der Rolle. Die Käfer schlüpfen Ende Juli/Anfang August und überwintern.

Der Haselnussbohrer

Der ebenfalls nur 6–9 mm große Haselnussbohrer ist in Laubwäldern, vor allem aber in Gärten weit verbreitet und meist nicht selten. Der haarfeine Rüssel – beim Weibchen ist er

In jungen Haselnüssen lebt die Larve des Haselnussbohrers. Sein ganzer Körper ist mit anliegenden bräunlichen Schuppen bedeckt.

Der Junikäfer kommt an Waldrändern, in Parks und Gärten vor. Dieser Verwandte des Maikäfers fliegt in der Abenddämmerung.

so lang wie der restliche Körper – stellt kein Stechwerkzeug dar, sondern eine nasenartige Verlängerung des Kopfes, die an der Spitze winzig beißende Mundwerkzeuge trägt. Im Frühsommer trifft man den Käfer regelmäßig auf angepflanzten, seltener auf wilden Haselnusssträuchern an. In wenigen Sekunden kann er seinen Bohrer bis zum Anschlag in eine noch weiche, unreife Haselnuss hineintreiben, um dann Teile des Kerns zu verzehren. Das Weibchen bohrt im Mai/Juni eine Nuss an, um meist nur ein Ei in das Bohrloch zu legen. Da es sich um eine noch junge, grüne Nuss handelt, vernarbt das Loch wieder und ist von außen her kaum zu erkennen. Die fußlose Larve schlüpft nach einigen Tagen und frisst etwa 4 Wochen im Nussinneren. Befallene Früchte fallen zu Boden. Die Larve nagt sich ins Freie, verkriecht sich zum Überwintern 15 cm tief in den Boden und verpuppt sich im Frühjahr. Der Käfer schlüpft im Sommer und überwintert.

Nüsse für Vögel und Kleinsäuger

Haselnüsse enthalten etwa 60 % Fett und 20 % Eiweiß. Als Energiespender und Leckerbissen stehen sie auf der Speisekarte vieler Tiere, die zugleich für die Verbreitung der Samen sorgen. Vor allem der Kleiber und die beiden Häherarten (Eichel- und Tannenhäher) sammeln eifrig

Nüsse für den bevorstehenden Winter. Ihren vergessenen Vorratslagern entsprießen dann neue Haselsträucher. Vor allem der Tannenhäher scheint durch seine Arealausweitung in den ostbayerischen Mittelgebirgen und seine enorme Leistungsfähigkeit beim Transport von Nüssen immer größere Bedeutung bei der Haselverbreitung zu erlangen. Der auch als Spechtmeise bekannte Kleiber klemmt die Nüsse in Borkenspalten ein, um sie mit Schnabelhieben aufzuschlagen. In gleicher Weise verfahren Großer Buntspecht, Mittelspecht und Weißrückenspecht, die sogar regelrechte „Spechtschmieden" zimmern.
Auch Eichhörnchen, Siebenschläfer, Haselmaus und Mäuse (siehe nächstes Kapitel) leisten ihren Beitrag zur Vermehrung des Haselstrauches. Vor allem im Umfeld älterer Sträucher kann oft eine deutliche Massierung von Haselverjüngung festgestellt werden, die auf „Mäusesaat" hinweist.
Auch in weiterer Entfernung vom Mutterstrauch können Haselnüsse zum Keimen kommen. Der Grund: Beim Öffnen der festen Schale verweilen die Tiere nicht gerne längere Zeit auf dem Boden oder im Gezweig des Strauches, weil sie dort so mancher Gefahr schutzlos ausgesetzt sind. Sie suchen vielmehr einen Ort zu erreichen, an dem sie sich in Ruhe der Nuss widmen können. Beim Verschleppen entfallen den Tieren immer

wieder Nüsse, die so über einen weiten Bezirk ausgesät werden. Zur Verbreitung der Hasel trägt auch die Tatsache bei, dass Häher, Eichhörnchen und Haselmäuse die Nüsse nicht schon vor der Reife „ernten", wovon sie offenbar der schlechte Geschmack der zerschlitzten Hülle abhält.

Wer war der Täter?

An Haselnüssen finden sich oft charakteristische Nagespuren, die dem erfahrenen Naturfreund auch bei Abwesenheit der Tiere verraten, wer hier am Werke war:
Mäuse nagen in die Schmalseite oder am Grunde der Nuss zunächst eine kleine Öffnung, die dann auf verschiedene Weise erweitert wird: Die Waldmaus nagt am Schalenrand von innen nach außen, sodass sich – zumindest an einigen Stellen – das Loch nach innen erweitert (2). Rötel- und Brandmaus nagen dagegen von außen nach innen (1). Der scharfkantige Lochrand zeigt daher an der Innenseite Nagespuren, während sie bei der Waldmaus an der Außenseite zu sehen sind. Die Gelbhalsmaus, sie sucht wie die Waldmaus im Winter menschliche Gebäude auf, legt außer einer runden noch eine keilförmige Öffnung an (3). Ein unregelmäßig gezacktes Aussehen hat der von einer Schermaus genagte Rand. Dieser zu den Wühl-

Wohl kein anderer wildlebender Säuger ist Alt und Jung so vertraut wie das Eichhörnchen, das sich selbst in kleinen Stadtparks tummelt. Neben roten gibt es auch schwarze Farbschläge, oft in einem Wurf. Eichhörnchen ernähren sich sehr vielseitig: Nüsse, Bucheckern, Eicheln, Beeren, Baumsamen und Pilze stehen ebenso auf ihrer Speisekarte wie Insekten (darunter die schädlichen Eichenwicklerraupen und Blattwespenlarven), Vogeleier und Jungvögel.

Den Lebensraum der überall häufigen Waldmaus bilden aufgelockerte Waldungen, Waldränder, Hecken und Parks. Dort gräbt sie unterirdische Baue mit Nest- und Vorratskammer, die meist zwei Ausgänge haben. Sie ernährt sich von Sämereien, besonders Grassamen, zarten Trieben und Insekten. Im Winter sucht sie auch Gebäude auf (Garagen, Scheunen, Bienen- und Gartenhäuser) und trägt Nüsse, Eicheln und Bucheckern als Vorrat ein.

Der oft als Wasserratte bezeichneten Schermaus kann man am häufigsten in der Nähe stehender oder langsam fließender Gewässer mit dichter Ufervegetation begegnen. Ihre Nahrung bilden Kräuter, Wasserpflanzen, Wurzeln, Insekten, kleine Frösche und Fische. Im Herbst erweitern die Tiere ihren Bau und legen eine Vorratskammer an, die sie mit Erbsen, Bohnen, Zwiebeln, Kartoffeln und Nüssen aus nahe gelegenen Gärten und Feldern füllen.

Die seltene Brandmaus kommt in Deutschland nur nördlich des Mains vor. Ihr eigentlicher Lebensraum sind Waldränder, dichte Hecken und unterholzreiche Feldgehölze, auch Parkanlagen und Gärten. Die Brandmaus ernährt sich von Sämereien und tierischer Kost, darunter auch Regenwürmer. Gegen den Winter zu rückt sie in die Scheunen, Heustadel und Ställe, wo sie sich unterirdische Vorratskammern mit Nüssen, Eicheln und Bucheckern anlegt.

mäusen zählende Nager trägt große Menge Nüsse als Wintervorrat ein; die leeren Schalen des letzten Winters werden vorher haufenweise vor die Einschlupflöcher des Baues geräumt. Befindet sich ein rundliches, fast glattrandiges Loch an der Breitseite der Nuss, war eine Haselmaus am Werk (4). Vom Eichhörnchen mehr aufgebrochene als aufgenagte Nüsse haben einen grobgezackten Schalenrand (5). Ältere, erfahrene Eichhörnchen mit erlernter Technik öffnen eine Nuss in wenigen Sekunden, junge „ungelernte" Tiere benötigen dazu mehrere Minuten. Spechte klemmen die Nüsse in ihren Schmieden mit der Spitze nach oben fest und hacken darauf los. Meist wird die Schale in zwei Teile gespalten, wobei die Spuren des Meißelschnabels an der Spitze noch deutlich sichtbar sind (6).

Für Gärten geeignete Arten

Neben der Waldhasel haben noch einige andere fremdländische Arten Eingang in unsere Gärten gefunden:

Die Amerikanische Strauchhasel (*C. americana*) erreicht eine maximale Höhe von nur 2,50–3 m. Im Unterschied zur Waldhasel ist sie selbstfruchtbar. Der traubige Fruchtstand enthält bis zu 10 Einzelfrüchte, deren stark geschlitzte Becherhülle gut doppelt so lang wie die Frucht ist.

Die Baumhasel (*C. colurna*), auch Türkische Hasel genannt, ist ein winterharter, industriefester Baum, der bis zu 20 m hoch wird. Er bevorzugt einen trockenen Standort und ist eine vorzügliche Bienenweide.

Aus der Lombardei stammt die bis 5 m hohe Lamberts-Hasel (*C. maxima*). Wegen der zerschlitzten Fruchthülle heißt sie auch Barthasel. Was wir im Handel als Haselnüsse kaufen, sind meist Früchte der Lamberts-Hasel. Eine in Gärten und Parks beliebte Varietät ist die Bluthasel, deren Blätter dunkelrot sind. Auch die Tütenhüllen der Nüsse sind rot.

Eine weitere, auch für Pflanztröge geeignete Zierform, stellt die 2–3 m hohe Korkenzieher-Hasel (*C. avellana* 'Contorta') dar. Der Name bezieht sich auf die bizarre, korkenzieherähnliche Wuchsform der Zweige. Sie tragen leicht gekräuselte Blätter, die oft einen Blattlausbefall vortäuschen.

Den Siebenschläfer könnte man als die kleine „Nachtausgabe" des Eichhörnchens bezeichnen. Er ist ein ebenso gewandter Kletterer und springt behände bis zu einem Meter von Ast zu Ast. Seinen Lebensraum bilden Laubwälder, Obstgärten und Parks. Seine Nahrung besteht aus Obst, Beeren, Nüssen, Eicheln, Sämereien, Insekten, Schnecken, Eier, Jungen von Kleinvögeln. Im Herbst mästet er sich für den Winterschlaf; er nimmt dann von gut 100 auf 200 g zu.

Typische Nage- und Hackspuren an Haselnuss-Schalen verraten die Täter (n. A. Kelle/H. Sturm).

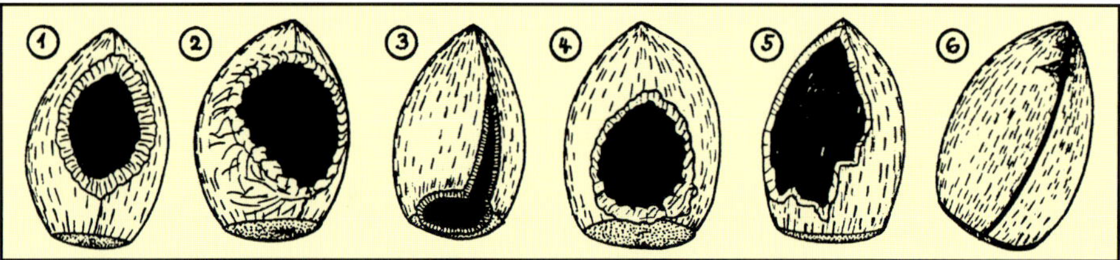

Schwarzerle

Das Kuratorium „Baum des Jahres", dem auch die Schutzgemeinschaft Deutscher Wald e. V. angehört, hatte die Schwarzerle zum Baum des Jahres 2003 gewählt. Dieser auch als Bacherle, Roterle, Aller, Eller, Elfe oder Else bekannte Laubbaum aus der Familie der Birkengewächse benötigt viel Feuchtigkeit und gilt als Baumart mit der höchsten Verdunstung, noch mehr als Birke oder Weide. Ja, Erlen vertragen sogar stauende Nässe, wie sie in Weichholzauen, vor allem aber in Erlenbrüchen von Fluss- und Sumpfniederungen vorkommt. Inmitten ausgedehnter Wiesenflächen säumen Erlen heute oft als einzige verbliebene Gehölze viele Bachufer. Die Erle hat aber nicht nur landschaftsprägenden Charakter, sondern auch einen nicht zu unterschätzenden Nutzwert für Mensch und Tier.

Ein Baum für Mensch und Vieh

Das leichte und weiche Holz eignet sich besonders für Drechsel- und Schnitzarbeiten sowie zur Herstellung von Bleistiften, Holzschuhen, Küchengeschirr, Spielzeug, Zigarrenkisten und vieles mehr. Unter Wasser ist das Holz fast unbegrenzt haltbar und daher für Wasserbauten (halb Venedig steht auf Erlenpfählen!) bestens geeignet. Früher wurden die Bäume – wie die Gemeine Esche – oft „geschneidelt", um Winterfutter für das Kleinvieh zu gewinnen oder um Ruten und Reisig für den Rebbau zu erhalten. Die besonders gerbstoffreichen Blütenstände sowie die Rinde wurden zum Ledergerben und Wollfärben genutzt, die Zapfen auch zur Herstellung von dauerhaft schwarzer Tinte. Bis ins 18. Jahrhundert dienten aufgehängte junge, noch klebrige Erlenzweige als Fliegenfänger in Stuben und Ställen. In der Volksmedizin wurden die gerbstoffhaltigen Drogen aus Blättern und Rinde äußerlich bei Geschwüren, Beulen und anderen Verwundungen, innerlich bei Hals- und Mandelentzündungen oder Angina eingesetzt.

Ein Baum für Honig- und Wildbienen

Da sowohl die Staub- als auch die kleineren Stempelkätzchen frei überwintern, vermag die Erle wie die Hasel bereits im Vorfrühling zu stäuben. Der Pollen wird von den Bienen in grünlich-gelben, mittelgroßen Höschen in die Stöcke getragen. Obwohl von mäßig wirksamer Qualität (Windblütler!), trägt er doch zur Frühjahrsentwicklung der Völker bei. Die klebrigen Knospen liefern den Bienen Kittharz von gelber Farbe. Weniger bekannt ist, dass auch eine Solitärbienenart, die Rotschopfige Sandbiene, das frühe Pollenangebot für ihre Brutzellen nutzt. Sie ist eine der häufigsten und zeitigsten Frühjahrsbienen und zählt zu den regelmäßigen Besiedlern

Der Pollen der bereits im Vorfrühling stäubenden Erlenkätzchen wird von Honigbienen „gehöselt".

Die Larven des Blauen Scheibenbockes finden sich gelegentlich auch in abgestorbenen Erlenstämmen.

Der Seidige Glanzrüssler ernährt sich von den Blättern der Erle und einiger anderer Laubbäume.

blütenreicher Hausgärten und Parkanlagen. Sie nistet in selbstgegrabenen Hohlräumen in der Erde, meist einzeln, bisweilen auch in kleineren Kolonien. Anhand ihrer leuchtend orangebraun behaarten Brustoberseite und der ebenfalls orange gefärbten Endfranse kann diese Sandbienenart auch von Laien problemlos bestimmt werden.

Ein Baum für Falter und Käfer

An blutenden Erlenstämmen oder -stümpfen finden sich im Frühjahr zwei überwinterte Edelfalter ein, der Trauermantel und Große Fuchs, um sich mit dem energiereichen Baumsaft zu stärken. Noch größere Bedeutung kommt der Schwarzerle als Raupenfutterpflanze zu. Bis zu 28 Groß- und 27 Kleinschmetterlinge wurden als Blattkonsumenten ermittelt, darunter ein Schwärmer (Lindenschwärmer), einige Spanner (Erlenbaumspanner, Erlenblattspanner, Schneeweißer Erlenspanner, Grünes Blatt, Herbstlaubspanner, Mondfleckspanner…), mehrere Eulen (Pudel, Erleneule, Pfeileule…), zwei Zahnspinner (Birkengabelschwanz, Erlenzahnspinner) und der Erlenglasflügelschwärmer aus der Familie der Glasflügler. Zu den ebenfalls vegetarisch von Blättern und Trieben lebenden Gästen zählen ferner über ein Dutzend Käferarten: Erlenblattkäfer, Erzfarbiger Blattkäfer, Weidenblattkäfer, Seidiger Glanzrüssler. Der Erlenrüssler benagt die Rinde junger Zweige, seine Larven fressen gewundene Gänge unter die Rinde und später ins Holz. Hinzu kommen noch zahlreiche Bockkäferarten, deren Larven sich unter der Rinde, in morschen Stämmen, Stubben oder im Mulm von Erlen und einigen anderen Bäumen entwickeln (Vierbindiger Schmalbock, Moschusbock, Blauer Scheibenbock, Bunter und Veränderlicher Scheibenbock u. a.).

Ein Baum für Vögel

Die weiblichen Stempelkätzchen der Erle reifen bis zum Herbst zu rundlichen zapfenartigen Fruchtständen heran. Im Winter oder Vorfrühling spreizen sich die Schuppen auseinander, sodass die Samen herausfallen können. Sie dienen in dieser Jahreszeit vielen Standvögeln als wichtige Nahrungsquelle. Mit an erster Stelle muss hier der Erlenzeisig

Der Erlenzeisig verzehrt in den Wintermonaten gerne die Samen der reifen Erlenzapfen.

genannt werden, der sich bei einem entsprechenden Angebot an Sämereien im Winter auch am Futterhäuschen blicken lässt. Das Männchen hat als einziger grünlicher Finkenvogel eine schwarze Kopfplatte und einen schwarzen Kinnfleck. Will man die munteren, beweglichen und beinahe unaufhörlich zwitschernden Zeisige auch außerhalb der Brutzeit beobachten, gelingt dies am ehesten in Sumpfgebieten, an einem Tümpel oder Bachlauf. Denn dort, wo im feuchten Grund Erlen wachsen, halten sich die Feinschmecker besonders gerne auf, da Erlensamen für sie nun einmal ein Leckerbissen sind. Erlenzeisige sind stets in größeren Trupps unterwegs, ein einzelner Vogel sucht und lockt so lange, bis er wieder Anschluss gefunden hat. Früher waren mit Leimruten oder Netzen gefangene Erlenzeisige beliebte Stubenvögel, die sich bei guter Pflege in der Gefangenschaft sogar fortpflanzten. Seit Inkrafttreten strenger Artenschutzbestimmungen ist das Halten solcher Wildfänge bei Strafe verboten.

Bedroht: Baum und Lebensraum

Zwar ist die Erle kein seltener Baum, doch durch Entwässerungsmaßnahmen stehen die typischen Erlenbruchwälder heute auf der Roten Liste gefährdeter Biotope. Größere zusammenhängende Bestände finden sich in Deutschland nur noch in der norddeutschen Tiefebene, wie etwa im Spreewald südlich von Berlin. Eine weitere, sehr ernst zu nehmende Gefahr droht der Erle durch einen winzigen, erst 1995 entdeckten pilzähnlichen Organismus mit dem Namen *Phytophthora*, dessen Sporen sich mit Hilfe von Geißelhaaren aktiv im Wasser fortbewegen und in die Erle eindringen. Damit kommt allen, die für die Ausbreitung dieser Baumart zuständig sind (Baumschulen, Forstbetriebe, Grünflächenämter, Garten- und Landschaftsbaubetriebe) eine große Verantwortung zu – nämlich dafür Sorge zu tragen, dass nicht mit dem Erreger infizierte Pflanzen in die Landschaft gelangen.

Pappel

In den ersten Maitagen ist die Luft bei wolkenlosem Himmel von Myriaden weißer Flöckchen angefüllt, die leicht dahinsegeln und sich an windgeschützten Plätzen sanft niedersenken wie große weiße Wattebäusche. Diese feinen, weichen Gebilde sind nichts anderes als die Samen der Pappeln. Sie stehen den Weiden sehr nahe, sind wie diese zweihäusig, werden aber vom Wind bestäubt. In Mitteleuropa sind von den etwa 35 Arten der nördlichen Halbkugel nur drei heimisch: Die Schwarzpappel (*Populus nigra*), die Silberpappel (*P. alba*) und die auch als Espe oder Aspe bezeichnete Zitterpappel (*P. tremula*). Sie ist die häufigste und älteste „Wildpappel", die schon aus der älteren Tundrenzeit (10 000 v. Chr.) nachgewiesen ist. Die in unseren Breiten ebenfalls vorkommende Graupappel (*P. canescens*) ist ein natürlicher Bastard von Silber- und Zitterpappel. In Wirtschaftswäldern wird heute vielfach die Kanadische Pappel (*P. canadensis*) angepflanzt, eine Kreuzung zwischen der europäischen und amerikanischen Schwarzpappel. Eine bemerkenswerte Form der Schwarzpappel ist die um 1740 aus Italien eingeführte und heute als Alleebaum häufig anzutreffende Pyramidenpappel (*P. nigra var. italica*) mit säulenartigem Wuchs.

Pappelholz – ideal für Bienenbeuten

Die Schwarzpappel kann bis zu 300 Jahre alt werden und einen Stammdurchmesser von über 2 m erreichen. Ihr Holz ist leicht und weich, trotzdem hat es eine hohe Abnutzungsfestigkeit. Es ist das wertvollste unter den heimischen Pappelarten und wird zu Möbeln, Prothesen, Holzschuhen u. ä. verarbeitet. Für die Herstellung von Bienenbeuten ist es geradezu ideal geeignet: Die Kästen sind durch ihr geringeres Gewicht leichter zu transportieren; auch wird durch die besonderen Eigenschaften des Holzes im Winter die für das Mikroklima in den Beuten so schädliche Stocknässe stark herabgesetzt. Auch zwei Wespenarten fertigen ihre „Papierpaläste" aus Pappelholz: die Waldwespe und die als Kleine Hornisse bekannte Mittlere Wespe. – Selbst unter Imkern kaum bekannt, ist ferner die Tatsache, dass die männlichen Pappelkätzchen den Bienen ausgiebig Pollen liefern, der in mittelgroßen, graugelben, oft von braunen Haaren durchsetzten Höschen gesammelt wird. Die Pollenproduktion der Kanada-Pappel wird mit 5,8 Millionen je Kätzchen und 4,4 Milliarden je ha reinen Bestandes angegeben (Maurizio/Schaper 1994). Die klebrigen Knospen liefern den Bienen Kittharz.

Die Zitterpappel oder Espe kommt meist nur vereinzelt an Waldrändern und von Gebüsch bedeckten Hängen vor. Sie ist oft Erstbesiedler von feuchten Kahlschlägen.

Auf Pappeln und Weiden leben die Larven der Weidenknopfhornblattwespe. (Pseudoclavellaria amerinae). Die Weibchen schneiden mit ihrer Legesäge Taschen in den Blattrand, in die sie meist mehrere Eier ablegen. Die Larven leben anfangs gesellig, später vereinzelt und verpuppen sich in einem Kokon in Rindenritzen. Die Wespe „blöfft" ihre Feinde mit einer Hornissen-Mimikry.

Käfer als Blatt- und Holzkonsumenten

Nach einer von Wissenschaftlern in Großbritannien durchgeführten Untersuchung finden sich auf Pappeln (Espen eingeschlossen) bis zu 19 pflanzenfressende Käferarten ein: Pappelprachtkäfer, Pappelblattkäfer, Kleiner und Gelbbrauner Weidenblattkäfer, Gelbhalsiges Blatthähnchen, Wellenbindiger Glanzrüssler und Weidenspringrüssler. Das Weibchen des Pappelblattrollers stellt meist nur aus einem einzigen Blatt Wickel her, indem es den Blattstiel anbeißt, einige Schnitte ins Gewebe legt und das Blatt längs zusammenrollt. Bei dieser Tätigkeit hilft mitunter das Männchen. In einem Wickel wird jeweils nur ein einziges Ei abgelegt. Unter der Rinde alter Pappeln und Weiden lebt der Schlanke Rindenrüssler, dessen Larven sich im morschen Holz entwickeln. Hinzu kommt noch eine beachtliche Zahl von Bockkäfern, deren Larven sich ebenfalls unter der Rinde trockener, abgebrochener und schon auf dem Boden liegender Äste, in Stubben oder im morschen Holz entwickeln: Großer und Kleiner Pappelbock, Lindenbock, Moschusbock, Kleiner Eichenbock, Goldbrauner Schmalbock, Rothörniger Blütenbock und Bunter Kugelhalsbock.

Futterpflanzen für Falterraupen

Von den Blättern der Espe und anderer Pappelarten leben die Raupen von 33 Groß- und 26 Kleinschmetterlingsarten, darunter mehrere Arten, denen wir bereits bei der Salweide begegnet sind: Großer Fuchs, Wiener Nachtpfauenauge, Rotes Ordensband, Großer und Kleiner Gabelschwanz u. a. Als Blattkonsumenten kommen noch die Raupen zweier

Der Hornissenschwärmer ist der bei uns bekannteste Vertreter aus der Familie der Glasflügler. Er fliegt in Parkanlagen, in Auen und in mit Pappeln bestandenen Bach- und Flusstälern.

Die paarungsbereiten Weibchen sind deutlich an der ausgestülpten Pheromondrüse zu erkennen. Sie sind tagaktiv und legen ihre Eier tief unten an Pappelstämme in die Rindenritzen.

Die schlüpfenden Räupchen fressen zunächst unter der Rinde, später dringen sie tief in das Holz des Stammes oder der Wurzeln ein.

Mit Hilfe der am Hinterleib befindlichen Dornenkränze arbeitet sich die Puppe kurz vor dem Schlüpfen aus dem Kokon heraus.

Tagfalterarten (Großer Eisvogel, Kleiner Schillerfalter) sowie mehrerer Nachtfalter hinzu: Pappelschwärmer, Kleine Pappelglucke, Pappelzahnspinner, Zickzackspinner, Kamelspinner, Schnauzenspinner, Schwammspinner, Pappelspinner, Schwarzes V, Wollrückenspinner, Pappelblatteule, Graugelbe Frühlingseule, Zackeneule, Pudel, Ulmen-Herbsteule, Pappelspanner, Haarrückenspanner, Schneespanner, Lappenspanner, Jungfernkind.

Hornisse oder Falter?

Im Holz, und zwar hauptsächlich in dem von jüngeren Pappeln (seltener in Weiden), entwickelt sich die Larve des Hornissen-Schwärmers (*Sesia apiformis*). Der Name ist etwas irreführend, denn es handelt sich nicht um einen Schwärmer, sondern um einen Kleinschmetterling aus der Familie der Glasflügler. Ihr Name bezieht sich auf die langen, schmalen Flügel der Falter, die durch ihre Schuppenlosigkeit glasartig durchsichtig sind. Zwar sind beim Schlüpfen der Puppe noch locker sitzende Schuppen vorhanden, die aber sehr bald abgestoßen werden. Nur die Außenränder der Flügel und eine kleine Mittelbinde auf den Vorderflügeln bleiben beschuppt. Die Angehörigen dieser charakteristischen Falterfamilie bilden ein gutes Beispiel für die gerade bei Insekten häufig zu beobachtende Mi-

mikry (Schutznachahmung, Schutztracht): Bereits die Glasflügel täuschen einen Vertreter der Hautflügler vor, hinzu kommt noch eine gelbe Bänderung des Körpers, die mögliche Feinde an die Gefährlichkeit stachelbewehrter Wespen erinnern soll. Der größte europäische Glasflügler ahmt sogar eine Hornisse nach. An seinen gelben „Schulterblättern" (s. Foto) kann man den Falter leicht von ähnlichen Arten unterscheiden.

Mehrjährige Entwicklung

Die von Ende Mai bis Ende Juli tagaktiven Weibchen legen ihre Eier tief unten am Stamm in die Rindenritzen. Die schlüpfenden Räupchen fressen zunächst unter der Rinde, wo sie den nährstoffhaltigen Saft aus dem benagten Leitgewebe aufnehmen. Später dringen sie tief ins Holz des Stammes oder der Wurzeln ein. Erst im Frühjahr des dritten Jahres erfolgt die Verpuppung im Boden oder am nach außen geöffneten Ende des Fraßganges. Der meist schon vor der letzten Überwinterung angelegte Verpuppungskokon ist außen mit zernagten Holzspänchen bedeckt und innen glatt silbergrau ausgesponnen. Mit Hilfe der am Hinterleib befindlichen Dornenkränze arbeitet sich die Puppe kurz vor dem Schlüpfen aus dem Kokon heraus. Die geschlüpften Falter können aufgrund ihres ver-

kümmerten Rüssels keine Nahrung aufnehmen. Der Hornissenschwärmer zählt noch nicht zu den gefährdeten Arten, ja er ist sogar zu einem regelrechten Kulturfolger geworden, der nicht nur in Auwäldern, an mit Pappeln bestandenen Bach- und Flusstälern, sondern auch in Parkanlagen und Pappelalleen vorkommt.

Die Familie der Glasflügler ist auf allen Kontinenten mit Ausnahme der Antarktis vertreten. In der Paläarktis sind rund 300 Arten bekannt, davon in Europa etwa 110. Die Gattung *Sesia* ist in Europa mit vier Arten präsent, drei davon kommen in Deutschland vor.
In Espen, Schwarz- und Hybridpappeln leben die Raupen des Bremsenschwärmers (*Paranthrene tabaniformis*). Er fliegt in einer Generation von Ende Mai bis Anfang Juli und gehört zu den wenigen Glasflüglern, deren Vorderflügel nicht durchsichtig, sondern grau gefärbt sind. Kennzeichnend sind ferner die vier gelben Ringe am tiefblauen Körper. In manchen Aspekten seiner Lebensweise erinnert er an eine Bremse; so fliegt er auch in den heißen Mittagsstunden. Die Raupen bohren sich in das Holz in Bodennähe oder in die stärksten Wurzeln ein Baumes und leben hier mindestens zwei Jahre. Erst dann verpuppen sie sich in einem unscheinbaren Kokon, dicht unter der ausgefressenen Höhlung.

Oben: Zitterpappeln bilden die Raupen-Futterpflanze des Großen Eisvogels. Er hat in vielen Beziehungen Ähnlichkeit mit den etwas bekannteren Schillerfaltern, besitzt aber nicht deren so prunkvoll irisierenden Schillerfarben auf den Flügeloberseiten. Dafür zeigen die bunter gescheckten Flügelunterseiten einen flüchtigen grünen Schimmer, der möglicherweise für den Namen „Eisvogel" ausschlaggebend war. Der Falter fliegt von Juni bis Juli in einer Generation.

Unten: Auf Pappeln und Weiden lebt die Raupe des Kleinen Schillerfalters. Die wunderschönen Schillerfarben entstehen nicht durch Farbpigmente, sondern auf physikalischem Weg durch Lichtbrechung. Neben der Nominatform des Kleinen Schillerfalters kennt man den so genannten Rotschiller (s. Foto), bei dem die inneren weißen Bereiche gelborange gefüllt sind. Diese Varietät kommt gebietsweise häufiger vor als die Nominatform. Die Falter fliegen von Juli bis Anfang August in einer Generation.

Der weit verbreitete, nachtaktive Pappelschwärmer besucht keine Blüten, da er mit seinem verkümmerten Rüssel keine Nahrung aufnehmen kann. Er fliegt von Ende April bis September in zwei Generationen. Seine Raupe lebt auf Pappeln und Weiden.

Weiden und Pappeln bilden auch die Raupenfutterpflanze des Roten Ordensbandes. Die ziemlich langlebigen Falter sind nachtaktiv. Die rote Kontrastfärbung der Hinterflügel wird nur bei Gefahr gezeigt und soll mögliche Fressfeinde erschrecken.

Der über ganz Europa bis Ostasien verbreitete Pappelspinner bildet im Jahr eine Generation, die im Juni und Juli ausfliegt.

Die Raupen des Pappelspinners leben auf Pappeln und Weiden. Sie überwintern im Jugendstadium in Seidengespinsten.

Die Verpuppung der bis zu 4,5 cm langen Raupen erfolgt in Kokons in Rindenritzen. Die Falter schlüpfen im Juli und August.

Aronstab

Der Aronstab (*Arum maculatum*) ist nach Gestalt und Bestäubung sicher eine der sonderbarsten Pflanzen unserer Laubwälder. Bereits im Vorfrühling, wenn die Bäume noch unbelaubt sind, und die Sonnenstrahlen ungehindert bis zum Boden hinabdringen, sprießt er hervor. Aus einer stärkereichen Erdsprossknolle wächst ein Stängel empor, der zwei große Blätter trägt und Ende April oder im Mai den Blütenstand hervorbringt. Dieser ist zunächst fest in ein bleichgrünes Hüllblatt eingewickelt. Dessen oberer Teil breitet sich aus und gibt das Kolbenende, den eigentlichen Aronstab, frei. Der untere Teil des Hüllblattes bleibt als bauchiger Kessel geschlossen und umschließt die getrennt geschlechtlichen Blüten: Unten stehen rings um den Kolben die weiblichen, etwas höher die männlichen. Noch weiter oben sitzt ein Ring von horizontal nach allen Seiten spreizenden Borsten, die den Kessel absperren, also gleichsam eine Reuse bilden.

Eine Kesselfallenblume

Der Bestäubungsvorgang der Aronstabblüten ist exakt vorprogrammiert: Der aus dem Hüllblatt ragende Kolben scheidet urin- bis kotähnlich riechende, flüchtige Substanzen ab und fördert gleichzeitig deren Verdampfung durch intensive Wärmeentwicklung (die bei der Verbrennung von Stärke im Kolben entsteht). Durch den Duft werden fast ausschließlich Schmetterlingsmücken (*Psychoda*) angelockt. Lassen sie sich auf dem Kolben oder Hüllblatt nieder, stürzen sie sofort ab, weil ein feiner Ölüberzug ihren Füßen keinen Halt bietet. Sie fallen durch die Reusenhaare in den Kessel, aus dem sie wegen der glatten Wände vorerst nicht entkommen können. Inzwischen hat das weibliche Blühstadium begonnen: Die Narben scheiden ein zuckerhaltiges Sekret zur Verköstigung der Insekten ab und werden von deren mitgebrachten Pollen bestäubt. Am nächsten Tag trocknen die Narben ein, die männlichen Blüten öffnen ihre Staubbeutel und pudern die herumwirbelnden Mücken mit Pollen ein. Gleichzeitig verschwindet der Ölfilm an Kesselwand und Hüllblatt, sodass die inhaftierten Mücken emporkriechen können. Auch erschlaffen die Reusenhaare am Eingang, und so klettert eine Mücke nach der anderen, mit Pollen beladen, aus dem Gefängnis heraus. Der Kolben duftet an diesem zweiten Tag nicht mehr, dafür verbreiten andere in der Nachbarschaft gerade aufgeblühte Exemplare ihren verlockenden Duft und ziehen erneut Mücken in ihren Bann. Nach der Befruchtung welken Hüllblatt und Kolben oberhalb der weiblichen Blüten und fallen ab. Die Früchte reifen frei heran und entwickeln sich im August zu scharlachroten Beeren. Sie werden von Waldvögeln gefressen, die so für die Verbreitung der unverdaulichen Samen sorgen.

Der Aronstab liebt nährstoffreiche, humose Laub-, Schlucht- und Auwälder.

Die Früchte des Aronstabes entwickeln sich im August zu roten Beeren.

Der Kolben ist ein Blütenstand mit getrennt geschlechtlichen Blüten.

Apfel und Birne

Apfel- und Birnbäume gehören nicht zu den eigentlichen Frühblühern unter den Obstgehölzen. Ihnen eilen in den südlichen Ländern, und soweit sie auch in unseren Breiten an geschützten Stellen gedeihen, die Mandel-, Aprikosen- und Pfirsichblüten voraus; es folgen die heimische Vogel- und Süßkirsche, darauf der frühe Birnbaum und die runde Pflaume. Dann endlich entfaltet auch der Apfelbaum seine weiße bis zartrosa farbene Blütenpracht. Und nun beginnt für ihn eine Zeit des nimmermüden Nektarspendens für eine große Schar geflügelter Gäste, die sich Tag für Tag vom ersten Morgenstrahl bis zur scheidenden Sonne einfinden und dem Baum unersetzliche Bestäubungsdienste leisten.

Mehr und bessere Früchte durch Honigbienen

Bereits ein einziges Bienenvolk mit 20 000 Flugbienen kann pro Tag bis zu drei Millionen Obstblüten bestäuben. Hinzu kommt, dass Honigbienen zwar arten-, aber nicht sortenstet sind, sodass sie die für einen guten Fruchtansatz günstige Sortenkreuzung vollziehen. Die dadurch bewirkte Ertragssteigerung ist erstaunlich und kann bei Äpfeln (Sorte 'MacIntosch') bis zu 86 %, bei Birnen ('Köstliche von Charneu') bis zu 71 % betragen. Wie sehr die Fruchtbehänge vom Einflugbereich der Bienen abhängen, vermag auch das folgende Beispiel sehr anschaulich zu demonstrieren: Die Bäume einer Goldparmänen-Allee trugen in unmittelbarer Nähe des Bienenstandes 1200 Früchte, im Abstand von 300 m noch 800 Früchte, bei 600 m 600 Früchte, bei 750 m 250 Früchte und bei 900 m nur noch 20 Früchte. Der qualitative Aspekt: Von Bienen beflogene Blüten ergeben durch allseitige Bestäubung Früchte mit mehr Samen, die den kernarmen Früchten an Größe, Wohlgeformtheit, Gewicht und Zuckergehalt durchwegs überlegen sind, weil der den vermehrten Kernen zugeleitete Saftstrom nicht nur ihnen, sondern auch dem Fruchtfleisch zugute kommt. Da der Saftstrom weitere Leitungswege verlangt, wird auch der Stiel kräftiger. Die Frucht hängt infolgedessen länger am Baum und kann so vermehrt Assimilate speichern.

Ebenfalls unentbehrlich: Hummeln und Wildbienen

Apfel-, Birn- und andere Obstbäume zählen zu den Haupttrachtpflanzen mehrerer Hummelarten (Helle Erdhummel, Steinhummel, Waldhummel, Sandhummel, Ackerhummel, Veränderliche Hummel, Gartenhummel). Wie bereits bei der Vogelkirsche dargelegt, verrichten diese robusten, dichtbepelzten Großinsekten selbst bei nasskalter Witterung zuverlässige Bestäubungsdienste. Unverzichtbar ist auch der Beitrag der Wildbienen: Vor allem bei größerer Entfernung zu den nächsten Honigbienenstöcken wurden unter den Blütenbesuchern an Obstbäumen über 80 % Wildbienen in mehr als 30 Arten festgestellt. Als effiziente Bestäuber haben sich vor allem Sandbienen, Furchenbienen und Mauerbienen einen Namen gemacht. Mehrere auf Apfel- und Birnbäumen Pollen sammelnde Sand- und Furchenbienen nisten auch im Siedlungsbereich. Die selbst inmitten von Ortschaften regelmäßig anzutreffende Rote Mauerbiene und die Gehörnte Mauerbiene lassen sich zudem mit künstlichen Nisthilfen (z. B. Bambusrohre oder mit Bohrungen versehene Hartholzblöcke und Ziegelsteine) problemlos ansiedeln.

Nahrung für Falterraupen

Von den Blättern und Früchten eines Apfelbaumes ernähren sich die Raupen von 21 Groß- und 42 Kleinschmetterlingen. Die überwiegende Mehrheit dieser Kostgänger findet sich auch auf Birnbäumen, darunter

Apfel- und Birnblüten sind selbststeril und daher auf eine Bestäubung mit Fremdpollen durch Bienen angewiesen.

Bienenbestäubung bewirkt beim Kernobst eine allseitige Entwicklung der Samenanlagen und damit harmonisch gestaltete Früchte.

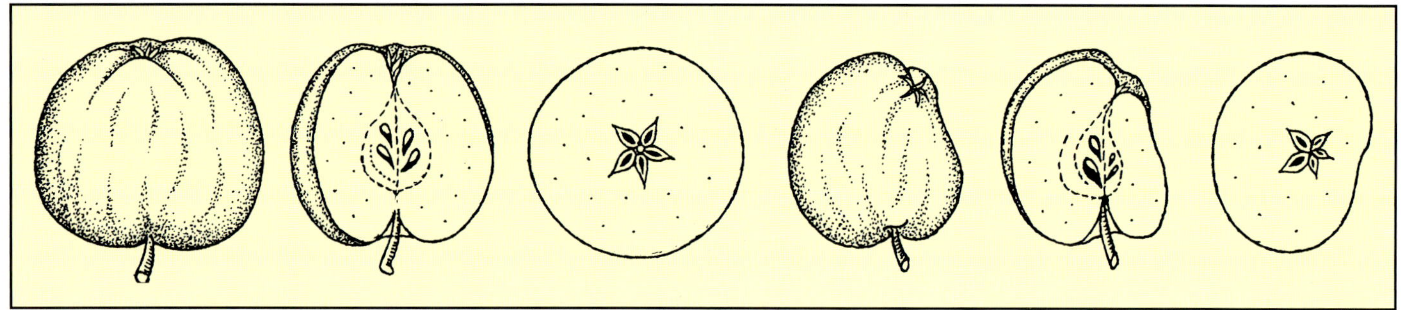

Von Honigbienen beflogene Blüten ergeben durch gründliche, d. h. allseitige Bestäubung, Früchte mit mehr Samen, die den kernarmen Früchten an Größe, Wohlgeformtheit, Gewicht und Zuckergehalt durchweg überlegen sind, weil der den vermehrten Kernen zugeleitete Saftstrom nicht nur ihnen, sondern auch dem Fruchtfleisch zugute kommt. Bei mangelhafter Bestäubung bleiben die Früchte kleiner und durch das unvollständig entwickelte Kerngehäuse missgeformt. Unter den Solitärbienen leisten hauptsächlich Sand- und Mauerbienen wichtige Bestäubungsdienste im Obstbau. Vor allem die Mauerbienen zählen zu den am besten untersuchten Gattungen der Wildbienen. Die besondere Eignung der Mauerbienen als Bestäuber hat mehrere Ursachen. Sie bevorzugen Obstblüten, ganz besonders Apfelblüten, fliegen und arbeiten in der Blüte schneller und verlassen die Plantagen nicht. Zudem berühren sie die Staubbeutel und Stempel beständig und transportieren mehr Pollen, was insgesamt zu einer größeren und höherwertigen Ernte führt. Da die solitär lebenden Wildbienen nur eine sehr begrenzte Lebenszeit haben, in der sie möglichst viele Brutröhren bestücken müssen, wird ihr Fleiß verständlich. Zwei regelmäßig in Siedlungen vertretene Arten seien kurz vorgestellt:

Die **Gehörnte Mauerbiene** (Osmia cornuta) fliegt als erste Mauerbiene im Jahr und ist ein idealer Bestäuber zu Beginn der Obstblüte. Als Ubiquist errichtet sie ihre Röhrennester in allen verfügbaren Löchern mit einem Innendurchmesser von 6–8 mm: Mauerritzen, Abflussröhrchen, Ritzen in Fensterrahmen, Rollladen-Stöpsel, Nisthilfen verschiedenster Art (z. B. Bambusrohre, Hartholzblöcke und Ziegelsteine mit entsprechenden Bohrungen) die jedoch an eine größere vertikale Fläche angrenzen müssen. Bei den Nestern handelt es sich meist um Linienbauten mit bis zu 12 Brutzellen, Letztere in größeren Hohlräumen auch unregelmäßig aneinander gebaut. Als Baumaterial wird lehmige Erde herbeigeschafft.

Die **Rote Mauerbiene** (Osmia rufa) fliegt etwas später als die Gehörnte Mauerbiene und deckt somit das Spektrum der spät blühenden Obstarten ab. Als Ubiquist kommt sie an Waldrändern, auf Lichtungen, in Streuobstwiesen ebenso vor wie im Siedlungsbereich. Als Nistplatz dienen Hohlräume verschiedenster Art, wie Insektenfraßgänge, Ritzen im Wandverputz, verlassene Neströhren anderer Hautflügler in Lehmwänden, Nisthilfen (auch diese Art bevorzugt längliche Brutröhren mit etwa 5–10 mm Durchmesser), selbst in völlig ausgefallenen Hohlräumen (Imkerpfeife, Gummischlauch, Patronenhülse, Flöte, Spielzeugauto). Linienbauten können bis zu 20 Brutzellen enthalten, größe Hohlräume bis zu 30 Brutzellen und mehr.

die imposante, bis zu 12 cm lange, finger-
dicke Raupe des Wiener Nachtpfauenauges.
Dieser in Südeuropa weit verbreitete Falter ist
mit einer Flügelspannweite von 10–13 cm
der größte europäische Schmetterling. Auf
Garten-Birnbäumen kann man hin und wieder die Raupen des Großen Fuches entdecken. Früher wurden sie als vermeintliche
Obstbaumschädlinge aufs Heftigste be-
kämpft, heute ist der Große Fuchs zu einer
ausgesprochenen Seltenheit geworden und
vielerorts aus der Kulturlandschaft ver-
schwunden. Als Rote-Liste-Art genießt er daher in allen seinen Entwicklungsstadien voll-
ständigen Schutz. Eine gefährdete Falterart ist
auch die Kupferglucke. Durch die regelmäßigen Bekämpfungsmaßnahmen im modernen
Intensiv-Obstbau ist diese Art ebenfalls stark
zurückgegangen, sodass man ihre Raupen am
ehesten noch in verlassenen, verwilderten
Obstanlagen findet.

Fallobstfalter: Admiral und Trauermantel

Schmetterlinge sind durchaus nicht alle ausschließlich auf Nektar angewiesene „Blü-
tenweintrinker": Der bereits erwähnte Große
Fuchs setzt sich gerne auf blutende, d. h. verletzte Stämme von Obstbäumen, Birken und
Eichen, um von den ausquellenden Säften zu
trinken. Für würziges Saftbier sind viele
Nachtfalter, z. B. Ordensbänder, empfänglich,
für perlende Schweißtröpfchen bei Mensch
und Tier, sowie deren Exkremente können
sich Tagpfauenauge, Kaisermantel, Schillerfalter und Eisvögel begeistern. Ein besonderes
Interesse an „mostendem", also bereits fau-
lendem Fallobst (vor allem Birnen, Pflaumen
und Zwetschgen) zeigen der schöne bunte
Admiral und der nicht minder prächtige
Trauermantel. Er hat als fertiger Falter überwintert. Der bekanntere und häufigere der
beiden Fallobst-Liebhaber ist der Admiral. Er
ist ein ausgesprochener „Langstreckler" unter
den Wanderfaltern: Das Mittelmeer von Afrika her überfliegend, stoßen die Tiere in jedem
Frühjahr weit nach Norden vor, bei günstiger
Wetterlage sogar bis nach Skandinavien. Die
in Mitteleuropa erzeugten Nachkommen
zieht es im Herbst unwiderstehlich nach Süden, wobei sie immer wieder Abstecher in
Obstgärten machen, um sich an zuckerrei-
chen Früchten zu stärken.

*Die Früchte von Wild- und Kulturapfelbäumen werden von 35 Säugetierarten verzehrt; bei Birn-
bäumen sind es 29 Arten, darunter auch der Siebenschläfer.*

Wintergäste halten Nachlese

Zu Boden gefallene Äpfel und Birnen stellen
im Spätherbst und Winter eine willkommene
Nahrungsquelle für Amseln, Mistel- und
Wacholderdrosseln dar. Zu ihnen gesellt sich
in manchen Jahren die Rot- oder Weindros-
sel. Als Charaktervogel der nordischen Bir-
kenwälder kommt sie nur als Durchzügler in
unsere Breiten. Auf ihrem Zug in die in West-
und Südeuropa und in Nordafrika gelegenen
Winterquartiere schließen sich Rotdrosseln in
der Regel Ende Oktober zu großen Scharen
zusammen und fallen dann auch in Obstgärten
ein, um nach unter der Schneedecke verborgenen Früchten zu suchen. Noch an den
Zweigen hängende Äpfel werden mit Vorliebe vom Seidenschwanz verzehrt. Seine Heimat sind die Nadelwälder Finnlands, aber
auch die weiten Einödgebiete Lapplands und
Sibiriens. Obwohl die Vögel dort selbst unter
den strengen Bedingungen des arktischen
Winters überleben könnten, unternehmen
viele von ihnen regelmäßige Wanderungen
nach Süden und Westen. Im Abstand von
mehreren Jahren (meist vier bis sieben) sind
ihre Züge besonders ausgedehnt und führen
in Länder, die sonst in der Regel kaum erreicht werden, z. B. nach Kreta oder Griechenland.

Oben: Der Trauermantel überwintert als Falter in geschützen Verstecken. Er besucht nur selten Blüten (Weidenkätzchen, Schlehe, Weißer Flieder, Buddleja), dafür aber blutende Baumstämme und -stümpfe, gelegentlich auch Fallobst. Die Raupen des Waldfalters leben auf Birken und Weiden.

Links oben: Der Admiral fliegt jedes Jahr als Wanderfalter aus dem Mittelmeerraum bei uns ein. Man findet ihn im offenen Gelände und in Gärten. Die Falter besuchen gerne Blüten (Buddleja, Wasserdost, Kohldistel, Späte Goldrute) saugen aber auch an abgefallenem Obst, Pferdekot und Jauche. Die Raupen leben meist an Brennnesseln.

Unten: Das weit verbreitete Landkärtchen bevorzugt als Lebensraum feuchte Waldränder, Hecken und Bachufer, gelegentlich auch in Gärten. Die in einer Frühjahrs- und Sommerform fliegenden Falter sind eifrige Blütenbesucher, wurden aber auch schon auf Miststätten, Vogelkot und Aas beobachtet. Die Raupen leben auf Brennnesseln.

Oben: Die sehr flugaktiven Hornissen benötigen als „Kraftstoff" viel Kohlenhydrate. Als Energiespender dient auch der Saft reifer Früchte (vor allem Birnen, Pflaumen, Mirabellen und Pfirsichen), wobei sich die Tiere jedoch meist mit Fallobst oder schon von Vögeln beschädigten Früchten begnügen.

Rechts oben: Die Französische Feldwespe baut ihr hüllenloses Einwabennest gerne unter Dachziegeln. Bei der Nestgründung arbeiten oft mehrere Jungköniginnen zusammen; dabei unterdrückt jedoch eine die übrigen und degradiert diese gewissermaßen zu Arbeiterinnen. Die kleinen Völkchen umfassen nur 10 bis 30 Tiere.

Unten: Deutsche und Gemeine Wespe können im Herbst sehr lästig werden, wenn sie Obststände oder Kaffeetafeln hartnäckig belagern. Beide Arten nisten stets an verborgenen Orten, in ober- oder unterirdischen Höhlen. Ihre Nester können bisweilen einen Durchmesser von 1 m und mehr erreichen und bis zu 7000 Tiere umfassen.

Der weitverbreitete Ringelspinner bewohnt lichte Laubwälder, Baumsteppen und Obstgärten. Er vermehrt sich oft übermäßig und richtet dann großen Schaden an.

Die Eier (75–350) werden im August als Band ringförmig um einen kleinen Zweig gelegt. Die Raupen schlüpfen im folgenden Frühjahr und fressen von April bis Juni.

Die Raupen leben in einem gemeinsamen Gespinst, auf dem sie sich bei gutem Wetter sonnen. Die Verpuppung erfolgt im Juli in Seidenkokons zwischen Blättern.

Der Kleine Frostspanner fliegt in einer Generation von September bis Dezember. Die 250–300 Eier überwintern. Die Raupen verursachen im Frühjahr oft Kahlfraß an Obst- und anderen Laubbäumen.

Der Apfelwickler fliegt in 1–2 Generationen von Mai bis August. Die Raupe entwickelt sich in reifenden Äpfeln, verspinnt sich unter der Rinde oder in Spalten und verpuppt sich im Frühjahr.

Die Raupen des Abendpfauenauges fressen an Weiden, Pappeln, Schlehen, aber auch an Obstbäumen, sodass sie in Baumschulen ab und zu schon schädlich geworden sind. Die Eier werden im Mai oder Juni einzeln oder paarweise abgelegt und schlüpfen nach rund einer Woche. Die Raupen fressen von Juni bis September. Die Verpuppung erfolgt knapp unter der Erdoberfläche. Die Falter schlüpfen im Mai oder Juni des folgenden Jahres.

Das noch verhältnismäßig häufige Abendpfauenauge fliegt in einer Generation von Mai bis August. Die Falter nehmen keine Nahrung auf und sind spät nachts unterwegs. Bei Gefahr werden durch ruckartiges Heben der Vorderflügel die Augenmale der Hinterflügel sichtbar. Rhythmische Bewegungen des Körpers und der nach oben gekrümmte Hinterleib verstärken bei Angreifern noch den Eindruck, ein gefährliches Tier vor sich zu haben.

Die Raupen des Baumweißlings finden sich auf Weißdorn, Schlehe, Pflaume, Apfel und anderen Obstbäumen. Sie leben in einem gemeinsamen Gespinst, in dem sie überwintern. Im Frühjahr kommen sie zum Fressen heraus und nehmen auf dem Gespinst auch Sonnenbäder. Später teilen sie sich in kleine Gruppen. Im Mai haben die Raupen eine Länge von 3,5 cm erreicht und verpuppen sich an Ästen und Zweigen. Die Falter schlüpfen nach gut zwei Wochen.

Der in ganz Europa verbreitete Baumweißling bildet eine Generation, die von Mai bis Juli ausfliegt. Seine Raupen waren früher ein gefürchteter Obstbaumschädling. Seit einigen Jahrzehnten sind jedoch die Bestände des Baumweißlings stark zurückgegangen, sodass man den bekannten Kahlfraß der Raupen heute nur noch in wärmeren Gebieten findet. Wie Großer und Kleiner Kohlweißling zählt auch der Baumweißling zu den Wanderfaltern.

Weißdorn

Einige Wochen nachdem der Schlehenstrauch oder Schwarzdorn seinen üppigen Blütenflor entfaltet hat, steckt der Gemeine Weißdorn seine reizenden Schirmtrauben auf. Ja, es gibt nur wenige Sträucher, die sich so aufs Blühen verstehen wie der Weißdorn: Im Frühsommer bietet er mit einem Meer aus weißen, süß duftenden Blüten einen wunderschönen Anblick, und im Herbst schmücken ihn dekorative rote Beeren. Seit Jahrhunderten hat man den langsam wachsenden Weißdorn mit seinem harten, gegen Fäulnis unempfindlichen Holz und den stark bedornten Ästen eingesetzt, um Felder und Weideflächen einzufrieden. Schon die Römer pflanzten nach der Besetzung Englands viele Weißdornhecken als natürliche Flurbegrenzung und noch heute bildet der Weißdorn einen wesentlichen Bestandteil der Knicks Norddeutschlands. Seine Schnittfestigkeit und gute Ausschlagfähigkeit machen ihn aber auch im Siedlungsbereich zu einer beliebten Heckenpflanze. Darüber hinaus hat sich der Weißdorn noch als Heilpflanze einen Namen gemacht: Extrakte von Blüten und Früchten sind als bewährtes Herz- und Kreislaufmittel in vielen Medikamenten enthalten.

Nahrung für zahlreiche Gäste

In Mitteleuropa kommen zwei Weißdornarten vor: Der Gemeine oder Zweigriffelige Weißdorn (*C. oxyacantha*) besitzt leicht gelappte Blätter und weiße oder rosa Blüten mit zwei oder drei Griffeln. Der etwa 14 Tage später blühende Eingriffelige Weißdorn (*C. monogyna*) hat tiefer eingeschnittene Blätter, in den weißen Blüten findet sich nur ein Griffel. Der als Zierstrauch häufig gepflanzte Rotdorn mit gefüllten roten Blüten ist eine Spielart des Zweigriffeligen Weißdorns. Für die Insektenwelt sind nur die beiden Weißdornarten von Bedeutung. Mit ihrem augenfälligen Blütenreichtum locken sie eine bunte Schar mannigfaltigster Insekten an:

Bienen und Hummeln: Obwohl viele Rosengewächse fast nur Blütenstaub liefern, zählen einige Gattungen dennoch zu den ergiebigsten Nektarquellen. Neben den Kern- und Steinobstarten, Himbeere, Brombeere, Erdbeere und Schlehe gehören auch die Weißdorne in diese Gruppe. Für Honigbienen bilden sie gegen Ende des Vollfrühlings eine willkommene Nahrungsquelle zwischen der Frühtracht und der Frühsommertracht. In heckenreichen Gegenden wird sogar gelegentlich Weißdornhonig geerntet und in England liefert der Weißdorn bis zu 9 % der Gesamtpollenernte. Mit dem Pollen des Zweigriffeligen Weißdorns verproviantieren darüber hinaus bis zu 16 Sandbienenarten ihre Brutzellen. Einige Arten, wie die Rotpelzige Sandbiene oder die Zweifarbige Sandbiene kommen auch im Siedlungsbereich vor. Weißdorne zählen ferner zu den Haupttrachtpflanzen der auch in Gärten fliegenden Kryptarum-Erdhummel und der Vesta-Kuckuckshummel, die ihre Eier in die Nester der Dunklen Erdhummel schmuggelt.

Schwebfliegen: An Pollen und Nektar gleichermaßen interessiert, sind ferner zwei Dutzend Schwebfliegenarten. Unter ihnen befindet sich die Johannisbeer-Schwebfliege, deren Larven zu den nützlichsten Blattlausfeinden zählen: Nach wissenschaftlichen Berechnungen können schon die Nachkommen eines einzigen Weibchens bei zwei Generationen im Jahr über 2 Millionen Blattläuse vertilgen. Besondere Erwähnung verdient ferner die an Waldrändern und auf Lichtungen vorkommende Hummel-Waldschwebfliege (*Volucella bombylans*). In ihren beiden Varianten sieht sie einer Steinhummel (*var. bombylans*) oder einer Erdhummel (*var. plumata*) zum Verwechseln ähnlich. Nur bei genauem Hinsehen erkennt man, dass es sich um einen Zweiflügler handelt. Die Larven dieser in letzter Zeit sehr selten gewordenen

Ein häufiger Blütengast: Der Kleine Wespenbock. Seine Larven entwickeln sich in trockenen Zweigen und schwachen Stämmchen von Fichten und anderen Nadelhölzern.

Ebenfalls auf Weißdornblüten: Der Echte Widderbock. Seine Larven entwickeln sich in trockenen Ästen von Eiche, Buche, Weißdorn und Obstgehölzen.

Die Rote Mauerbiene sammelt Pollen für ihre Brutzellen, die sie auch in künstlichen Nisthilfen (mit Bohrungen versehene Hartholz- und Tonblöcke, Bambusrohre u. Ä.) anlegt.

Der Weißdorn zählt zu den Raupen-Futterpflanzen des Kleinen Nachtpfauenauges. Die Falter selbst nehmen keine Nahrung auf. Sie fliegen in einer Generation von Anfang April bis Mai.

Art wurden in den Nestern der Steinhummel und der Deutschen Wespe gefunden.

Schmetterlinge: Das reiche Nektarangebot des Weißdorns wird hin und wieder auch von einigen Tagfalterarten genutzt: Tagpfauenauge, Distelfalter, Waldbrettspiel, Frühlingsscheckenfalter, Gelbwürfeliger Dickkopffalter. Vielfach bis sehr häufig wurde dagegen das Landkärtchen an den Blüten des Zweigriffeligen Weißdorns beobachtet. Noch größere Bedeutung haben die Weißdorne als Raupenfutterpflanze. Von den Blättern ernähren sich die Raupen von 64 Groß- und 53 Kleinschmetterlingen: Tagfalter (Segelfalter, Baumweißling), Wollraupenspinner (Weißdornspinner, Wollafter, Ringelspinner, Kupferglucke ...), Spanner (Stachelbeerspanner, Schlehenspanner, Herbstlaubspanner, Nachtschwalbenschwanz, Schneespanner, Großer und Kleiner Frostspanner ...), Trägspinner (Eckfleck, Goldafter, Schwan, Ginsterstreckfuß), Eulen (Weißdorneule, Gelbe Bandeule, Dreizackeule, Schwarzes Ordensband ...).

Käfer: Rund fünf Dutzend Käferarten finden als Vollkerfe oder in ihren Entwicklungsstadien auf Weißdornbüschen die ihnen zusagende Nahrung: Nektar, Pollen, Blattwerk und Holz. Der mit Abstand prächtigste Blütengast ist sicher der Goldrosenkäfer, dessen Larven sich nicht nur in morschem Holz, sondern auch in Komposthaufen entwickeln. Ein nicht gerne gesehener Gast ist dagegen der Gemeine Pelzkäfer, dessen überwinternde Larve erhebliche Schäden an Textilien, Leder u. Ä. anrichtet. Die Käfer zeigen sich schon vom Frühjahr an in Wohnungen, später auf Blüten von Schlehe, Weißdorn und Obstbäumen. Völlig harmlose Zecher sind dagegen Blauer Schenkelkäfer, Blauer Langbeinkäfer, Rotstirniger Stachelkäfer und Zierliches Prachtkäferchen. Das Gros der Blütengäste stellen die Bockkäfer: Gefleckter Schmalbock, Bunter Kugelhalsbock, Bleichgelber Schnurhalsbock, Kleiner Eichenbock, Kleiner Wespenbock, Echter Widderbock, Geheimnisvoller Zierbock, Rauer Wimperbock, Rothörniger Blütenbock.

Säugetiere und Vögel: Blätter, Triebe, Rinde und Früchte des Weißdorns werden von 17 Säugetierarten verzehrt. Mit seinen starken Dornen und dem dichten Laubwerk bietet der Weißdorn zahlreichen Kleintieren Unterschlupf sowie geeignete Nistplätze für verschiedene Busch- und Bodenbrüter. Die stärkehaltigen Weißdorn-Früchte stehen auf der Speisekarte von bis zu 32 Vogelarten. Die Größenskala der gefiederten Gäste reicht von den stattlichen Hühnervögeln (Birkhuhn, Haselhuhn, Fasan) über die Rabenvögel (Saatkrähe, Elster, Eichelhäher u. a.) und Drosseln (Misteldrossel, Singdrossel, Amsel u. a.) bis hin zu einer Schar von Kleinvögeln (Buchfink, Blaumeise, Rotkehlchen u. v. a.). Sie alle tragen als unfreiwillige „Landschaftsgärtner" zur Verbreitung der Sträucher und Verbesserung der Bienenweide bei. – Viele Obstbauern sehen den Weißdorn allerdings gar nicht gerne, da er Brutstätte für Obstbaumschädlinge sein kann. Hier sollte jedoch bedacht werden, dass sich die Vogelwelt in Weißdornbüschen ausgesprochen sicher fühlt und einen wesentlichen Beitrag zur biologischen Schädlingsbekämpfung leistet. Für den Neuntöter bilden Schwarz- und Weißdornhecken sogar d i e Voraussetzung für die Besiedlung eines Lebensraumes: Wie alle Würger spießen auch Neuntöter ihre Beutetiere auf Dornen oder Stacheln auf. Eine solche „Schlachtbank" hat zwei Aufgaben: Sie dient als Futterspeicher für Regentage oder frühe Morgenstunden, wenn keine Insekten fliegen. Die Dornen stellen ferner eine wichtige Hilfe bei der Bearbeitung und Zerkleinerung größerer Beutetiere (z. B. Mäuse) dar. Der Neuntöter ist in Mitteleuropa ein reiner „Sommervogel": Er kommt erst im Mai und zieht schon im August wieder ins tropische Afrika.

Baum der Weißen Magie

Der anspruchslose Weiß- oder Hagedorn findet auch auf mageren Böden sein Auskommen. Er ist schnitt-, verbiss- und sturmfest und bildet schon nach wenigen Jahren ein fast undurchdringliches Gestrüpp. „Der Name Hagedorn leitet sich von der mittelhochdeutschen Bezeichnung ‚hag' ab, was Einfassung oder Umfriedung bedeutete. Das ‚Gehäge', ein dicht verwachsenes Gestrüpp aus Weiß- und anderen Dornsträuchern, schützte die Schlafstätte von Mensch und Vieh vor wilden Tieren, aber auch von Dämonen und Geistern. Die ‚hagazissa', das Hagweib, war eine Hexe, die in der Wildnis ihr Unwesen trieb, der Gehägegrenze als Scheidelinie zwischen Unland und Zivilisation jedoch ausreichend Achtung zollte. Nach alten Glaubensvorstellungen war der Weißdorn der Baum der weißen Magie und besaß die Kraft, Zauberei abzuwehren. Zum Schutz gegen Hexen war es in ländlichen Gebieten üblich, für jedes Stück Vieh einen Weißdornzweig an die Stalltüre zu nageln. In alten Keltenländern wie Irland holte man Weißdornstämme sogar als Dorfmaibaum auf den Marktplatz. Spazierstöcke aus Weißdornholz waren lange Zeit so begehrt, dass sich in heckenreichen Gegenden bis zur Jahrhundertwende kleine Hausindustrien halten konnten. Zur Fertigung wurden lange Weißdornzweige abgehackt, im Backofen des Dorfbäckers erhitzt, geradegebogen und zuletzt auf Latten festgebunden. Zu Hause schmückte man die einzelnen Stecken noch mit kleinen Schnitzereien" (Laudert 1999).

Oben: Zu den Blütengästen des Zweigriffeligen Weißdorns zählt auch der Frühlingswürfelfalter (Hamearis lucina). Er ist der einzige in Europa lebende Vertreter einer im tropischen Teil Amerikas beheimateten Unterfamilie der Bläulinge. Die Raupen leben auf Schlüsselblumen.

Unten: Auf Weißdorn und einigen weiteren Laubgehölzen leben im Frühling die Raupen des Blaukopfes (Diloba caeruleocephala). Der bis zu 4 cm spannende Falter gehört zu den spätesten Schmetterlingen des Jahres und fliegt im Oktober und November aus.

Brombeere

Brombeeren sind nicht nur für den, der die Sammelfrüchte pflücken will, eine recht stachelig-kratzende Angelegenheit. Auch gegenüber dem nur nach Erkenntnis strebenden Botaniker gebärden sich diese Rosengewächse äußerst kratzbürstig und widerborstig, denn d i e Brombeere gibt es überhaupt nicht! Wer sich mit Wildbrombeeren eingehender befasst, findet nicht nur Unterschiede in der Wuchsform – fast kriechend, fast rankend, fast aufrecht – sondern auch eine weite Blühspanne, die nahezu den ganzen Sommer andauert. Hinzu kommen noch Früchte, denen Wohlgeschmack nicht abzusprechen ist, wie solche, die man nur fad nennen kann. Die Bezeichnung „Brombeere" umschreibt daher eine Sammelart, die ebenso zahlreiche wie vielgestaltige Kleinarten beinhaltet. Ihre Unterscheidung bereitet nicht nur dem Laien große Schwierigkeiten: Während Linné noch alle Wildbrombeeren unter dem Namen *Rubus fruticosus* zusammenfasste, haben manche Botaniker ihr ganzes Leben dem Studium der Wildbrombeeren gewidmet und etwa 100 Arten beschrieben.

Fremdbestäubung erwünscht

Am formenreichsten sind die echten Brombeeren, die – wie bereits erwähnt – allgemein als Sammelart *Rubus fruticosus* geführt werden und auch die Gartensorten mit einbeziehen. Die einzelnen Formen weisen jedoch in ihrem Blütenbau so große Übereinstimmungen auf, dass kaum Unterschiede im Besucherspektrum zu erwarten sind. Gegenüber den ebenfalls zur Gattung *Rubus* zählenden Himbeeren werben Brombeeren mit großen weißen oder schwach rötlichen Blütenblättern, die sie flach ausbreiten, sodass sie den Insekten schon aus größerer Entfernung ins Auge fallen. Von den weit auseinander stehenden Staubgefäßen springen die äußersten zuerst auf und kehren sich nach oben, wodurch eine Selbstbestäubung der gleichzeitig entwickelten, im Zentrum stehenden Narben weitgehend verhindert wird. Eintreffende Besucher können bequem in der Mitte oder auf dem Rand der Blüten landen und so Fremdbestäubung bewirken. Nur die innersten Staubgefäße kommen bisweilen, indem sie sich aufrichten, mit den Narben in Berührung. Doch werden die meisten Blüten schon bestäubt, wenn der größte Teil der Staubgefäße noch geschlossen ist.

Zahlreiche Blütengäste

Die weit ausgebreiteten Staubgefäße machen es auch kurzrüsseligen Insekten leicht, den Kopf bis hinab zum ringförmigen Drüsengewebe des Nektariums auf dem Blütengrund zu senken. Schon H. Müller (1873) konnte bei den Brombeeren einen „außerordentlich reichen Insektenbesuch" mit Vertretern aus nahezu allen Insektenordnungen feststellen:

Honigbienen: Brombeeren und die ebenfalls der Gattung *Rubus* angehörenden Himbeeren zählen mit zu den beliebtesten und ergiebigsten Pollen- und Nektarspendern unserer Honigbienen. Zusammen mit Weißklee, Rotklee, Phacelia, Bärenklau, Kratzdistel, Sommer- und Winterlinde werden Brombeeren der Sommertracht (15. Juni bis 15. Juli) zugeordnet. Bei Brombeeren beträgt die Nektarabsonderung je Blüte in 24 Stunden 4–6 mg, der Zuckergehalt schwankt zwischen 12 und 49 %. Der Honigwert reiner Brombeerbestände wird auf 5–26 kg/ha geschätzt (Maurizio/Schaper 1994). Der vom Morgen bis in die späten Nachmittagsstunden dargebotene Pollen wird von den Trachtbienen in mittelgroßen, hell- bis dunkelgrauen Höschen eingetragen.

Die Brombeere zählt zu den wichtigsten Pollentrachtpflanzen der Honigbienen im Juni. Wegen des großen Brutansatzes benötigen die Völker gerade in dieser Zeit noch viel Pollen.

Gartenbrombeeren erfreuen sich eines überaus starken Hummelbesuches, der noch reger zu sein scheint als bei den wilden Brombeerarten an Wald- und Heckenrändern.

Im dichten Brombeergestrüpp errichtet der Zilpzalp sein gut verstecktes Kugelnest mit seitlichem Eingang. Im Herbst stehen auch Beeren auf seiner Speisekarte. Der Zilpzalp kehrt oft schon Anfang März aus seinem im Mittelmeerraum gelegenen Winterquartier zurück.

Wildbienen: Brombeerblüten werden auch von zahlreichen Wildbienenarten als Nektar- und Pollenquelle genutzt. 4 Mauerbienenarten, 9 Sandbienenarten und 12 Furchenbienenarten verproviantieren ihre Brutzellen mit dem reichlich gebotenen Pollen. Die Weibchen der Mauerbienen benutzen zum Pollensammeln eine aus dichten Haaren gebildete Bauchbürste. Die Weibchen der Sandbienen – viele Arten erinnern an Honigbienen – besitzen als Sammelvorrichtung lang behaarte Hinterschenkel sowie eine auffällige, lang gefiederte Haarlocke am Schenkelring der Hinterbeine. Auch die Weibchen der Furchenbienen besitzen als Beinsammler eine kräftig entwickelte Behaarung an den Hinterbeinen.

Hummeln: Als Nektar- und Pollensammler finden sich die Königinnen und Arbeiterinnen der bekanntesten, auch im Siedlungsbereich fliegenden Hummelarten ein: Dunkle Erdhummel, Gartenhummel, Ackerhummel, Wiesenhummel und Waldhummel. Für die Heidehummel zählen Brombeeren sogar zu den Haupttrachtpflanzen. Diese stark gefährdete Art ist in den Moor- und Heidelandschaften Norddeutschlands nur noch sehr selten anzutreffen. Häufiger zu Gesicht bekommt man zwei Schmarotzerhummeln, die Keusche Kuckuckshummel und die Feldkuckuckshummel. Sie saugen nur Nektar und besitzen keinen Pollen-Sammelapparat, da sie nach Kuckucksart ihre Eier in fremde Hummel-Nester legen.

Schwebfliegen: Das leicht zugängliche Nektar- und Pollenangebot der Brombeerblüten lockt auch zahlreiche Schwebfliegen an. Zu den häufigen Arten zählen: Mistbiene (Larven in Jauchegruben), Gemeine Waldschwebfliege (Larven in den Nestern der Gemeinen Wespe), Kurze Wespenschwebfliege (Larven in Ameisennestern und im Mulm hohler Bäume), Späte Großstirnschwebfliege (Larven in Blattlauskolonien), Gemeine Sumpfschwebfliege (Larven in Wasseransammlungen und zwischen Pflanzenmaterial), Gemeine Keulenschwebfliege (Larven im Kompost und faulenden Pflanzen). Besondere Aufmerksamkeit erwecken zwei hummelähnliche Fliegen: Die Gelbhaarige Hummelschwebfliege und die Hummel-Keilfleckschwebfliege, die einen Vertreter der „stechenden Zunft" vortäuschen.

Käfer: Verglichen mit den dichtbepelzten Hummeln oder Bienen, können Käfer wegen ihres glatten Panzers nur geringe Bestäubungsdienste leisten. Trotzdem trifft man auch sie auf Blüten an, wo sie Nektar lecken, Pollen oder zarte Blütenteile fressen. Zu den Gästen zählen mehrere Bockkäferarten: Gefleckter Schmalbock, Zweibindiger Schmalbock, Schwarzer Schmalbock, Bleicher Blütenbock, Echter Widderbock, Kleinbock ... Hinzu kommen noch einige Käfer aus anderen Familien: Gebänderter Pinselkäfer, Zweifleckiger Warzenkäfer, Graugrüner Schenkelkäfer, Erdbeerblütenstecher und Himbeerkäfer. Er legt seine Eier in die Blüten oder jungen Früchte von Himbeere und Brombeere, wo sich die Larven entwickeln.

Schmetterlinge: Brombeerblüten bilden einen beliebten Treff für über drei Dutzend Tagfalterarten aus allen Familien (Weißlinge, Edelfalter, Augenfalter, Bläulinge, Dickkopffalter). Von Großer Bedeutung als Nektarquelle sind sie für folgende Arten: Rapsweißling, Kleiner Fuchs, Kaisermantel, Großes Ochsenauge, Brauner Waldvogel, Akazienzipfelfalter, Schlehenzipfelfalter, Faulbaumbläuling und Rostfarbener Dickkopffalter. Mehrfach beobachtet wurden auch drei Widderchen und das zierliche Fensterschwärmerchen (Ebert 1991). Dieser winzige Schmetterling bekam seinen Namen von den unbeschuppten Teilen auf den Vorder- und Hinterflügeln, die wie kleine Fenster wirken.
Als Raupenfutterpflanze werden Brombeeren ebenfalls von rund drei Dutzend Arten aufgesucht, darunter: Kleinster Perlmuttfalter, Malvenwürfelfalter, Brombeerzipfelfalter, Brombeerspinner, Weißdornspinner, Kleespinner, Kleines Nachtpfauenauge, Silberspinner, Roseneule, Achateule, Ginsterstreckfuß, Schönbär, Triangeleule, Grüne Heidelbeereule, Erbseneule, Stricheule, Ampfereule.

Die ebenso häufige wie hübsche Himbeereule fliegt von Ende Mai bis Anfang August in einer Generation. Ihre Raupen leben von Brombeer- und Himbeerblättern. Die Paarung findet im Dunkel der Nacht statt, nachdem sich die Falter zuvor mit Blütennektar gestärkt haben. Buschreiche Lichtungen und Waldränder, aber auch alte Gärten und verwilderte Parkanlagen mit Brombeer- und Himbeergestrüpp bilden den Lebensraum dieses Nachtfalters.

Mischwälder mit reichem Unterholzwuchs, aber auch Gärten in denen Brombeeren und Himbeeren wachsen, bilden den Lebensraum der Rosen- oder Brombeereule. Die Flugzeit erstreckt sich von Ende Mai bis Anfang Juli. Die nachtaktiven Falter lassen sich in der Dämmerung bei der Nahrungssuche beobachten und mit Ködern oder einer Lichtquelle anlocken. Die Weibchen legen ihre Eier in kleinen Paketen an den Rand von Brombeer- und Himbeerblättern.

Der Brombeerspinner kommt auf Heiden, trockenen Wiesen und grasbewachsenen Waldlichtungen vor. Die Falter entwickeln jährlich eine Generation, die von Mai bis Juli ausfliegt. Die Männchen fallen durch ihre vorabendliche Aktivität auf, wobei sie hastig und zickzackförmig fliegen. Die Weibchen werden nachts von Lichtquellen angelockt. Die Eier werden im Juni in Gruppen um die Stängel der Futterpflanze (Brombeere, Heidekraut, Glockenheide) gelegt.

Aus dem Gelege des Brombeerspinners schlüpfen schwarze, haarige Raupen, die später zwischen jedem Ring einen goldenen Streifen zeigen. Die erwachsenen Raupen sind wieder fast ganz schwarz und tragen bräunliche Haare auf dem Rücken. Die Haare können auf menschlicher Haut einen juckenden Ausschlag verursachen. Die fast erwachsenen Raupen überwintern und verpuppen sich im März oder April in einem Kokon aus Seide und Raupenhaaren.

Stachelbeere und Johannisbeere

Stachel-und Johannisbeere sind schon seit dem 16. und 17. Jahrhundert in Kultur, wesentlich früher als das andere Beerenobst. Eigenartigerweise waren sie den Römern und Griechen unbekannt. Die Wildformen beider Sträucher kommen noch heute in Au- und Schluchtwäldern, an Waldsäumen sowie in Hecken und Gebüschen vor. Ihre wesentlich kleineren Früchte werden von Vögeln verbreitet. Damit erklären sich auch so ungewöhnliche Wuchsorte wie Mauern oder Bäume.

Kleine, aber nektarreiche Blüten

So unscheinbar die Blüten der Stachelbeere auch scheinen, sind es doch „vollkommene" Blüten mit großem fünfteilig gesäumtem Kelch und fünf grünlichweißen Blütenblättern mit fünf zarten Staubgefäßen und zweispaltigem Griffel. Als winzige Glöckchen hängen sie zu zweien oder dreien an kurzen Stielen, von den Blättern halb verborgen. Diese recht bescheidenen Blüten zeitigen nach erfolgter Bestäubung die länglich runden, gelben Beeren mit süßem Fleisch in dem die Samenkörnchen weich gebettet liegen. Die in hübschen Trauben angeordneten Blüten der Johannisbeere besitzen den gleichen Bauplan. Sie sondern große Mengen für Insekten leicht zugänglichen Nektars ab. Die Pollenproduktion ist eher bescheiden. Als nektarsaugende, pollensammelnde oder pollenfressende Gäste finden sich ein: Honigbienen, Hummeln, Sandbienen, Blattwespen, Schwebfliegen, Schmeißfliegen und Dungfliegen.

Mehr und größere Früchte

Wildwachsende wie kultivierte Stachel- und Johannisbeersträucher zählen zur Früh- und Entwicklungstracht unserer Honigbienen. Der Nektar wird allerdings von den Bienen selbst benötigt und gelangt meist nicht in die Frühjahrsernte des Imkers. Doch mittelbar profitiert auch hier der Mensch vom Bienenfleiß: Durch Aufstellen von Bienenvölkern lässt sich der Ertrag bei Stachelbeeren bis zu 86 % und bei Roten Johannisbeeren bis zu 70 % stei-

gern. Reger Bienenbeflug bewirkt aber nicht nur eine quantitative, sondern auch qualitative Ertragssteigerung: Durch intensive Fremdbestäubung nimmt bei Johannisbeeren nicht nur der Beerenansatz je Traube, sondern auch die Beerengröße mit der steigenden Kernzahl zu: Normale Ernährung vorausgesetzt, sind vierkernige Früchte durchschnittlich dreimal so schwer wie einkernige.

Ungebetener Gast:
Der Johannisbeer-Glasflügler

Die weltweit verbreiteten Glasflügler oder Sesien bilden eine charakteristische Familie kleiner bis mittelgroßer Schmetterlinge. Die langen, schmalen Flügel sind bei den meisten Arten glasartig durchsichtig. Die Gattung *Sesia* ist in Europa mit vier, in Deutschland mit drei Arten vertreten. Der Johannisbeer-Glasflügler (*Sesia tipuliformis*) ist eine kleinere Art mit einem besonders weiten Verbreitungsgebiet (Europa, Asien, Nordamerika, eingeschleppt in Australien und Neuseeland). Die Weibchen legen ihre Eier an die dünnen Äste von Johannisbeer- und Stachelbeersträuchern, unterhalb der Knospen, welche die Raupe zum Eindringen in das Holz benutzt. Sie überwintert und verpuppt sich im nächsten Frühjahr in einem dünnen Kokon. Die Falter erscheinen ab Mai. Die befallenen Triebe werden welk und vertrocknen. Ihre Entfernung ist noch immer die einzige Bekämpfungsmethode.

Die Larven des Johannisbeer-Glasflüglers leben auch in den Zweigen von Stachelbeeren.

"

Der wegen seiner auffallend bunten Zeichnung auch als Harlekin bekannte Stachelbeerspanner ist in Europa weit verbreitet, am häufigsten wird er in den wärmeren Gebieten angetroffen. Dort bilden Gärten, Hecken und Waldränder seinen Lebensraum. Die nachtaktiven Falter fliegen in einer Generation von Mitte Juni bis Ende August. Die Zeichnung der Flügel variiert oft sehr stark. Es gibt Formen mit hohem Gelbanteil und wenig oder kaum vorhandener schwarzer Fleckung. Das Gelb kann aber auch vermindert sein oder fehlen.

Die Raupen sind wie der Falter schwarz-weiß-gelb und leben auf Weißdorn, Schlehe, Stachel- und Johannisbeere. Sie sind nachtaktiv. Tagsüber verharren sie in lockerem Gespinst zwischen den Blättern der Futterpflanze. Die Raupen fressen von August bis Mai. Einige überwintern nicht, sondern vollenden ihre Entwicklung noch im Herbst. Die Verpuppung erfolgt in der Regel im Mai in Netzkokons an der Futterpflanze. Die Falter schlüpfen gewöhnlich im Juli.

Berberitze

Die auch als Sauerdorn bekannte Berberitze (*Berberis vulgaris*) ist zweifellos einer unserer anmutigsten Sträucher. Obwohl mit einem zusammengewachsenen, dreifachen Dorn bewaffnet, ist der ein paar Meter hohe Strauch doch äußerst harmlos und bietet nicht nur im Mai und Juni, wenn er sich mit blassgelben hängenden Blütentrauben schmückt, einen reizvollen Anblick, sondern auch im Spätsommer, wenn sich seine walzenförmigen, scharlachroten Beeren kontrastreich von dem noch grünen Laub abheben. Dem einen oder anderen mag der Strauch schon seit Kindheitstagen vertraut sein: Damals boten wir seine „Würstchen", wozu wir die Beeren stempelten, in unserem „Krämerladen" feil, und aßen sie auch wegen ihres angenehm säuerlichen und erfrischenden Geschmacks gerne.

So zahlreich wie die Arten und gärtnerischen Sorten der Berberitze, sind auch ihre Namen im Volksmund: Der Strauch heißt wegen seiner Dornen auch Spießdorn, Bilsendorn, Dreidorn, Dreidornenspitz, Dreifaltigkeitsdorn, Heilands- oder Judendorn. Nach dem sauren Geschmack der kleinen flaschenförmigen Früchte wird er auch Saurach, Surbeerl, Essigflasche, Essigbearl oder Weinscharl genannt. Sogar der lateinische Name *Berberis* geht auf die arabische Benennung der Früchte zurück.

Zwischenwirt des Getreiderostes

Nur der Landwirt sieht den Strauch gar nicht gerne, vor allem nicht in der Nähe von Getreidefeldern: Die im Frühjahr auf der Unterseite der Blätter häufig zu beobachtenden orangefarbenen Pusteln stellen die Sporenlager des so genannten Berberitzenrostes dar, eines Pilzes, der mit dem überaus gefährlichen Getreide-Schwarzrost in innigem Zusammenhang steht. Die Berberitze sollte daher nur in einem Abstand von mindestens 500 m vom nächsten Getreidefeld geduldet werden. In Gärten und Parks, am Kartoffelfeld, auf grünem Weideland und vor allem am Waldesrand hat der Strauch dagegen uneingeschränktes Daseinsrecht.

Reizbare Blüten

Die gelben, intensiv duftenden Blüten, entspringen aus Kurztrieben in 4–6 cm langen, vielblütigen Trauben. Sie haben einen oberständigen zylindrischen Fruchtknoten mit plattenförmiger Narbe, ein Griffel fehlt. Die Blüten besitzen eine sehr bemerkenswerte Bestäubungseinrichtung, die schon lange das Interesse der Blütenbiologen auf sich gezogen hat:

Die anfänglich aufrecht stehenden Trauben werden später hängend, sodass die Blüten waagrecht oder schräg abwärts gestellt sind. Da zudem die Staubbeutel von den umgebogenen Zipfeln der Blütenblätter überdeckt werden, ist der Blütenstaub vor Regen bestens geschützt. Berührt man eines der sechs

Wie bei den übrigen Faltenwespen überwintern auch bei den Hornissen nur die begatteten Jungköniginnen. Im Frühjahr stärken sie sich gerne mit dem Nektar der Berberitze.

Die Blätter der Langtriebe sind in verzweigte Dornen umgewandelt.

Staubblätter am Grunde mit einer Nadel oder dgl., so schnellt es plötzlich nach innen. Dasselbe geschieht natürlich auch, wenn ein Insekt jene Stelle berührt. Dies ist in der Regel beim Aufsaugen des Nektars der Fall. Er wird von zwei orangefarbigen Anschwellungen am Grunde jedes Kronblattes abgeschieden und sammelt sich in dicken Tropfen zwischen den Kronblättern und den davor stehenden Staubblättern. Nektar suchende Insekten kommen mit dem verbreiterten, reizbaren Grund der Staubgefäße in Berührung und lösen so die oben beschriebene Einwärtsbewegung des Staubblattes zum Stempel hin aus. Hierbei werden Rüssel oder Kopf des Insekts von dem geöffneten Staubbeutel seitlich getroffen. Danach verlassen die erschreckten Gäste die Blüte, um eine andere aufzusuchen und sie mit dem anhaftenden Fremdpollen zu bestäuben.

Zahlreiche Blütengäste

Der Erfolg dieser Bestäubungsstrategie ist ein durchschlagender, reift doch fast jeder Fruchtknoten zu einer länglichen, mehrsamigen, roten Frucht heran. Die notwendigen Pollentransporteure werden durch den reichlich gebotenen und gut zugänglichen Nektar angelockt:
Nektar saugend wurden beobachtet: Hornisse, Rote Wespe, Waldwespe, Honigbiene, Dunkle Erdhummel, Sandbienen-Männchen (*Andrena helvola, A. fulvicrus*), Sandbienen-Weibchen (*Andrena albicans, A. fulva*), Furchenbienen-Weibchen (*Halictus rubicundus*). Ferner: Sumpfschwebfliegen (*Helophilus floreus, H. pendulus*), Keilfleckschwebfliegen (*Eristalis tenax, E. arbustorum, E. nemorum*), Schnauzenschwebfliegen (*Rhingia rostrata*), Stubenfliege, Schmeißfliegen (*Onesia floralis, O. sepulcralis, O. cognata*). Ebenfalls Nektar saugten der Vierzehnpunkt-Marienkäfer und der Gemeine Pelzkäfer. Pollen sammelten: Wiesenhummel, Honigbiene und mehrere Sandbienen (*Andrena bicolor, A. fulva, A. varians*).

Noch ist die Berberitzenblüte weit geöffnet und wartet auf den Besuch von Insekten. Dann haben die Staubbeutel plötzlich zugeschlagen. Die Reaktionszeit der Pflanze beträgt nur 0,02 Sekunden.

Wiesenschaumkraut

Ende April bestimmen die Blüten des Wiesenschaumkrautes (*Cardamine pratensis*) den Anblick vieler Wiesen. Im Wirtschaftsgrünland bilden sie meist den ersten Blütenaspekt des Jahres. Die zu einer Traube vereinigten Blüten sind weiß, rosa oder blasslila. Die Art liebt feuchte Wiesen und feuchte lichte Stellen in Wäldern, auch in Mooren kommt sie vor. Der blütentragende Stängel hebt sich aus einer Blattrosette. Alle Blätter sind gefiedert und, wie bei zahlreichen anderen Pflanzen nasser Stellen, saftstrotzend und meist völlig unbehaart. Der Name Schaumkraut bezieht sich auf die häufig zu findenden Schaumklümpchen an der Pflanze, die auch Kuckucksspeichel genannt werden und von der Larve der Wiesenschaumzikade (*Philaenus spumarius*) stammen. Das Wiesenschaumkraut besitzt noch eine ganze Reihe weiterer volkstümlicher Namen. Sie beziehen sich auf die frühe Blütezeit (Aprilblume, Maiblume, Pfingst- oder Himmelfahrtsblume, Storchen- oder Kuckuckblume) oder deuten auf die Blütenfarbe hin (Fleischblume, Speckblume, Käse-, Quark- oder Molkeblume).

Typischer Kreuzblütler

Schon auf den ersten Blick gibt sich das Wiesenschaumkraut als Mitglied der großen Familie der Kreuzblütler oder Kohlgewächse zu erkennen: Die einzelne Blüte wird von vier Kelchblättern eingeschlossen, wobei je zwei einander gegenüberstehen. Die Lücken schließen vier Kronblätter, die ebenfalls paarweise gekreuzt angeordnet sind. In der Mitte der Blume erhebt sich der längliche Fruchtknoten mit Griffel und Narbe. Von insgesamt sechs Staubblättern bilden zwei kürzere den äußeren Staubblattkreis und vier längere den inneren Staubblattkreis. Der Nektar wird besonders von zwei seitlichen, den Grund der kurzen Staubfäden umgebenden Drüsen abgeschieden und sammelt sich in den Aussackungen der Kelchblätter. In den jungen Blütenknospen sind alle sechs Staubgefäße dem Stempel zugekehrt und werden von ihm überragt. Noch vor dem Aufblühen strecken sich die vier inneren Staubfäden und machen eine Drehung nach der Seite der benachbarten kurzen Staubfäden hin, sodass ihre Staubbeutel mit der pollenbedeckten Seite den Blüteneingang flankieren. Ein Insekt, das den Nektar am Blütengrund erlangen will, muss mit Kopf oder Rüssel an der bestäubten Fläche eines der größeren Staubgefäße vorbeistreifen. In einer anderen Blüte kann es dann Fremdbestäubung herbeiführen. Bei kaltem, regnerischem Wetter unterbleibt oft die Drehung der größeren Staubblätter, sodass ihr Pollen auf die Narbe fällt. Doch Selbstbestäubung führt beim Wiesenschaumkraut nicht zur Bildung keimfähiger Samen. Fremdbestäubung ist auch hier „Plan und Absicht der Natur" (Sprengel).

Raupenfutterpflanze des Aurorafalters: Das Wiesenschaumkraut.

Die lang gestreckten, an Stängeln oder Zweigen gehefteten Puppen überwintern.

Die Flügelunterseite ist bei beiden Geschlechtern moosgrün marmoriert.

Aurorafalter-Männchen mit leuchtend orangeroten Flügelecken.

Das schlichter gefärbte Weibchen gleicht einem Kohlweißling.

Zahlreiche Blütengäste

Das Wiesenschaumkraut besitzt nicht nur eine unter den Kreuzblütlern besonders auffällige Blütenfarbe, sondern kann auch mit einem reichlichen, selbst für kurzrüsselige Insekten lohnenden Nektarangebot aufwarten. Entsprechend groß ist die Zahl der Blütengäste:
Bienen, Hummeln, Fliegen:
Honigbienen nutzen sowohl das Nektar- als auch das Pollenangebot. Während die Drohnen der Honigbiene niemals Blüten besuchen, sondern sich im Stock verköstigen lassen, besuchen die Männchen der Wildbienen regelmäßig Blüten zur Selbstversorgung. So wurden auf dem Wiesenschaumkraut je ein Männchen der Mauerbiene *Osmia rufa*, der Sandbiene *Andrena parvula* und der Wespenbiene *Nomada lineola* beim Saugen von Nektar beobachtet.
Die Weibchen von 5 Furchenbienenarten (*Halictus, Lasioglossum*) und 13 Sandbienenarten sammeln auf dem Wiesenschaumkraut Pollen für ihre Brutzellen, darunter zwei auf Kreuzblütler spezialisierte Sandbienenarten (Westrich 1990). Nektar saugend wurden angetroffen: Großer und Zweifarbiger Hummelschweber (*Bombylius major, B. discolor*), Tanzfliege (*Empis opaca*), Gemeine Sumpfschwebfliege (*Helophilus pendulus*). Die Schnauzenschwebfliege (*Rhingia rostrata*) und mehrere Blumenfliegen (*Anthomyia spec.*) verzehrten Pollen.

Schmetterlinge
Zu den ständigen oder nur gelegentlichen Gästen des Wiesenschaumkrauts zählen über ein Dutzend Tagfalterarten, darunter der prächtige Schwalbenschwanz. Mehrfach bis sehr zahlreich beobachtet wurden: Senfweißling, Rapsweißling, Kleiner Kohlweißling, Zitronenfalter, Tagpfauenauge, Landkärtchen, Brombeerzipfelfalter. Für den Aurorafalter stellt das Wiesenschaumkraut eine Nektarpflanze von überragender Bedeutung dar, der zumindest zeitweise eine Schlüsselrolle zukommt (Ebert 1991). Die Mehrzahl der hier angeführten Arten lassen sich auch im Garten blicken, wenn sie dort folgende Kreuzblütler zu einem Nektartrunk einladen: Blaukissen (*Aubretia*-Hybriden), Levkoje (*Matthiola incana*), Duftsteinrich (*Lobularia maritima*), Garten-Silberblatt (*Lunaria annua*), Mondviole (*Lunaria rediviva*), Nachtviole (*Hesperis matronalis*), Doldige Schleifenblume (*Iberis umbellata*), Garten-Rettich (*Raphanus sativus*), Weißer Senf (*Sinapis alba*) u. a.

Raupenfutterpflanze des Aurorafalters

Für den Aurorafalter (*Anthocharis cardamines*) ist das Wiesenschaumkraut Nektarspender und Raupenfutterpflanze zugleich. Insgesamt hat man mehr als 30 Kreuzblütlerarten als Nahrungspflanzen der Raupen festgestellt, wenngleich Wiesenschaumkraut und Knoblauchsrauke an erster Stelle stehen.

Auch der wissenschaftliche Artname des Falters (*cardamines*) weist darauf hin. Das Wiesenschaumkraut öffnet seine Blüten schon einige Tage vor dem Erscheinen der Aurorafalter-Weibchen und seine Blühdauer erstreckt sich über einen größeren Teil der Falterflugzeit.
Die Eiablage erfolgt niemals an den Blättern, sondern stets an den Blütenstielen, etwa 5 mm unterhalb der Blüte. Die einzeln abgesetzten Eier sind anfangs bleichgelb und verfärben sich nach kurzer Zeit orangerot. Die daraus hervorgehenden Jungraupen leben einzeln zunächst in der Blüte, später fast ausschließlich auf den Schoten. Für das ungeübte Auge sind die blaugrünen, lang gestreckten Raupen nur schwer zu entdecken, da sie den von ihnen verzehrten Schoten der Wirtspflanze sehr ähneln. Kreuzblütler enthalten bekanntlich giftige Senfölglykoside, sodass diese Pflanzenfamilie nur wenigen speziell angepassten Insekten als Nahrungsgrundlage dienen kann. Die Raupen der Weißlinge, denen in systematischer Hinsicht auch der Aurorafalter angehört, haben diese Schranke durchbrochen und können sich so bei ihrem Reifungsfraß schadlos halten.
Besonders interessant ist die extravagante, meist hellbraune Puppe mit lang ausgezogener Kopfspitze. Als Gürtelpuppe wird sie durch einen feinen Seidenfaden auch bei Wind und Wetter in der richtigen Lage gehalten. Die Hinterleibspitze ist in einem von

Das Tagpfauenauge besucht Blaukissen und andere Kreuzblütler.

Pollenquelle für drei Sandbienenarten: Das Felsensteinkraut

der Raupe gesponnenen, kleinen Seidenpolster verankert. Bei flüchtigem Hinsehen kann man die Puppe leicht mit einem braungrauen Dorn verwechseln, wodurch sie meist der Aufmerksamkeit insektenfressender Vögel entgeht. Ein Dreivierteljahr muss der Schmetterling als reglose Puppe verharren, bevor er im nächsten Frühjahr seine Hülle sprengt. Der Aurorafalter zählt noch nicht zu den gefährdeten Arten, doch die Trockenlegung von Feuchtwiesen und zu hohe Düngegaben verdrängen das Wiesenschaumkraut zunehmend aus dem Wirtschaftsgrünland.

Kreuzblütler: ergiebige Pollen- und Nektarspender für Honig- und Wildbienen

Mit rund 3000 Arten bilden die Kreuzblütler eine der größten, vielgestaltigsten und wirtschaftlich wichtigsten Pflanzenfamilien. Besondere Bedeutung für die Imkerei erlangt der großflächige Anbau von Raps, Rübsen, Senf und Kohlarten. Auch verbreitete „Unkräuter" wie Hederich und Ackersenf zählen zu den ertragsreichsten Nektar- und Pollenquellen der Honigbiene. Ohne Schwierigkeiten kann sich die Biene auf den Kreuzblüten niederlassen und den Nektar erreichen, der sich auf dem Blütenboden ansammelt.
Durch ihre nahezu 100 %ige Blütenstetigkeit, ihr hoch entwickeltes Kommunikationssystem und ihre Vorratshaltung, ist die Honigbiene in erster Linie an so genannten Massen-

trachten interessiert. Neben der Löwenzahn- und Obstblüte muss hier vor allem der Raps genannt werden:
„Wird die Anzahl der Blüten an einer Rapspflanze mit 200–300 und der beanspruchte Raum mit 150 cm^2 je Pflanze angenommen, ergibt sich daraus eine annähernde Anzahl von 12 Millionen Blüten je ha. Nimmt man an, dass etwa 10 Blüten an einer Pflanze gleichzeitig blühen und jede Blüte durchschnittlich zweimal honigt, so bietet ein blühendes Rapsfeld den Bienen täglich etwa 6 kg Zucker pro ha und etwa 40–200 kg/ha während der ganzen Blütezeit" (Maurizio/Schaper 1994). Ähnliche Werte der Nektarabsonderung liegen für Kohlarten, Ackersenf, Weißer Senf, Hederich und Ölrauke vor. Neben Nektar halten die Blüten auch reichlich Pollen bereit: „Die Gesamt-Pollenproduktion wird für Raps auf 80–174 kg/ha, für Ackersenf auf 35–102 kg/ha geschätzt. Der Tagesanteil der Pollentracht von Kreuzblütlern liegt in Deutschland bei 11–19 %, bei einseitiger Rapstracht bei 80–90 %" (Maurizio/Schaper 1994).
Auch Wildbienen wissen das reiche Angebot zu schätzen: Rapsblüten werden von über 60 Sand-, Furchen- und Mauerbienenarten als Pollenquelle genutzt. Sechs Sandbienenarten und eine Mauerbienenart haben sich beim Pollensammeln auf Kreuzblütler spezialisiert (Westrich 1990).

Für die Gewinnung von 1 kg Honig müssen von den Bienen 7,5 Millionen Rapsblüten besucht werden. Direkt an die Rapsfelder gestellte Völker tragen einseitigen Rapshonig ein. Er ist im flüssigen Zustand zart gelblich, kandiert fast weiß und kristallisiert rasch.

Rechts: Sandbienen-Männchen (Andrena labialis) auf Brassica spec. Die heute selten gewordene und gefährdete Art besiedelt trockene Wiesen und Magerrasen; sie fliegt in einer Generation von Mitte Mai bis Ende Juni.

Unten links: Sandbienen-Weibchen (Andrena nigroaenea) auf Brassica spec. Diese relativ häufige Art ist auch regelmäßig im Siedlungsbereich vertreten. Sie fliegt in einer Generation von Mitte April bis Mitte Juni.

Unten Mitte: Sandbienen-Männchen (Andrena minutula) bei der Nektaraufnahme auf dem Frühlings-Hungerblümchen. Die anspruchslose und häufige Art besiedelt auch Gärten und Parks. Sie fliegt in zwei Generationen von Anfang April bis Ende Mai und von Ende Juni bis Mitte August.

Unten rechts: Furchenbienen-Weibchen (Lasioglossum morio) bei der Nektaraufnahme auf dem Frühlings-Hungerblümchen. Die recht häufige Art kommt ebenfalls im Siedlungsbereich vor. Die überwinternden Weibchen fliegen ab Anfang April, die Männchen ab Anfang Juli.

Das Weibchen des Großen Kohlweißlings hat auf den weißen, schwarz gesäumten Vorderflügeln nach der Mitte hin zwei rundliche schwarze Flecken und einen länglichen am Hinterrand.

Beim Männchen ist die Oberseite der Flügel bis auf die Spitzenmale reinweiß. Männchen und Weibchen besitzen auf dem Vorderrand der Hinterflügel noch einen kleineren schwarzen Fleck.

Die goldgelben, fein ornamentierten Eier werden, bis zu mehr als 100 Stück in Häufchen beisammen, an der Unterseite der Blätter der Kohlarten abgesetzt.

Die gelbgrünlichen, schwarz punktierten Raupen schlüpfen nach einer Woche. Viele von ihnen werden noch vor der Verpuppung durch Schlupfwespen parasitiert.

Die nach 25 Tagen aus der Raupe hervorgegangene Puppe ist mit einigen Fäden um die Körpermitte an Mauern, Zäunen, Wänden oder Baumstämmen geheftet.

Zypressenwolfsmilch

Die große und sehr vielgestaltige Familie dem Wolfsmilchgewächse (*Euphorbiaceae*) ist mit 290 Gattungen und 7500 Arten in allen Gebieten der Erde, die kältesten ausgenommen, verbreitet. Ihre Hauptformenfülle erreichen die Wolfsmilchgewächse in den Wäldern der Tropen und Subtropen, wo sie sowohl in den regenreichen Regionen (hier in Gestalt von hohen Urwaldbäumen, Sträuchern und Lianen), wie auch in trocken-warmen Gebieten mit entsprechend angepassten Formen vertreten sind. Ihren wissenschaftlichen Namen verdanken die Wolfsmilchgewächse dem König Juba von Mauretanien (1. Jh. n. Chr.), der in griechischer Sprache verschiedene naturwissenschaftliche, erdkundliche und geschichtliche Werke verfasst hat. Zu Ehren des Arztes Euphorbius gab er einer Art den Namen „Euphorbia".

Häufig auf trockenem Terrain

In Europa wird die Familie vor allem durch die Gattung *Euphorbia* repräsentiert. Auf Sandböden und Heiden, Mager- und Trockenrasen, Dämmen und Hängen, aber auch an Rainen und Wegrändern begegnen wir häufig der Zypressenwolfsmilch (*Euphorbia cyparissias*), als der wohl bekanntesten Art. Dank ihrer nadelartigen Blätter, ihres gattungstypischen „Blütenstandes" (s. u.) und ihres Milchsaftes ist sie nicht zu verwechseln. Eine entfernt ähnliche und seltene Art hat Blätter, die breiter sind als 3 mm, ein Maß, das die Zypressenwolfsmilch nie erreicht. Auch bildet die Pflanze an ihren Wuchsorten meist größere Bestände.

Giftig für Mensch und Vieh

Fast jedes Wolfsmilchgewächs, also auch unseres, hat in seinem Gewebe Milchkammern, die ein kautschukartiges Latex enthalten. Es hat einen scharfen, widerlichen Geschmack und ist giftig. Daher wurde die Zypressenwolfsmilch (und sicher auch andere Arten) fast in allen europäischen Sprachen mit entsprechenden Namen bedacht: Giftblut, Teufels- oder Hexenmilch, Wolfs-,

Hunds-, Hasen-, Esels-, Ziegen-, Frosch-, Kröten- und Schlangenmilch. Das Vieh nimmt die Pflanze in frischem Zustand in der Regel nicht an, hingegen im Heu, wo sie, in Menge beigemischt, Durchfall, Blutharnen und in schweren Fällen sogar den Tod der Tiere herbeiführen kann. Daraus erklärt sich auch die starke Zunahme der Pflanze auf übernutzten Weiden.

Früher Heilpflanze

Der eingetrocknete Milchsaft (er enthält einen ätzenden Stoff, Euphorbon, Stärke, Öl, Harz, Gummi und Euphorbin) wurde früher von den Ärzten als Brech- und Abführmittel verabreicht. In der Volksheilkunde wurde der Milchsaft gegen Warzen eingesetzt, durfte aber nicht auf die umgebende Haut gelangen, da sensible Personen leicht Allergien bekommen. Es hat auch schon Erblindungsfälle infolge von Kontamination der Augen durch Wolfsmilch-Latex gegeben. Ein stark verdünnter Auszug der blühenden Pflanze diente früher als Mittel gegen Entzündungen in Mund und Rachen, sowie gegen verschiedene Hautkrankheiten. Heute ist von einer Verwendung der Pflanze jedoch dringend abzuraten. Für die hohe Giftigkeit der Latexsäfte spricht auch, dass sie primitiven Völkern zur Behandlung von Giftpfeilspitzen dienen.

Blütenaufbau

Der Blütenstand der Zypressenwolfsmilch ähnelt auf den ersten Blick einer zusammengesetzten Dolde. Betrachtet man jedoch eine „Einzelblüte" etwas genauer, entpuppt sie sich selbst als Blütenstand oder „Blütenverein", der aus zahlreichen Staubblüten und einer Stempelblüte zusammengesetzt und von einer krugförmigen Hülle umgeben ist. Aus der Hülle wird zuerst der Stempel hervorgestreckt. Er besteht aus einem dreiteiligen Fruchtknoten und drei Griffeln mit je zwei Narben. Nachdem sie mit fremden Pollen belegt sind, vertrocknen die Narben. Der Stiel des Stempels streckt sich stark in die Länge und der Fruchtknoten neigt sich über den Rand der becherförmigen Blütenhülle. Dadurch wird für die erst jetzt reifenden Staubblätter Platz geschaffen. Eins nach dem an-

Nachdem die Narben mit Fremdpollen bestäubt sind, neigt sich der Fruchtknoten.

dern erhebt sich über die Öffnung der Hülle und die getrennten Staubbeutelfächer bieten den Pollen aus.

Schwebfliegen als Bestäuber

Die wenig auffallenden Blütenstände werden in erster Linie von Fliegen besucht. Der für sie bequem erreichbare Nektar wird von vier rundlichen Drüsen ausgeschieden, die sich am Rand des Blütenbechers befinden. Naschen die Tiere von dem süßen Saft, müssen sie in den jüngeren Blütenständen die Narben, in den älteren die Staubbeutel berühren, beim Besuch mehrerer Pflanzen also Fremdbestäubung herbeiführen. Zu den Blütengästen zählen über zwei Dutzend Schwebfliegenarten (Kormann 1988), wovon hier nur eine kleine Auswahl häufiger Arten gegeben werden soll:

Gemeine Erzschwebfliege, Gemeine Wespenschwebfliege, Frühlings-Wespenschwebfliege, Zweiband-Wiesenschwebfliege, Gemeine Winterschwebfliege, Gemeine Waldschneisenschwebfliege, Totenkopfschwebfliege, Matte Faulschlammschwebfliege, Gemeine Langbauchschwebfliege, Gemeine Keulenschwebfliege, Große Schwebfliege, Behaarte Schwebfliege, Späte Gelbrandschwebfliege.

Die Zypressenwolfsmilch ist die Raupenfutterpflanze des Wolfsmilchschwärmers. Die sehr bunten Raupen sind auch bei Sonnenschein an der Nahrungspflanze aktiv. Die auffällige Warnfarbe der Raupen signalisiert Ungenießbarkeit für Fressfeinde. Vermutlich speichern die Raupen Giftstoffe aus der Futterpflanze, die sie für Vögel ungenießbar machen.

Der Wolfsmilchschwärmer ist in Mitteleuropa nur lokal in wärmeren Gebieten heimisch, wo er in zwei Generationen auftreten kann. Im nördlichen Teil erscheint er nur als unsteter Wanderfalter. Er fliegt im Frühjahr und Sommer und kann auch inmitten von Ortschaften in Gärten und Parkanlagen bei der Nahrungsaufnahme an nektarreichen Blütenpflanzen beobachtet werden.

Wie der Ringelspinner legt auch der Wolfsmilchspinner seine Eier kompakt ringförmig um einen Stängel aneinandergereiht ab. Die Räupchen überwintern voll entwickelt in der Eischale und verlassen dieselbe etwa im April. Die Raupen fressen an Zypressenwolfsmilch und mehreren anderen Pflanzen (z. B. Wiesenschafgarbe, Roter Wiesenklee, Mittlerer Wegerich u. a.). Die Verpuppung erfolgt im Gras, in einem weißlichen Kokon.

Der Wolfsmilchspinner ist mit Ausnahme der Polargegenden in ganz Europa verbreitet, kommt aber nirgends häufig vor. Er ist eine lokal auftretende Art, die sonnige und vor allem sandige Biotope aufsucht. Die Falter bilden jährlich eine Generation und fliegen im Juli und August aus. Sie lassen sich gerne auf Blütenköpfen nieder, die ihnen als Ruheplatz dienen. Während die Weibchen auf dem Vorderflügel ein gelb eingefasstes rotbraunes Band tragen, ist dieses beim Männchen zu einer bandartigen Zeichnung auf ockergelbem Grund umgewandelt.

Osterluzei

Die Familie der Osterluzeipflanzen ist mit rund 600 Arten überwiegend in den Tropen und Subtropen verbreitet. Die Gemeine Osterluzei (*Aristolochia clematitis*) hat sich als südmediterrane Art bei uns nur in Unkrautbeständen warmer Weinbaugebiete eingebürgert, wo sie seit dem Mittelalter zerstreut anzutreffen ist. Gelegentlich kann man der wärme- und etwas kalkliebenden Pflanze auch an Mauern und Wegrändern, in Gebüschen und Auwäldern begegnen. In der Antike stand die Osterluzei in hohem Ansehen. Ihr Gattungsname setzt sich auch „aristos" (= bestens) und „lokheia" (= Geburt) zusammen - ein Beweis für die Annahme ihrer Nützlichkeit in der Geburtshilfe. Der Wurzelstock der hochgiftigen Pflanze findet auch in der heutigen Volksmedizin noch regelmäßige Verwendung, innerlich gegen Muskelschmerzen, als fieberstillendes, menstruationsförderndes, harn- und schweißtreibendes Mittel, äußerlich gegen Geschwüre und andere schwere Hautkrankheiten.

Eine Kesselfallenblume

Die 2–3 cm langen Blüten der Osterluzei sind sehr merkwürdig geformt: Die hellgelbe, röhrenförmige Blütenhülle ist am Grunde zu einem Kessel erweitert und oben zungenförmig verlängert. In den Kessel ragt das obere Ende des Fruchtknotens hinein, der mehrere Narben trägt und mit den Staubblättern eng verwachsen ist. Wenn die Narben für die Bestäubung reif sind, steht die Blüte aufrecht, geöffnet und lockt kleine Zweiflügler (vor allem Zuckmücken der Gattung *Ceratopogon*) an. Die Innenseite der tütenartigen Blütenöffnung ist durch einen Wachsüberzug so glatt, dass landende Mücken abrutschen und in den Kessel am Blütengrund fallen. Abwärts gerichtete Haare verhindern ein Hinauskriechen. Durch die saftigen Wände des Kessels erhalten die Inhaftierten während der folgenden 2–3 Tage jedoch reichlich Nahrung. Haben die Mücken Blütenstaub von einer anderen Osterluzeipflanze mitgebracht, können sie damit die Narben bestäuben. Wenn die Blüte welkt, öffnen sich die Staubgefäße und pudern die Insekten im Kessel mit neuem Pollen ein. Danach welken auch die Sperrhaare und geben die Gefangenen frei. Mit Blütenstaub beladen suchen sie eine andere Osterluzeiblüte auf und streifen ihre Pollenladung an deren Narben ab. Auf diese Weise sichern die Blüten eine Fremdbestäubung, die zu besserem Samenansatz führt. Die Samen werden von Ameisen verbreitet.

Wichtige Raupenfutterpflanze

Die Osterluzei bildet die Futterpflanze des hübschen Osterluzeifalters (*Zerrynthia polyxena*). Die nördliche Grenze seines Verbreitungsgebietes führt durch die südlichen Teile Mitteleuropas. Der Schwerpunkt seines Vorkommens liegt im östlichen Mittelmeerraum und erstreckt sich weiter nach Kleinasien. Die hellgelbe Grundfarbe des Falters wird von schwarzen, roten und blauen Zeichnungen überdeckt und lässt keine Verwechslung mit

Der 50–60 mm spannende Osterluzeifalter erinnert durch seinen Farbenreichtum an die herrlichsten Falter der Tropen. Die wärmeliebende Art fliegt von März bis Mai und sonnt sich gern.

Die ornamentreiche Zeichnung des Falters findet sich auch auf der Flügelunterseite.

Die aus dem Mittelmeerraum stammende Osterluzei bevorzugt nicht allzu trockene, nährstoff- und kalkreiche, lockere Böden.

einem anderen Schmetterling zu. Diese bunte Färbung dient als Warntracht, da der Falter durch die Nahrung der Raupe Giftstoffe enthält und somit für Insekten ungenießbar ist. Auch die Raupen riechen intensiv nach der Nahrungspflanze und sind so ebenfalls vor Fressfeinden geschützt. Es kommt nur zu einer Generation im Jahr. Die Eier werden im Mai einzeln oder in kleinen Gruppen auf die Unterseite der Blätter gelegt und schlüpfen nach etwa einer Woche. Die Raupen sind nach 4–5 Wochen ausgewachsen. Die Puppen überwintern und entlassen den Falter im April und Mai. Der bedrohte Falter ist durch Gesetz und Einfuhrverbot vor unbedachten Sammlern und Insektenhändlern geschützt. Trotzdem gingen in den letzten Jahren seine Bestände sehr zurück: Mehr als durch den Wegfang, wird die Art durch Insektizide dezimiert, die von den benachbarten Feldern herangeweht werden, sowie durch das Frühjahrsabbrennen alter, trockener Gräser und Pflanzen, an denen die langen, schlanken Puppen überwintern. Die hier vorgestellte Art ist eine von ungefähr 20 geografischen Rassen. In Südfrankreich, Spanien, Portugal und Nordafrika lebt eine ähnliche Art mit gleichen Biotopansprüchen, die man an der Verteilung der roten Punkte erkennen kann.

Die eigenartig geformten Blüten der Osterluzei sind raffinierte Kesselfallenblumen, die von kleinen Mücken bestäubt werden.

Zu den Osterluzeigewächsen zählt auch die Europäische oder Braune Haselwurz (Asarum europaeum). Sie findet sich am Boden von Laub- und Mischwäldern (oft unter Haselnusssträuchern) und besitzt derbe, nierenförmige, dunkelgrün glänzende Blätter.

In den krugförmigen, innen purpurbraunen Blüten findet meist Selbstbestäubung statt. Doch ist auch Fremdbestäubung durch allerlei Kleininsekten, die in den Blütenglocken Unterschlupf suchen, möglich. Die Samen werden von Ameisen verbreitet.

Labkraut

Die Labkräuter sind ein Pflanzengeschlecht, das uns mit besonders zahlreichen Arten an Weg- und Waldrändern, auf Äckern, Rainen und Brachen durch den Sommer begleitet. Von Juni an machen sich zwischen den Wiesengräsern, auf sonnigen Hügeln und anderen trockenen, rasigen Orten die häufigsten Labkräuter breit und bieten zusammen mit roten Nelken und blauen Glockenblumen ein farbenreiches Bild, so vor allem das Echte Labkraut (*Galium verum*) mit gelben, das Gemeine Labkraut (*G. mollugo*) mit weißen oder gelbweißen, das Kletten-Labkraut (*G. aparine*) mit weißen oder grünlichen Blüten. Letzteres führt auch die treffenden Namen „Klebkraut" oder „Kleber": Die ganze Pflanze und ihre Nüsschen sind mit hakenförmigen Borsten besetzt, womit sie sich fest an unsere Kleidung oder Tierfelle heften.

Das mehrjährige Echte Labkraut blüht bis Oktober auf Trockenwiesen.

Namensherkunft

Labkräuter bilden eine Gattung der Rötegewächse und sind mit 300 Arten auf der ganzen Erde verbreitet. Während in unseren Breiten nur etwa 30 krautige Arten vorkommen, finden wir in den warmen Zonen auch Sträucher, Bäume, Lianen und Epiphyten. Der Gattungsname *Galium* leitet sich vom griechischen gala (= Milch) ab, da die griechischen Hirten aus den Labkrautarten mit weichen und hakigen Stängeln ein Sieb machten, durch das sie die Milch gossen, um ihr Gerinnen zu fördern. In die gleiche Richtung weist auch die deutsche Bezeichnung Labkraut: Die Pflanze enthält in 100 g Blattgewebe etwa 1 mg Labferment, das Milch zum Gerinnen bringt. Lab ist die innere Haut des vierten Magens junger Kälber, die dieses Ferment erzeugt.

Auf Marienbildern

Das Echte Labkraut, das mit seinen reichblütigen, gelben Rispen aus kleinen Sternblümchen von niemand unbemerkt bleibt, hat bereits in den frühesten Zeiten des Mittelalters zur Sagen- und Legendenbildung angeregt. Glaubte man doch, dieses süß duftende weiche Kraut habe das Stroh geliefert, das die Heilige Jungfrau in die Krippe legte, um das Christuskind darauf zu betten. Danach wurde die Pflanze Herrgottsbettstroh, Liebfrauenstroh, Unsrer lieben Frau Bettstroh, Marien- oder Muttergottesbettstroh, engl. Ladies bedstraw, genannt und von Malern auf Marienbildern dargestellt, so auch von Raphael auf seiner Madonna della Casa alba in St. Petersburg.

Gegen Zauber und Hexerei

Das Echte Labkraut wurde früher oft zur Käsebereitung verwendet. Daneben pflegte man die Pflanze lange Zeit in die Wiege zu legen, um die Kinder vor Hexerei und Zauber zu schützen. In einem Bericht über das Konzil, das im Jahre 743 in Rom abgehalten wurde und unter der Leitung des Erzbischofs Bonifatius stand, wird ein Bündel Kräuter erwähnt, welches das Volk als „Marienbündel" an seine Betten hängt oder in einem Leinensäckchen um den Hals gebunden trägt, als Schutz

Das Klettenlabkraut ist sehr anhänglich. Seine Stängel können über 150 cm lang werden.

vor wilden Tieren und bösen Einflüssen. Noch zu Beginn unseres Jahrhunderts sollen Leute in der Gegend von Nürnberg ein Bündel Labkraut über das Bett eines Fieberkranken gehängt haben, um das Fieber zu vertreiben.

Blütengäste: Fliegen, Mücken und Käfer

Die kleinen, zu rispigen Blütenständen vereinten Blüten besitzen eine radförmig flach ausgebreitete Blumenkrone, sodass der freiliegende Nektar auch kurzrüsseligen Insekten zugänglich ist. Die goldgelben, stark nach Honig duftenden Blüten werden daher hauptsächlich von Fliegen, Mücken und Käfern besucht, die den Pollen wahrscheinlich mehr mit den Füßen als mit dem Rüssel von einer Blüte zur anderen tragen. In jungen Blüten stehen die Staubgefäße aufrecht und sind ringsum mit Pollen bepudert, während die beiden Narbenköpfe noch dicht aneinander liegen. Später spreizen die Staubgefäße waagrecht nach außen und biegen sich mit ihren Enden zwischen zwei Blumenblätter hindurch nach unten. Gleichzeitig spreizen sich die Griffel mit ihren empfängnisbereiten Narben auseinander. Das Abwärtsbiegen der Staubgefäße soll eine Selbstbestäubung verhindern und Fremdbestäubung begünstigen. Durch Herabfallen des Pollens auf die Narben tieferstehender Blüten ist aber auch Selbstbestäubung möglich.

Auf dem Echten und Gemeinen Labkraut sowie auf dem Schmalblättrigen Weidenröschen leben die Raupen des Labkrautschwärmers. Sie schlüpfen nach rund einer Woche und fressen etwa 4 bis 5 Wochen lang. Die Verpuppung erfolgt am Boden. Die Falter schlüpfen nach einigen Wochen oder erst im Mai des folgenden Jahres.

Labkrautarten bilden auch die Raupenfutterpflanzen des Taubenschwänzchens. Die eigentliche Heimat dieses kleinen Schwärmers ist Südeuropa. Alljährlich fliegt er von dort über die Alpen nach Mitteleuropa. Seine bei uns geschlüpften Nachkommen wandern im Herbst in den Süden.

Kuckuckslichtnelke

Im Mai, wenn der Kuckuck ruft, prägt die Kuckuckslichtnelke mit ihren fleischfarbenen Blüten das Aussehen feuchter Wiesen und Flachmoore. In den „normalen" Mähwiesen zeigt sie, oft in größeren Gruppen wachsend, die feuchtesten Stellen an. Der Bauer hält von dieser Pflanze allerdings nicht viel, da sie nur minderwertiges Futter liefert und zudem verbesserungsdürftige Böden anzeigt. Die Kuckucksblume kommt daher heute in freier Natur nicht mehr allzu häufig vor, weil viele nasse Flächen drainiert und kultiviert werden. Doch wo sie noch wächst, bildet sie oft zusammen mit Sumpfdotterblume, Flügelhartheu und Mädesüß nicht nur einen hübschen Anblick, sondern zugleich eine lohnende Wiesenschänke für eine Vielzahl geflügelter Gäste.

Pflanze mit „Kuckucks-Spucke"

Die Bezeichnung Kuckuckslichtnelke hat mit dem gleichnamigen Vogel nichts zu tun, sondern leitet sich vom sog. „Kuckucks-Speichel" ab. Es sind kleine Schaumklümpchen, die man häufig am Stängel dieser Pflanze findet. Das Wort „Kuckuck" wurde im Mittelalter als Synonym für Tor oder Narr gebraucht und sollte auf die Widernatürlichkeit dieser Schaumklümpchen hinweisen. Heute weiß man, dass die an Spucke erinnernden Gebilde von der Nymphe der Wiesenschaumzikade (*Philaenus spumarius*) erzeugt werden: Sie bohrt die Siebröhren der Kuckuckslichtnelke an, in denen organische Stoffwechselprodukte, vor allem Kohlenhydrate und in geringen Mengen auch Eiweiße von den Blättern in die Wurzeln befördert werden. Da die Nymphe relativ viel Eiweiß benötigt, muss sie mehr Kohlenhydrate aufnehmen als sie verwerten kann. Diese werden zusammen mit anderen Abfallstoffen als wässrige Lösung ausgeschieden. Der flüssige Kot wird durch Einpressen von Atemluft aus den letzten Tracheen aufgeschäumt. Das so entstandene Schaumnest hält sogar Regenschauern stand und schützt die zarte Nymphe vor direkter Sonneneinstrahlung, vor Austrocknung und natürlichen Feinden, wie z. B. Ameisen.

Bienen, Hummeln, Fliegen

Die Blütenform der Kuckuckslichtnelke entspricht wie bei den meisten Nelkengewächsen dem so genannten Stielteller-Typus. Da jedoch die Blütenröhre verhältnismäßig kurz ist, haben all jene Insekten Zugang zum Nektar, die wenigstens einen 9–10 mm langen Rüssel besitzen oder mit einem zumindest 6 mm langen Rüssel die Kraft vereinen, den die Kelchröhre überragenden Teil der Blumenkrone auseinander zu zwängen. Die an der Basis der Staubfäden sitzenden Nektardrüsen sind so für die Honigbiene gerade noch erreichbar. Keinerlei Probleme haben die sich einfindenden Hummelarten: Ackerhummel, Steinhummel und Dunkle Erdhummel. Honigbienen sammeln auch den Pollen der Kuckucksnelke. Ausschließlich am Blütenstaub interessiert sind ferner drei Wildbienenarten: Die Sandbiene *Andrena bicolor* und die beiden Furchenbienen *Halictus tumulorum* und *Lasioglossum pauxillum*. Alle drei sind recht häufige und ziemlich anspruchslose Arten, die als Ubiquisten auch in den Gärten und Parks des Siedlungsbereiches ihre Nester in selbst gegrabenen Erdhöhlen errichten. – Pollen fressend wurde ferner die Hummel-Waldschwebfliege *Volucella bombylans* beobachtet. Ihre Larven hausen in den Nestern der Steinhummel und der Deutschen Wespe. Die Schnauzenschwebfliege *Rhingia rostrata* kann sich mit ihrem 9–11 mm langen Rüssel auch am Nektar der Kuckuckslichtnelke laben. Ihre Larven leben an Kuhdung und tragen wesentlich zu dessen Zersetzung bei.

Der Zitronenfalter, der Schmetterling mit der längsten Lebenserwartung, hält gerne bei der Kuckuckslichtnelke Einkehr.

Die Kuckuckslichtnelke zählt zu den Hauptnektarpflanzen des Gelbwürfeligen Dickkopffalters.

Tag- und Nachtfalter als häufigste Gäste

Dort wo die Kuckuckslichtnelke größere Trupps oder Inseln bildet, lockt sie mit ihren tief rosafarbenen Blüten auch zahlreiche Schmetterlinge an. Gäste aus vier Tagfalter- und drei Nachtfalterfamilien stellen sich ein. Ganz obenan steht das Ampfer-Grünwidderchen, für das die Kuckucksnelke eine Nektarpflanze von überragender Bedeutung darstellt, der an vielen Stellen zumindest zeitweise eine Schlüsselrolle zukommt. Vielfach bis sehr zahlreich wurden der Braunfleckige Perlmutterfalter und der Kleine Kohlweißling beobachtet. Mit letzterem gelang Hermann Müller schon 1873 der Nachweis, dass Schmetterlinge nicht nur Nektar zum Nulltarif trinken, sondern auch Bestäubungsdienste leisten: Mikroskopische Untersuchungen an einem gefangenen Falter ergaben, dass sich zwischen den Haaren und Schuppen seines Vorderkopfes zahlreiche Pollenkörner der Kuckuckslichtnelke befanden, während deren Staubgefäße mit Schmetterlingsschuppen behaftet waren. – Hin und wieder stehen das tagaktive Taubenschwänzchen und der Hummelschwärmer im Schwirrflug vor den Blüten. Sehr häufig findet sich dagegen die Braune Bunteule zu einem Nektartrunk ein. Drei weitere Eulenarten (Kleine Nelkeneule, Bacheule, Kapseleule) legen im Juni oder Juli ihre Eier auf die Knospen oder Blüten der Kuckucksnelke; die nach rund einer Woche schlüpfenden Larven fressen an den sich entwickelnden Samen.

Prächtige Garten-Lichtnelken

Die Kuckuckslichtnelke spielte früher auch als Gartenpflanze eine gewisse Rolle, worauf der englische Autor John Gerard bereits 1597 in einem Kräuterbuch kurz hinwies: „Sie ziert Gärten und wird zu Girlanden oder Krönchen geflochten".

- Seit dem Mittelalter wächst in den Gärten die Brennende Liebe (*Lychnis chalcedonica*) aus Russland und Sibirien. Die bis zu 1 m hohe, rau behaarte Staude treibt im Juni und Juli an mehreren Stängeln bis 2 cm große, scharlachrote Blüten in dichten Trugdolden.
- Wie die Brennende Liebe stammt auch die Prachtlichtnelke (*L. fulgens*) aus Sibirien. Sie fällt durch ihre an der Spitze in vier

Die Felsen-Kuckuckshummel ist als Brutschmarotzer nur am Nektar der Pechnelke interessiert. Sie legt ihre Eier gerne in das Nest der ihr sehr ähnlichen Steinhummel.

Lappen geteilten Blumenblätter auf. Die scharlachroten, samtartigen Blüten erscheinen von Juni bis September.

- Die in Südeuropa beheimatete, 40–80 cm hohe Vexiernelke oder Kranz-Lichtnelke (*L. coronaria*) vermehrt sich häufig selbst. An den Zweigenden der weißzottig behaarten Staude erscheinen von Juni bis August einzelnstehende, bis 3 cm große bläulich-purpurne Blüten.
- Die Jupiternelke (*L. flos-jovis*) war im Altertum dem griechischen Gott geweiht. Die 20–60 cm hohe weißfilzige Staude wächst wild an den Südhängen der Alpen. Von Mai bis Juli schmückt sie sich mit 2–3 cm breiten Blüten, die von weiß über karminrosa bis hellpurpur leuchten.
- Die 20–30 cm hohe Großblütige Lichtnelke (*L. grandiflora*) ist in China und Japan beheimatet. Ihre Blüten haben einen Durchmesser von 4–5 cm und sind orange-, ziegel- oder mennigrot, aber auch weiß oder gelblichweiß. Die Blütezeit reicht von Juni bis August.

Steinnelke

Mit dem Wort Nelke verbinden wohl die meisten Menschen in erster Linie Duft und Erscheinungsbild der vielgestaltigen Gartennelke (*Dianthus caryophyllus*), die aus Südeuropa stammt und mit ihren großen, farbenprächtigen, meist gefüllten Blüten unsere sommerlichen Gärten schmückt. Noch grazieler und anmutiger sind jedoch einige wild wachsende Arten der selben Gattung, die als ebenso würdige Repräsentanten der „Blumen des Zeus" (*Dianthus* aus griech. Dios anthos = Götterblume, Blume des Zeus) einen Vergleich mit den üppigen Gartenformen keineswegs zu scheuen brauchen. Der bekannteste Vertreter dieser Gruppe ist die noch relativ häufige Steinnelke (*Dianthus carthusianorum*). Der ebenfalls gebräuchliche Name Karthäusernelke geht auf die Brüder Johann und Friedrich Karthäuser zurück, die als Zeitgenossen Linnés in der zweiten Hälfte des 18. Jahrhunderts lebten und sich als Botaniker einen Namen machten. Eine andere Deutung will wissen, Karthäusermönche hätten diese Pflanze bevorzugt in ihrem Garten angebaut. Immerhin ist bekannt, dass sie aus der formenreichen Pflanze eine gefüllte und stark duftende Gartenspielart entwickelt und unter dem Namen „Oculi Christi" (Christusäuglein) verbreitet haben. In freier Natur begegnen wir der Stein-, Felsen- oder Grasnelke auf trockenen, vielfach sandigen Rasen und Heidewiesen, an sonnigen Abhängen und felsigen Stellen. Mit ihren schmalen, grasartigen und sehr derben Blättern ist diese hübsche Nelkenart den trocken-warmen Standorten bestens angepasst.

Typische Tagfalterblume

Blütenökologisch zählen die Nelken zu den Tagfalterblumen, die sich durch eine lange, enge Kronröhre auszeichnen, an deren Basis der Nektar geborgen ist. Sie gehören hauptsächlich dem Gestalttyp der Röhren- und Stieltellerblumen an. Stets sind sie Tagblüher. Rote Farben überwiegen, was dem Sehvermögen der Schmetterlinge entspricht. In unserem Fall: Die enge Blumenröhre der Karthäusernelke wird von den sehr schmalen unteren Abschnit-

ten (den sog. „Nägeln") der fünf leuchtend karminroten Blütenblätter gebildet. Erst dort, wo sich die Blütenblattstiele oben zur rundlichen „Platte" verbreitern, hört der Kelch auf. In der Vollblüte stehen diese fünf Platten waagrecht ausgebreitet und bilden so für Schmetterlinge eine willkommene Landeplattform und Sitzgelegenheit. Da die an sich schon enge Blumenröhre durch die darin befindlichen Staubblätter und Stempel noch mehr verengt wird, bleibt nur ein sehr schmaler, 12–14 mm langer Zugang zum Nektar. Allein der ausgefahrene Saugrüssel eines Schmetterlings vermag bis dorthin vorzudringen. Anderen Insekten ist durch diese Einrichtung der Weg von oben versperrt. Aber auch von unten können selbst die beißkräftigen Hummeln, die bei zahlreichen Blumen „Einbruch" verüben, nicht zum Nektar gelangen, denn die Blüten sind am Grunde von festen, lederartigen, braunen Schuppen umgeben. Fertigt man mit einer Rasierklinge einen Blütenlängsschnitt, sieht man, dass der

Die auch als Karthäusernelke bekannte Steinnelke wächst auf sonnigen, trockenen und nährstoffarmen Standorten.

Nektar von einem Ring abgesondert wird, zu dem die untersten Teile der zehn Staubblätter verwachsen sind.

Selbstbestäubung ausgeschlossen

Die in zwei Kreisen angeordneten Staubblätter und die beiden Narben reifen in einer bestimmten Reihenfolge: Zuerst strecken die fünf äußeren Staubblätter ihre Beutel aus der Blütenröhre, um grünblauen Pollen anzubieten; danach schrumpfen sie ein. Die fünf Staubblätter des inneren Kreises sitzen noch in der Blumenröhre eingeschlossen. Erst mit dem Verblühen der fünf äußeren rücken auch die fünf inneren Staubgefäße nacheinander hervor. Die zwei Griffel aber liegen noch immer zusammengedreht in dem engen zylindrischen Hohlraum der Blumenröhre. Sind auch die letzten Staubgefäße verblüht, schieben sich die Griffel mit ihren Narben nach außen. Da die Staubbeutel und Narben stets vor dem Zugang zum Nektar stehen, müssen sie von einem saugenden Schmetterling unweigerlich mit dem Kopf gestreift werden. Und da die Blütenteile zeitlich völlig getrennt reifen, können die Falter beim Flug von Blume zu Blume nur Blütenstaub von jüngeren Blüten zu den Narben älterer Blüten tragen. Kurz: Die Falter müssen unfreiwillig Fremdbestäubung vermitteln.

Eine lange Gästeliste

Bis zu drei Dutzend Schmetterlingsarten finden sich als gelegentliche oder regelmäßige Besucher im Gästebuch der Karthäusernelke (Ebert 1991, 1994). Mehrfach beobachtet wurden Schwalbenschwanz, Gemeiner Heufalter, Großer und Kleiner Kohlweißling, Schachbrett, Ochsenauge, Kommafalter, Gelbwürfeliger Dickkopffalter und Mattscheckiger Braundickkopffalter. Hinzu kommen noch drei Widderchenarten und vier Schwärmerarten: Gemeines Blutströpfchen, Esparsettenwidderchen, Beilfleckwidderchen, Skabiosenschwärmer, Hummelschwärmer, Ligusterschwärmer und Mittlerer Weinschwärmer. Bei den zwei zuletzt genannten Arten konnte der Blütenbesuch nur über einen entsprechenden Pollenfund am Falterrüssel nachgewiesen werden. – Vielfach bis sehr zahlreich beobachtet wurden folgende Arten:

Zitronenfalter, Rostfarbener Dickkopffalter, Ockergelber Braundickkopffalter, Gestrichelter Braundickkopffalter, Thymianwidderchen und Sonnenröschen-Grünwidderchen. Für diese Arten ist das Nektarangebot der Karthäusernelke lokal oder zeitlich von großer Bedeutung.

Ähnlich aussehende Arten

Die <u>Heidenelke</u> (*D. deltoides*) wächst an ähnlichen Orten wie die Karthäusernelke. Ihre meist einzeln stehenden, langgestielten Blüten zeigen ein helleres Rot, sind mit weißen Punkten überstreut und oft noch durch einen purpurnen Ring geziert. Blütezeit: Juni bis September.

Die <u>Pfingstnelke</u> (*D. caesius*) besiedelt felsige Trockenrasen, Steppenheiden, Sandfelder und Föhrenwälder. Mancherorts ist sie aus Gärten verwildert oder eingebürgert. Kennzeichnend sind die auffallend blaugrüne Färbung der Blätter und die bärtige Behaarung im Schlund der rosa bis hellroten Blütenblätter. Blütezeit: Mai bis Anfang Juli.

Die <u>Büschelnelke</u> (*D. armeria*) findet sich meist einzeln an Wald- und Wegrändern. Sie besitzt raubehaarte Stängel und Blätter. Die kleinen hellkarminroten und mit dunklen Punkten versehenen Blüten sitzen zu mehreren gebüschelt am Stängelende. Blütezeit: Juni und Juli.

Beliebte Gartenblumen

Als ursprüngliche Heimat der Nelke gilt der Mittelmeerraum. Von dort aus gelangten zahlreiche der rund 270 Arten, aus denen viele Züchtungen hervorgingen, durch Mönche nach Mitteleuropa. Besonders verdient gemacht um die Kultur der Nelke hat sich Ludwig der Heilige, der sie im 13. Jahrhundert nach Frankreich importierte, von wo aus sie ihren Siegeszug antrat. Bereits im Mittelalter gab es viele Spielarten mit einfachen, gefüllten und mehrfarbigen Blüten. Vor allem im 18. und in der ersten Hälfte des 19. Jahrhunderts entwickelte sich eine regelrechte „Nelkomanie" mit Vereinen, Ausstellungen, Wettbewerben und Preisen für Neuzüchtungen. Noch heute werden verschiedene Nelkenarten in großem Stil kultiviert, allen voran

Zu den Gästen der Steinnelke zählt auch der hübsche, tagaktive Hummelschwärmer. Wie das bekanntere Taubenschwänzchen bleiben die Falter beim Saugen vor den Blüten in der Luft „stehen", wobei sie ein kaum hörbares brummendes Geräusch erzeugen. Die Raupen leben von Juli bis August auf Geißblatt und Schneebeere.

die bereits eingangs erwähnte Garten- oder Edelnelke.

Auch die <u>Gartennelke</u> (*Dianthus caryophyllus*) stammt aus dem Mittelmeergebiet, kommt aber auch in Nordafrika vor. Sie ist bereits seit dem Altertum eine beliebte Zierpflanze. Ihre großen Blüten sitzen einzeln oder leicht gehäuft auf festen, dünnen und verschieden hohen Stängeln. Sie fallen einfach oder gefüllt aus, sind ganzrandig oder gezähnt. Außer Blau kommen alle Farbtöne vor, mehrfarbige Sorten sind häufig.

Ebenfalls viele Zuchtformen liefert die <u>Bartnelke</u> (*D. barbatus*), die noch heute in Süd- und Südosteuropa wild wächst. Sie ist seit dem frühen Mittelalter in unseren Gärten zu finden. Die locker polsterförmig wachsende Art bringt im Juni/Juli breite Blütenköpfe mit vielen kleinen büschelweise angeordneten Blumen in den Farben Rein- bis Cremeweiß, Rosa bis Rot hervor.

Auch die in Südeuropa verbreitete <u>Federnelke</u> (*D. plumarius*) bildet große Polster, die im Mai reich blühen. Mit ihren stark duftenden Blüten liefert die Federnelke herrliche Schnittblumen. Die Farbskala der zahlreichen Sorten reicht von Weiß über Zartrosa, Lachsrosa und Dunkelrosa bis Tiefrot. Seit einigen Jahren gibt es auch „Edelfedernelken", deren Blüten doppelt so groß und deren Stiele bis 30 cm lang sind.

Eine fernöstliche Art ist die <u>Chinesische Nelke</u> (*D. chinensis*) aus Nordchina. Hierzu gehören die sog. Heddewigs-Nelken. Vor allem in Japan entstanden schon sehr frühzeitig viele Zuchtformen mit einfachen und gefüllten Blüten. Besonders auffallend sind die tief eingeschnittenen Kronblätter. Die 15–30 cm hohen Pflanzen blühen von Juni bis lange in den Herbst hinein. Im Gegensatz zu vielen anderen Dianthusarten sind die Blüten der Heddewigs-Nelken leider duftlos. Doch dafür entschädigen sie uns durch ein vielfältiges Farbenspiel von unbeschreiblicher Schönheit.

Seifenkraut

Wer an Bahndämmen oder Schuttplätzen vorübergeht, mag leicht den Eindruck gewinnen, dass sich hier die verlorenen Söhne und Töchter unserer heimischen Flora eingefunden haben, an denen der Mensch jegliches auf Nutzen oder Schönheit gerichtetes Interesse verloren hat. Mit umso größerem Erstaunen mögen wir dann feststellen, dass manche dieser Pflanzen vor kürzerer oder längerer Zeit in den Diensten des Menschen gestanden und dadurch größere Bedeutung erlangt hat. Neben Essigrose, Königs- und Nachtkerze muss hier das Seifenkraut (*Saponaria officinalis*) mit an erster Stelle genannt werden.

Wasch- und Heilkraut

Das Seifenkraut wurde vor ein paar hundert Jahren von Mönchen aus dem Mittelmeerraum mitgebracht und in den Klostergärten angepflanzt. Ein Sud der braunroten, innen zitronengelben Wurzel ergab ein mildes Waschmittel für die wollenen Mönchskutten, aber auch für feinere Seidenstoffe. Die schonend reinigende Wirkung des Seifenkrautes (vgl. die Bezeichnungen Waschkraut, Seifenwurzel, Zigeunerseife) war jedoch schon zu Zeiten des Hippokrates bekannt. Man reinigte damit hauptsächlich Schafwolle, die dadurch weiß und weich wurde. Die bereits im Wasser seifenartig schäumende Wurzel war lange Zeit ein bevorzugtes Waschmittel (vor allem „der armen Leut Seyffe") und wurde in späterer Zeit selbst noch bei der Herstellung von Zahnputzpräparaten, Waschpulvern und Fleckenwassern verwendet. Mit den „Superweißmachern" der modernen chemischen Industrie konnte es das Seifenkraut dann allerdings nicht mehr aufnehmen. Es verschwand aus den Gärten und wanderte als Unkraut an sandige Flussufer, Kiesbänke, Schutthalden und Bahndämme.

Wegen des Saponingehaltes werden die Blätter, in erster Linie aber die Wurzeln seit altersher in der Heilkunde verwendet. Die arabischen Ärzte des Mittelalters verschrieben das Kraut gegen Lepra und verschiedene Hautkrankheiten. Die alten Kräuterbücher nennen die Heilwirkungen bei Erkrankungen der Milz und Harnwege, sowie bei Rheuma und Gicht. In der heutigen Volksmedizin wird ein Wurzel-Auszug als schleimlösendes, abführendes, harn- und schweißtreibendes Mittel verwendet.

Reine Nachtfalterblume

Das mehrjährige bis ausdauernde Seifenkraut entwickelt aus einem stark verzweigten, bis fingerdicken Wurzelstock 30–80 cm hohe, oben verästelte Stängel. Die in büscheligen Rispen stehenden Blüten von hellrosa bis

Das 30–70 cm oder gar 90 cm hohe Seifenkraut ist mit seinen blassfarbenen Blüten eine typische Nachtfalterblume, die von Schwärmern gerne besucht wird.

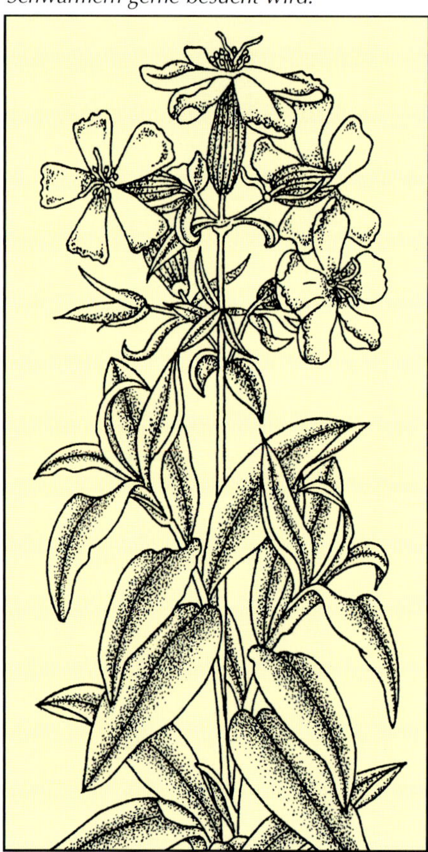

weißlicher Farbe erscheinen im Juni und bleiben bis September. Nach seinem Blütenbau zählt das mehrjährige Seifenkraut zur Familie der Nelkengewächse. Wie die bereits vorgestellte Steinnelke (einschl. Heidenelke, Büschelnelke und Pfingstnelke) den Tagschmetterlingen, so ist das Seifenkraut den Abend- und Nachtfaltern angepasst. Daher fehlen ihm die lebhafte Farbe und die zierliche Zeichnung, an welcher sich Tagfalter ergötzen. Die sehr zahlreichen, 2,5–3 cm breiten Blüten des Seifenkrautes sind einfarbig hell und duften abends am stärksten. Die Kelchröhre ist 18–21 mm lang, wird aber von den Nägeln der Blumenblätter noch um einige Millimeter überragt. Das Seifenkraut kann somit nur von Schwärmern bestäubt werden, die unter allen Schmetterlingen den längsten Rüssel besitzen: Einzelbeobachtungen liegen von folgenden Arten vor: Windenschwärmer, Taubenschwänzchen, Oleanderschwärmer, Ligusterschwärmer, Fledermausschwärmer, Labkrautschwärmer, Wolfsmilchschwärmer, Großer Weinschwärmer. Für die folgenden, mehrfach beobachteten Schwärmer erlangt das Seifenkraut als Nektarpflanze lokal oder zeitlich eine gewisse Bedeutung: Kiefernschwärmer, Linienschwärmer, Mittlerer und Kleiner Weinschwärmer (Ebert 1991, 1994).

Ein Käfer als Blattkonsument

Eine Marienkäferart, der Vierundzwanzigpunkt, ernährt sich sehr oft von den Blättern des Seifenkrautes, ferner von Luzerne, Klee, Rüben und einigen anderen Pflanzen. Er beißt kleine Löcher in die Blätter, lässt aber dabei die Blattunterhaut unbeschädigt. Das Weibchen legt 200–300 Eier in Grüppchen auf die Blätter der Futterpflanze. Die ebenfalls blattfressenden Larven halten sich auf der Blattunterseite auf. Der Käfer lebt in Klee- und Luzernefeldern, in Wiesen mit Schmetterlingsblütlern, kommt aber auch in Gärten vor. Der auch als Kugeliges Sonnenkälbchen bekannte Käfer ist in seinem Erscheinungsbild sehr variabel: Die Grundfarbe ist Rot mit schwarzen Flecken: auf dem Halsschild 1–3, miteinander verbunden; auf jeder Flügeldecke 12, zu Quer- und Längsbändern verschmelzend. Die Flügeldecken können aber auch völlig schwarz sein, die Flecke sogar hell.

Der Kleine Weinschwärmer fliegt von Mai bis Juni auf Wiesen, Heiden und Trockenrasen. Nachts kommt er gerne ans Licht.

Die Raupen des Kleinen Weinschwärmers leben im Juli und August auf Labkraut und Weidenröschen.

Der Mittlere Weinschwärmer fliegt von Mai bis Juli. Die Raupen leben auf dem Zottigen und dem Waldweidenröschen.

Der Kiefernschwärmer oder Tannenpfeil ist mit Ausnahme des Südens in ganz Europa verbreitet. Er fliegt bis weit in die Nacht hinein und lässt sich vom Licht anlocken. Die Raupen leben am Ende des Sommers auf Kiefern, Fichten und manchmal auch auf Lärchen.

Der Große Weinschwärmer ist eine subtropische bis tropische Art. Im europäischen Mittelmeergebiet entwickeln sich zwei Generationen. Von hier aus fliegt der Falter oft weit nach Norden. Die Raupen leben auf Labkraut, Wein und anderen Pflanzen.

Der Fledermausschwärmer ist als Mittelmeerart im Norden ein ganz seltener Gast. Die Raupen leben auf Weidenröschen und Labkraut.

Der Oleanderschwärmer taucht als seltener Irrgast aus dem Süden bei uns auf. Er legt seine Eier auch auf gezüchtetem Oleander ab.

Die nächsten Verwandten

Typische Nachtfalterblumen sind auch zwei nahe Verwandte des Seifenkrautes:

Das <u>Taubenkropf-Leimkraut</u> (*Silene cucubalus*) ist von Mai bis September auf trockenen Wiesen und Magerrasen, an Böschungen und Wegrändern häufig anzutreffen. Bestes Kennzeichen dieser Pflanze sind seine aufgeblasenen, netzadrigen Blütenkelche. Sie sind sehr nektarreich, das süße Nass wird allerdings am äußersten Blütengrund abgesondert und ist nur Nachtfaltern mit langem Rüssel zugänglich. Gelegentlich versuchen auch Hummeln ihr Glück. Obschon die Länge ihres Rüssels ausreichen würde, an den Nektar zu gelangen, haben sie doch Schwierigkeiten, da die Blüten des Taubenkropfes keine guten Landeplatten bieten.

Das <u>Nickende Leimkraut</u> (*Silene nutans*, s. Foto rechts) kommt in lichten Wäldern, auf Trockenrasen, sonnigen Hügeln und Abhängen vor. Es bevorzugt warme Standorte, besonders auf Kalkböden. Am Abend straffen sich die tief gespaltenen, weißen Blüten und entsenden einen intensiven, weithin wahrnehmbaren Duft, der an Hyazinthen erinnert. Nur die als Bestäuber angelockten Nachtfalter können mit ihrem langen Rüssel den tief im Blütengrund geborgenen Nektar erreichen. Insekten mit kurzem Rüssel, Käfer, Fliegen, aber auch Honigbienen ist er nicht zugänglich. Die Nachtschmetterlinge setzen sich beim

Trinken nicht auf die Blüte, sondern verharren schwebend vor ihr. Die Blüten haben sich zu diesem Zweck schon vor ihrer völligen Entfaltung nach der Seite geneigt. Drei Nächte hintereinander öffnen sich die Blüten: Am ersten Abend ragen die fünf äußeren Staubblätter weit aus den Blüten und geben ihren Pollen ab. Am zweiten Abend haben sich die fünf inneren gestreckt und nehmen nun deren Stelle ein. Am dritten Abend schließlich schauen die drei Griffel mit den nunmehr empfangsbereiten Narben aus dem Blüteneingang heraus. Durch diese Abfolge wird Fremdbestäubung sichergestellt. Sobald es Tag wird, gehen mit den Blüten des Nickenden Leimkrautes merkwürdige Veränderungen vor: Sie hören auf zu duften, die Blütenblätter rollen sich ein und erscheinen jetzt wie verwelkt. Erst wenn die Nachtfalter wieder erwachen, „erwachen" auch die Blüten wieder. Nicht nur fliegenden Taginsekten, sondern auch am Stängel emporsteigenden Kerbtieren ist der Zutritt zur Blüte verwehrt: Der Stängel ist ab der Stelle, an welcher der erste Blütenzweig entspringt, mit einer von Drüsenhaaren ausgeschiedenen, stark klebrigen Masse überzogen (Name!). An dieser Leimrute kleben die emporkriechenden Insekten fest, sodass sie bald zugrunde gehen. Hat die Pflanze das Blühen eingestellt, verschwindet auch der Klebstoff.

Kriechender Günsel und Gundermann

Mit über 3000 Arten bilden die Lippenblütler eine der größten, weltweit verbreiteten Pflanzenfamilien. Sie treten in den verschiedensten Lebensräumen auf, wo sie ihren Blütenreichtum vom Frühjahr bis in den Herbst entfalten. Bereits im April öffnen Kriechender Günsel und Gundermann ihre zahlreichen kleinen Blüten. Beide Arten lieben einen nährstoffreichen, feuchten Boden auf Wiesen, an Wald- und Heckenrändern, Gebüschsäumen und vielen anderen halbschattigen Plätzen.

Nektarreich: Der Kriechende Günsel

Die lebhaft violettblauen Blüten des Kriechenden Günsels halten für ihre Gäste reichlich Pollen und sehr viel Nektar bereit. Sie besitzen eine so kurze Oberlippe, dass Staubblätter und Narbe weit aus der Röhre hervorragen. Sie werden durch das Deckblatt der darüberstehenden Blüte wie durch ein „Wetterdach" vor Regen geschützt. Der Nektar wird von einer dicken Drüse an der Unterseite des Fruchtknotens abgeschieden und sammelt sich am Grunde der 9 mm langen Kronröhre.

Der Kriechende Günsel bringt lange oberirdische Ausläufer hervor, wodurch die Pflanze truppweise auftritt.

Hummeln, Wild- und Honigbienen

Bequem erreichbar ist der Nektar für langrüsselige Hummeln (Rüssellänge in mm von Königin und Arbeiterin): Wiesenhummel (12–14, 8–12), Steinhummel (12–14, 10–12), Waldhummel (12–14, 10–12), Ackerhummel (13–15, 12–13), Gartenhummel (19–21, 14–16). Einen ebenso langen Rüssel wie die Gartenhummel besitzt die auch als Frühlings-Pelzbiene bekannte Gemeine Pelzbiene *Anthophora acervorum* (19–21). Die Honigbiene erreicht mit ihrem 6 mm langen Rüssel gerade noch den Nektar, wenn sie den größten Teil ihres Kopfes mit in die Kronröhre steckt. Pollen sammelnd und zum Teil auch Nektar saugend wurden noch folgende Solitärbienen beobachtet: Schornstein-Pelzbiene *A. plagiata*, Rote Mauerbiene *Osmia rufa*, Blaugrüne Mauerbiene *O. caerulescens*, Felsenmauerbiene *O. mustelina*, Zweifarbige Mauerbiene *O. bicolor*, Schneckenhaus-Mauerbiene *O. aurulenta*, sowie die Mörtelbiene *Megachile parietina*.

Attraktiv für Schmetterlinge

Als reine Nektartrinker, die allerdings keine Bestäuberdienste leisten, stellen sich noch mehrere Tagfalterarten ein, darunter einige sehr häufig und zahlreich beobachtete Arten, für die der Kriechende Günsel als Nektarquelle lokal oder zeitweise große Bedeutung erlangt. Gleich fünf Tagfalterfamilien sind vertreten: Ritterfalter (Schwalbenschwanz, Segelfalter), Weißlinge (Zitronenfalter, Senfweißling, Großer und Kleiner Kohlweißling, Rapsweißling, Aurorafalter), Edelfalter (Distelfalter, Braunfleckiger Perlmuttfalter, Veilchen-Perlmuttfalter), Augenfalter (Kleiner Heufalter), Dickkopffalter (Gelbwürfeliger Dickkopffalter, Malven-Dickkopffalter, Malven-Würfelfalter). Mehrfach beobachtet wurde noch der tagaktive Hummelschwärmer (Müller 1873, Ebert 1991).

Anpassungsfähig: Der Gundermann

Gleichzeitig mit dem Kriechenden Günsel entfaltet der Gundermann seine zarten, blauen Lippenblüten. Nur die blütentragenden Triebe sind kräftig genug, sich aufrecht zu stellen; sonst liegt das Pflänzchen dem Boden auf und schlägt aus allen Stängelknoten Wurzeln (vgl. die Bezeichnung „Erdefeu"). Diese Lage wäre für ein Gewächs, dessen Blätter wie die aller Lippenblütler kreuzweise gestellt sind, aber sehr ungünstig, wenn sich die Pflanze nicht zu helfen wüsste: Sie stellt die langen Blattstiele senkrecht nach oben, sodass die Blattflächen eine waagrechte Lage einnehmen. Die Blätter, die der Blattstellung entsprechend nach unten wachsen müssten, sind durch eine Drehung der Stängelglieder zur Seite gerückt, wodurch sie gleichfalls in den Genuss des Sonnenlichtes kommen. Wie sehr sich die Pflanze den jeweiligen Verhältnissen anzupassen „versteht", wird auch aus folgender

Auf tausend Günselpflanzen mit blauen Blüten kommt eine mit rosafarbenen, weiße Blüten sind noch seltener.

Tatsache ersichtlich: An schattigen Orten sind die Blätter oft auffallend zart und groß, an sonnigen dagegen viel kleiner und derber. So kann der Gundermann selbst auf Mauern und Bäumen (z. B. Kopfweiden) überleben.

Zweierlei Blüten

Schon Hermann Müller (1873) entdeckte, dass die Blüten des Gundermanns zweierlei Gestalt haben: Es gibt kleinblumige weibliche Blüten, deren Staubgefäße verkümmert sind. Ihre Kronröhre ist 6–8 mm lang und erweitert sich in der vorderen Hälfte nur bis 1,5–2,5 mm Breite. Die großblumigen, vormännlichen Zwitterblüten besitzen eine 13–16 mm lange Kronröhre, die vorne 2,5–4,5 mm breit ist. Diese Erweiterung ermöglicht auch kurzrüsseligeren Hummeln den normalen Zutritt zum Nektar, da sie ihren Kopf weit in die Blütenöffnung stecken können.

Günselblüte: Innerhalb der bei uns heimischen Lippenblütengewächse gibt es nur zwei Gattungen, bei denen die Oberlippe fehlt oder stark zurückgebildet ist: die Günsel und die Gamander.

Nur die kurzrüsselige Erdhummel muss sich durch Blüteneinbruch, d. h. durch Anbeißen der Kronröhre, gleichsam illegalen Zugang zum Nektar verschaffen.

Mit dabei: Kuckuckshummeln und Hummelschweber

Die Gästeliste des Gundermanns zeigt viele Gemeinsamkeiten mit dem Besucherspektrum des Kriechenden Günsels. Besondere Erwähnung verdienen neben zwei Pollen sammelnden Sandbienen (*Andrena flavipes, A. thoracia*) noch drei Nektar saugende Schmarotzerhummeln, die ihre Eier wie der gleichnamige Vogel in die Nester bestimmter Wirtsarten schmuggeln: die Felsenkuckuckshummel (*Psithyrus rupestris*), die Keusche Kuckuckshummel (*P. vestalis*) und die Bärtige Kuckuckshummel (*P. barbutellus*). Ebenso häufig wurden die beiden

Die langrüsselige Ackerhummel kann trotz der 9 mm langen Kronröhre das Nektarangebot des Kriechenden Günsels voll ausschöpfen. Die überwinterten Königinnen fliegen von Anfang April bis Mitte Mai.

Hummelschweber (*Bombylius discolor* und *B. major*) bei der Nektarausbeute beobachtet.

Heil- und Gartenpflanzen

Der Kriechende Günsel galt jahrhundertelang als wertvolle Heilpflanze. Nach einer alten Vorschrift musste er vor Sonnenaufgang bei Neumond Ende Mai oder im Juni gesammelt werden. Die Blätter dienten als kühlendes Wundmittel. Aus frischem Günsel bereiteter Tee wurde gegen Stoffwechselerkrankungen, Lungenleiden, Ruhr und Frauenleiden gebraucht. Noch größere Bedeutung hat der Gundermann in der Volksmedizin – aber auch im Aberglauben – erlangt: In Norwegen wurde die Pflanze gegen Augenkrankheiten bei Pferden und gegen Ekzeme eingesetzt, daneben wurde sie im Kuhstall als Schutz gegen Hexerei und teuflische Einflüsse aufgehängt. Die während der Blütezeit

Gundermann-Blüte: Charakteristisch ist die kurze, tief ausgerandete Oberlippe und die längere, am Eingang zum Schlund bärtige und dunkelviolett gezeichnete, dreilappige Unterlippe.

Die Mauerbiene Osmia bicolor nistet in leeren Schneckenhäusern und trägt als Larvenproviant auch Günsel-Pollen ein.

Zum Nestbau verwendet die Mauerbiene zerkaute Blätter, mit denen sie die Zwischen- und Abschlusswände fertigt.

Ein Blick ins Schneckenhaus: In der rechten Hälfte liegt die Bienenlarve auf einem Futterbrei aus Pollen und Nektar.

Nach dem Verschließen des fertig gestellten Nestes wird das Schneckenhaus mit Grashalmen und Kiefernnadeln getarnt.

gesammelte Pflanze enthält Gerb- und Bitterstoffe, organische Säuren sowie ätherische Öle und findet in Tees noch heute Verwendung bei Erkrankungen der Luftwege, bei Verdauungsbeschwerden, Magen-, Darm- und Blasenkatarrhen. Das Laub des Günsels mit seinem intensiven, minzenartigen Geruch wurde früher als Frühlingsgemüse und zur Herstellung von Bier verwendet. Schon um 1600 wurde der Kriechende Günsel als Zierpflanze gezogen, so z. B. zu Eichstätt und in Schweizer Gärten. Besonders beliebt waren die spontan auftretenden Spielarten mit rosa oder weißen Blüten. Als immergrüne Bodendecker, die durch ihre Ausläufer rasch kahle Stellen begrünen, behaupten Kriechender Günsel und Gundermann mit zahlreichen Varietäten auch heute noch ihren Platz in Natur- und Steingärten, im Streuschatten großer Bäume und Sträucher oder auf einer feuchten Fläche nahe bei einem Teich. Die Vermehrung des Kriechenden Günsels ist unproblematisch: Man trennt im Frühjahr oder Herbst Ausläufer und pflanzt sie mit etwa 60 Zentimeter Abstand neu. Ebenfalls im Frühjahr oder Herbst können auch die Samen von Günsel und Gundermann ausgestreut und dünn mit Kompost oder Lauberde bedeckt werden.

Gemeiner Dost

Es ist immer eine Freude, dieser vielerorts selten gewordenen reichblütigen Staude in freier Natur zu begegnen. Ihr aromatisches Laub und die vielen rotvioletten Blüten strömen einen berauschenden Duft aus. Der auch als „Wilder Majoran" bekannte Dost (*Origanum vulgare*) wächst an sonnigen Rainen und Berghängen bis hoch ins Gebirge. Sein buschartiger Wuchs gab ihm den Namen Dost, von (mhd.) Doste = Strauß. Der Gattungsname *Origanum* hat seine Wurzeln im Griechischen von „Oros" = Berg und „Ganus" = Zierde, eben ein Schmuck der Berge, denn eine ganz bestimmte Oregano-Art wächst am Olymp und in den Bergen Kretas. Den Namen „Wohlgemut" erhielt dieser Lippenblütler, „weil er Freude und guten Mut in den Menschen erwecke". So mischten ihn bereits die Griechen ihren Feldarbeitern unters Essen, damit sie frisch und munter ihre Arbeit verrichteten. Obwohl ursprünglich nur im Mittelmeerraum beheimatet, hat sich der Dost mittlerweile in weiten Teilen Europas angesiedelt. Doch fehlt er in Norddeutschland fast völlig und in den Niederlanden steht er wegen seiner Seltenheit unter Naturschutz.

Weitgespanntes Besucherspektrum

Beim Dost dienen nicht nur die vielen in dichten Köpfchen stehenden Blüten dem Anlocken bestäubender Insekten, deren Aufmerksamkeit dürfte zusätzlich von den zumeist kräftig rot überlaufenen Hüllblättern erregt werden. Da sich die Pflanze erst im Blütenstand verzweigt, wirkt sie von weitem fülliger als man den nur mittelgroßen bis kleinen Blüten zutrauen möchte. Als Gäste stellen sich ein:

Bienen: Der Dost wird wie der nahe verwandte Feldthymian von Honigbienen gerne beflogen. Beide liefern, falls reichlich vorhanden (z. B. in Südfrankreich, Italien, Griechenland) einen dunklen, aromatischen Honig. Mit dem Nektar – er ist besonders reich an Fruchtzucker – stärken sich auch Erdhummeln und Baumhummeln sowie zahlreiche Wildbienen, darunter mehrere Arten von Furchenbienen. Mit dem Pollen verproviantieren vier Solitärbienenarten ihre Brutzellen: Die Sandbienen *Andrena dorsata* und *A. minutula*, die Keulhornbiene *Ceratina cyanea* und die Mauerbiene *Osmia leucomelana*. Die drei zuletzt genannten Arten nisten auch im Siedlungsbereich.

Fliegen: Die kleinen Lippenblüten haben wie bei Thymian und Minze nur eine kurze Kronröhre (bei den zweigeschlechtlichen Blüten ist sie 4–5, bei den weiblichen 3–4 mm lang), sodass der Nektar auch für kurzrüsselige Insekten gut erreichbar ist. Neben Tanzfliegen, Dickkopffliegen und Echten Fliegen stellen sich noch bis zu zwei Dutzend Schwebfliegen ein, wovon hier nur eine kleine Auswahl bekannter und auch häufiger Arten genannt werden kann: Winterschwebfliege, Mistbiene, Gemeine Keilfleckschwebfliege, Gemeine Sumpfschwebfliege, Große Schwebfliege, Gemeine Feldschwebfliege, Gemeine Waldschwebfliege, Behaarte Schwebfliege ...

Falter: Die wohl umfassendste nektarsaugende Gästeschar bilden sicher die Schmetterlinge. Über fünf Dutzend Tagfalterarten und ein Dutzend Widderchenarten wurden als gelegentliche oder regelmäßige Blütengäste ermittelt (Ebert 1991, 1994). Für den Braunen Waldvogel, den Silbergrünen Bläuling und das Bergkronwicken-Widderchen stellt der Dost eine Nektarpflanze von überragender Bedeutung dar. Vielfach bis sehr zahlreich beobachtet wurden ferner: Goldene Acht, Großer Kohlweißling, Rapsweißling, Tagpfauenauge, Kaisermantel, Schachbrett, Großes Ochsenauge, Rotbraunes Ochsenauge, Rotbraunes Wiesenvögelchen, Graubindiger Mohrenfalter, Hauhechelbläuling, Veränderliches Widderchen, Hufeisenklee-Widderchen.

Bis zu zwei Dutzend Schwebfliegenarten besuchen den Dost, darunter auch die hübsch gezeichnete Gemeine Sumpfschwebfliege.

Der noch im Spätsommer blühende Dost ist für Honigbienen ein willkommener Pollen- und Nektarspender in trachtarmer Zeit.

Die Männchen der Hellen Erdhummel stärken sich gerne an der lang anhaltenden Nektarquelle des Gemeinen Dostes.

Für die kurzrüsselige Baumhummel ist der Nektar in den kurzen Kronröhren der zahlreichen Lippenblüten mühelos erreichbar.

Bewährte Heilpflanze

Durch seinen Gehalt an ätherischen Ölen, Bitter- und Gerbstoffen war der Dost durch die Jahrtausende das Heilmittel der Ärzte gegen viele Krankheiten, daher auch der Name „basilikum" (= König). Hildegard von Bingen empfiehlt die Pflanze als Fiebermittel sowie gegen Hautgeschwüre; Albert Magnus gegen Zahnschmerzen, Parodontose und Spulwürmer sowie bei Leber- und Magenbeschwerden. Die Rezeptbücher des Mittelalters kennen noch mehr Anwendungsmöglichkeiten des Gemeinen Dostes: Er lindere Ohrenleiden, fördere die Verdauung und die Menstruation. Sogar als Gegengift wurde er eingesetzt. Noch heute finden die während der Blütezeit gesammelten Blätter Verwendung gegen Husten, Appetitlosigkeit, Durchfall, Entzündungen im Mund- und Rachenbereich sowie als Umschlag bei schlecht heilenden Wunden, in Form von „Kräuterkissen" (Säckchen mit abgebrühtem Dost als Auflage).

Beliebte Gewürzpflanze

Der in der italienischen Küche als Pizzagewürz bekannt gewordene „Oregano" wird seit geraumer Zeit auch bei uns als Würzkraut geschätzt. Außer Pizza verfeinert Oregano zahlreiche Gerichte aus Auberginen, Bohnen,

Die Gelbfüßige Dickkopffliege ist von Juni bis August als eifriger Blütenbesucher auch in Gärten anzutreffen. Ihre Larven leben in den Nestern von Erdhummeln und bei Solitärbienen der Gattung Osmia.

Tomaten, Zucchini usw. Er würzt aber auch deftig Kartoffelklöße, Kartoffelsuppe, Hackfleisch, Hammelkeule, Leber, Schweinefleisch, Gans, Huhn, Pute, Fasan. Das volle Aroma der Blätter wird erst beim Mitkochen abgegeben. Der Dost lässt sich mit Thymian und Rosmarin kombinieren, schmeckt aber auch sehr gut zusammen mit anderen wilden Gewürzkräutern in Gemüse, Salaten, Quark und Kräuterbutter. Als „Berghopfen" diente der Dost früher zum Würzen und Haltbarmachen des Bieres.

Einst Zauberpflanze

Dem Dost wurden früher auch besondere Zauberkräfte zugeschrieben. Er sollte Dämonen und den „Bösen Blick" abwehren. Noch während des letzten Krieges hingen im Westerwald Dostbüschel an den Haustüren, um bösen Geistern den Eintritt zu verwehren. Zur Zeit der Hexenprozesse diente die Pflanze als Räuchermittel zum Fernhalten des Bösen während der schrecklichen Torturen. War man doch der irrigen Meinung, der Teufel stehe den Hexen bei, verschließe ihren Mund und hindere sie so am Geständnis. Auch den Wöchnerinnen wurde geraten, immer ein paar Pflanzen bei sich zu tragen, da es die Mächte der Finsternis besonders auf die jungen Mütter abgesehen hätten.

In Gärten pflegeleicht

Mit dem Dost hat man im Garten so gut wie keine Arbeit. In normaler Gartenerde gedeiht er ebenso wie an trockenen Böschungen. Die Vermehrung geschieht durch Teilung der Wurzelstöcke oder durch Aussaat im April. Die staubfeinen Samen werden in die Erde gedrückt, aber nicht bedeckt. Werden nur wenige Pflanzen in der Küche gebraucht, empfiehlt sich die Unterbringung im Steingarten. Oregano ziert hier nicht nur durch die lange Blütezeit, sondern entwickelt oft auch ein besseres Aroma als auf einem Kräuterbeet. Im Herbst werden die Pflanzen dicht über dem Boden zurückgeschnitten, in rauen Lagen erst im Frühjahr.

Die nächsten Verwandten

Hier noch einige weitere Heil- und Gewürzpflanzen aus der Familie der Lippenblütler, die ebenfalls zahlreiche Bienen, Schwebfliegen und Falter in den Garten locken:
Gartenthymian: Blüten blassrötlich, Blütezeit Mai bis Juni, Höhe bis 40 cm.
Zitronenmelisse: Blüten weiß, Blütezeit Juli bis August, Höhe 30–100 cm.
Gartensalbei: Blüten blauviolett, Blütezeit Juni bis Juli, Höhe bis 75 cm.
Lavendel: Blüten blau bis violett, Blütezeit Juli bis August, Höhe 30–60 cm.
Rosmarin: Blüten blau, Blütezeit April bis Juni, Höhe bis 60 cm.
Herzgespann: Blüten blassrot, Blütezeit Juni bis September, Höhe bis 1 m.
Ysop: Blüten blau, selten weißlich, Blütezeit Juni bis August, Höhe bis 50 cm.
Bohnenkraut: Blüten lila, rosa oder weiß. Blütezeit Juli bis Oktober, Höhe bis 40 cm.
Echte Pfefferminze: Blüten lila, Blütezeit Juni bis August, Höhe bis 80 cm.

Oben: Der Echte Lavendel wird gerne vom Rapsweißling besucht. Auch Kleiner Fuchs und Distelfalter finden sich häufig ein.

Unten: Mehr als zwei Dutzend Tagfalterarten wurden als Gäste des Heilziest ermittelt. Zitronenfalter, Ockergelber und Gestrichelter Braundickkopffalter wurden vielfach bis sehr zahlreich beobachtet.

Wegerich

Als „Allerweltspflanzen" haben sich die überaus robusten und klimatisch recht unempfindlichen Wegericharten über die ganze Erde verbreitet. Schon bei nur flüchtigem Hinsehen erkennt man, dass diese Pflanzengattung bei uns mit mehreren wohl unterscheidbaren Arten vertreten ist, von denen die drei folgenden überall häufig anzutreffen sind: der Spitzwegerich (*Plantago lanceolata*) ist leicht an den lanzettlichen Blättern zu erkennen; Großer und Mittlerer Wegerich (*P. major* und *P. media*) besitzen dagegen viel breitere Blätter. Während diese jedoch beim ersteren deutlich gestielt sind, verschmälern sich bei letzterem die Blattflächen nur in einen kurzen, breiten, undeutlichen Stiel. Alle drei Arten bewohnen Wiesen, Weiden, Brachen, Raine, Dämme und viele andere Standorte. Vor allem sind sie regelmäßige Begleiter der Wege, ja Großer und Mittlerer Wegerich siedeln sich sogar in den Fugen von Pflastersteinen an. Auch in häufig gemähten Rasen behaupten sie sich hartnäckig und werden so oft zum Ärgernis. Jedoch nicht für die körnerfressende Vogelwelt: Für sie bilden die reifen Samen im Spätherbst und im Vorwinter eine wichtige Futterquelle.

Mehrere Namen

Gleich den Nesseln, Kletten und anderen „anhänglichen" Pflanzen folgten die Wegericharten dem Menschen nach allen Erdteilen. Die amerikanischen Indianer haben den Wegerich in ihrer bilderreichen Sprache „White man's foot", also „Fuß des Weißen Mannes" genannt, da er überall auf den Spuren der weißen Siedler wuchs. Bei den Antipoden ist er als „Englisch man's foot" bekannt nach der Legende, dass diese Pflanze sofort dort aus dem Boden wachse, wo ein Engländer hingetreten habe. Das Geheimnis liegt in der leichten Übertragbarkeit der kleinen Samen, die mit einer gallertigen Hülle versehen sind. Dadurch bleiben sie, besonders bei feuchtem Wetter, leicht an den Schuhsohlen haften. Auch der wissenschaftliche Gattungsname *Plantago* (von planta = Fußsohle) hat hier seine Wurzel.

Die Bezeichnungen Nervenkraut oder Siebennerv beziehen sich dagegen auf eine Eigenart der Blätter: Der Große Wegerich zeigt auf der Fläche seines großen Blattes sieben hervortretende und gerade verlaufende „Nerven", aus denen man, wenn man das Blatt zerbricht, die „Nervenbündel" besser als bei irgend einer anderen Pflanze herausziehen kann. Schon frühere Botaniker wiesen darauf hin, dass es keine Nerven seien, sondern „Wege", in denen das aufgenommene Wasser und die darin gelösten Nährstoffe vorwärts fließen – trotzdem hat man auch in der wissenschaftlichen Botanik für die stärkeren Gefäßbündelstränge, die von den Hauptrippen der Blätter umschlossen werden, den Namen Nerven beibehalten und nennt im Gegensatz dazu die dünneren und weniger hervortretenden Querverbindungen Adern.

Das Wort Wegerich wird als „Wegbeherrscher" gedeutet. Die Nachsilbe „rich" gehört zu Reich (vgl. Königreich) und findet sich auch in germanischen Personennamen wie Dietrich („Volksbeherrscher") oder Friedrich („Friedensfürst"). Auch die Namen „Wegetritt" und „Wegebreit" beziehen sich nicht nur auf den häufigen Standort der Pflanze, sondern gründen in dem Umstand, dass sich der Wegerich zum Schaden anderer Pflanzen mit seiner Blattrosette „breit" macht und rings um ihn her kein anderes Gewächs in nächster Nähe aufkommen lässt.

Weniger bekannt ist die Bezeichnung „Straßenbraut". Eine alte Erzählung berichtet von einem jungen Mädchen, das – wie die Wegwarte – so lange am Straßenrand vergeblich auf seinen Geliebten gewartet habe, bis es schließlich in einen Wegerich verwandelt worden war.

Die Raupen der Wegerichgoldeule leben im März an Weidenkätzchen, im Mai an Wegericharten und anderen niederen Pflanzen.

Auch die Raupen des Wegerichbärs fressen an Wegerichblättern. Die Falter fliegen von Mai bis Mitte Juli.

Ebenfalls auf Wegericharten: Die Raupe des Purpurbärs. Sie überwintert und verpuppt sich im Mai.

Der sehr variable Purpurbär fliegt im Juni und Juli, im Süden manchmal noch mit einer 2. Generation im September.

Interessante Blattanordnung

Wohl kaum eine andere heimische Pflanze kann mit einer ebenso harmonisch wie zweckvoll ausgebildeten Blattrosette aufwarten wie der Mittlere Wegerich. Die an einem extrem kurzen Stiel sitzenden Blätter überdecken sich durch ihre schraubige Anordnung nur wenig. Die untersten Blätter der Rosette sind stets die größten. Nach oben hin werden sie zunehmend kleiner. Geht man, mit dem untersten Blatt beginnend, die Spirale nach oben durch, stößt man nach drei Umgängen auf ein Blatt, das ziemlich genau über dem ältesten steht. Stets ist es das neunte Blatt, das die Pflanze angelegt hat. Über dem zweitältesten steht das zehntälteste, über dem drittältesten das elftälteste usw. Eine solche Anordnung, bei der nach drei Umgängen jeweils das achte Blatt über dem Blatt steht, von dem man ausgegangen ist, nennt man „Dreiachtel-Blattstellung".

Wind- und insektenblütig

Die Wegerichgewächse (*Plantaginaceae*) sind eine überwiegend windblütige Familie. Aber gerade unsere drei heimischen Arten demonstrieren sehr anschaulich den Übergang von der Wind- zur Insektenblütigkeit.
Der Spitzwegerich ist teils insekten-, teils windbestäubt. Zwar darf aus einem gelegentlichen Insektenbesuch nicht gleich geschlossen werden, dass wirklich Pollen übertragen wird. Doch konnte mit rot und blau eingefärbtem Pollen, der von Schwebfliegen von einem Blütenstand auf den anderen übertragen wurde, der Nachweis erbracht werden, dass beim Spitzwegerich nicht nur der Wind, sondern auch Insekten den Blütenstaub transportieren können. Der Mittlere Wegerich ist dagegen überwiegend auf Insektenbesuch eingerichtet. Seine Blüten duften süßlich und besitzen hellviolett gefärbte Staubfäden als zusätzliches optisches Lockmittel. (Die unscheinbaren Blüten des Spitzwegerichs sind duftlos und besitzen weißliche Staubfäden.) Der Große Wegerich schließlich gilt als insektenbestäubte Art.

Häufiger Blütengast: Die Honigbiene

Durch ihre lange Blütezeit und ihr reichliches Pollenangebot zählen die Wegericharten zur so genannten „Herbstaufbautracht" (15. Juli bis 15. Oktober) unserer Honigbienen. Wie die Bienen den Pollen „ernten", hat bereits Hermann Müller 1868 bis in alle Einzelheiten beobachtet und beschrieben: „Mit vorgestrecktem Rüssel fliegt die Honigbiene summend an eine Blütenähre heran und speit freischwebend etwas Honig auf die frei hervorstehenden Staubbeutel. Dann bürstet sie, immer noch frei schwebend und summend, mit den Vorderfersen mit einer plötzlich vorwärtsgreifenden und wieder zurückziehenden Bewegung (wobei der Summton ebenso plötzlich sich erhöht) Pollen von den Staubgefäßen ab; in demselben Moment sieht man ein Pollen-Staubwölkchen von den erschütterten Staubgefäßen aus sich in der Luft verbreiten. Die Biene wiederholt nun, nachdem sie den Blütenstaub an die Hinterschienen abgegeben hat, das gleiche Geschäft an derselben oder einer anderen Ähre. Da der frei umherfliegende Blütenstaub z. T. auch auf Narben derselben oder benachbarter Stöcke gelangt, werden in diesem Falle Windblüten auch durch Insektentätigkeit befruchtet."

Unglaubliche Pollenmengen

Um eine ausreichende Windbestäubung sicherzustellen, bilden die Wegericharten unglaubliche Mengen von Blütenstaub: „Die Pollenproduktion wird auf 6000–8000 Pollenkörner je Staubblatt, 24 000–30 000 je Blüte und 2–3 Millionen je Blütenstand geschätzt. Bei *Plantago lanceolata* entfallen 15 000 Pollenkörner auf eine bestäubungsfähige Samenanlage. Wegerichpollen wird von den Honigbienen in großen, hellgelben Höschen gesammelt. Ähnlich wie bei den Gräsern haften auch bei Wegerich den Höschen oft ausgerissene Staubbeutel an. Der Anteil der Wegerichhöschen an der Gesamtpollenernte beträgt in der Schweiz 10–12 %. Der Tagesanteil kann im August und September, wenn andere Pollenspender spärlich werden, regional 80–90 % betragen. Die Wegerichtracht verteilt sich über den ganzen Vormittag, mit einem Maximum zwischen 7 und 10 Uhr. Etwa die Hälfte der Höschen wird vor 10 Uhr, weitere 46 % bis 12 Uhr eingebracht" (Maurizio/Schaper 1994).

Wildbienen und Schwebfliegen

Die drei heimischen Wegericharten werden auch von Wildbienen als Pollenquelle genutzt: Mehrere Arten von Sandbienen (*Andrena*), Furchenbienen (*Halictus, Lasioglossum*), Blattschneiderbienen (*Megachile*), Mauerbienen (*Osmia*) verproviantieren mit dem Blütenstaub ihre Brutzellen.

Pollen fressend wurden ferner mehrere Schwebfliegenarten beobachtet: Gemeine Winterschwebfliege (*Episyrphus balteatus*), Große Schwebfliege (*Syrphus ribesii*), Gemeine Waldschwebfliege (*Volucella pellucens*) und Schwarzkopfschwebfliege (*Melanostoma mellinum*).

Blätter für Schmetterlingsraupen

Wegerichblätter bilden die Raupennahrung mehrerer Tag- und Nachtfalterarten: Goldener Scheckenfalter (*Eurodryas aurina*), Feuriger Scheckenfalter (*Melitaea dydima*), Flockenblumen-Scheckenfalter (*Melitaea phoebe*), Wegerich-Scheckenfalter (*Melitaea cinxia*), Gemeiner Scheckenfalter (*Mellicta athalia*).
Wegerichbär (*Parasemia plantaginis*), Purpurbär (*Rhyparia purpurata*), Graubär (*Diaphora mendica*), Weißfleck-Widderchen (*Syntomis phegea*), Gemeine Graseule (*Agrotis exclamationis*), Violettschwarze Erdeule (*Euxoa nigricans*), Gelbliche, dunkelrandige Erdeule (*Axylia putris*), Rötlichbraune, gefleckte Erdeule (*Peridroma saucia*), Gelbbraune Wegericheule (*Diarsia dahlii*), Schwarzes C (*Xestia c-nigrum*), Flohkrauteule (*Melanchra persicariae*), Purpurglanzeule (*Euplexia lucipara*), Markeule (*Hydraecia micacea*), Schwarze Glattrückeneule (*Aporophyla nigra*), Ampfereule (*Acronicta rumicis*).

Bewährte Heilpflanze

Der Wegerich wird schon über Jahrtausende gegen die verschiedensten Krankheiten eingesetzt. Im alten China glaubte man, dass er die Fruchtbarkeit erhöhe und Schwindsucht heile. Alexander der Große nahm ihn gegen seine rasenden Kopfschmerzen, und Dioskurides, Plinius und Galen empfahlen ihn durch Jahrhunderte zum Heilen von Wunden, zur Linderung von Malariafieber und gegen Beißwunden von „tollen Hunden". Doch nicht nur die Ärzte des Altertums priesen die wundheilende Wirkung des Wegerichs, in den nordischen Sagen findet man die Pflanze in gleicher Anwendung. Überhaupt war der Gebrauch des Wegerichs gegen vielerlei Krankheiten frühzeitig in Europa verbreitet. Auch Kneip hatte die Pflanze in seinen Arzneischatz aufgenommen. Noch heute gehört der Spitzwegerich zu den beliebtesten Heilpflanzen der Volksmedizin. Wegen ihrer Inhaltsstoffe (Schleim, Gerbstoffe, Kieselsäure und das Glykosid Aucubin) werden die im April gesammelten Blätter als harntreibendes, appetitanregendes und blutreinigendes Mittel sowie gegen Bronchitis, Asthma, Katarrhe der Luftwege, Keuchhusten, Halsentzündungen und Blasenleiden verwendet. Spitzwegerichsaft oder -tee ist ferner für Frühjahrskuren bestens geeignet. Natürlich hat sich auch die Industrie der Pflanze bemächtigt und wohlschmeckende „Spitzwegerichbonbons" gegen Husten und Halsschmerzen auf den Markt gebracht.

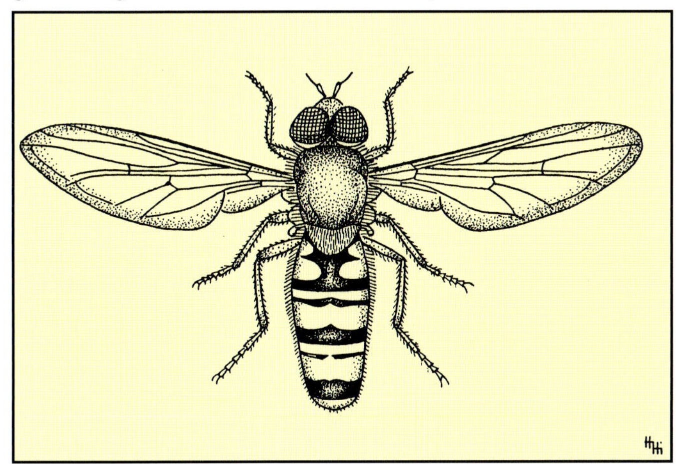

Die Gemeine Winterschwebfliege oder Hainschwebfliege ist in Europa weit verbreitet und eine der häufigsten Arten. Ihre Larven verzehren große Mengen von Blattläusen und Blattwespenlarven.

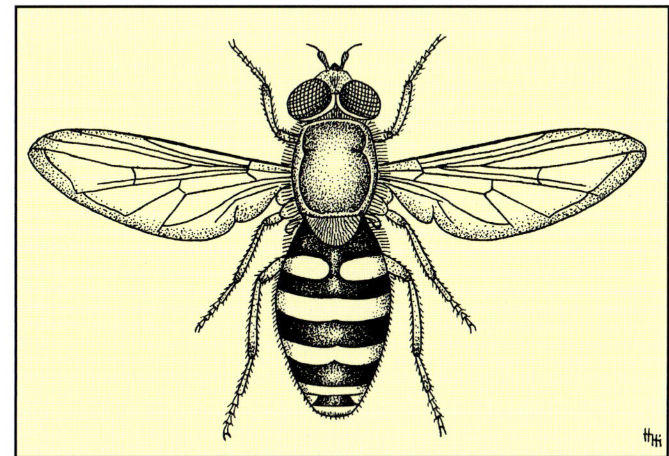

Auch die Larven der als Johannisbeer-Schwebfliege bekannten Großen Schwebfliege sind überaus nützliche Blattlausvertilger. Die fast weltweit verbreitete Art ist in Gärten ein häufiger Blütengast.

Geißblattgewächse

Die Familie der Geißblattgewächse (*Caprifoliaceae*), zu der auch so bekannte Gehölze wie Holunder, Schneebeere, Gemeiner und Wolliger Schneeball zählen, ist in den gemäßigten Gebieten der Nordhalbkugel weit verbreitet und umfasst rund 400 Arten. Auf die Gattung *Lonicera* entfallen davon 200 Arten, die wegen ihrer orangeroten bis schwarzen kirschähnlichen Beeren unter die deutsche Bezeichnung Heckenkirschen zusammengefasst werden. Der lateinische Gattungsname geht auf den Botaniker, Arzt und Stadtphysikus von Frankfurt, Adam Lonitzer (1528–1586) zurück. Bekanntheit erlangte er durch sein 1551 verfasstes Kräuterbuch, das bis ins 18. Jahrhundert Verwendung fand. Die Gattung *Lonicera* beschränkt sich bei uns auf 6 Arten, die sich nach ihrem Wuchsbild in zwei Gruppen unterteilen lassen:

Die erste Gruppe umfasst jene Arten, die als „selbst-ständige", aufrechte Sträucher wachsen: Rote Heckenkirsche (*L. xylosteum*), Schwarze Heckenkirsche (*L. nigra*), Blaue Heckenkirsche (L. caerulea) und Alpenheckenkirsche (*L. alpigena*).

Die zweite Gruppe bilden rechtswindige Schlingsträucher, die zum Emporranken einer Stützhilfe bedürfen: Waldgeißblatt (*L. periclymenum*) und Wohlriechendes Geißblatt (*L. caprifolium*).

Namensdeutung

Das zuletzt genannte Wohlriechende Geißblatt hat der ganzen Familie ihren Namen gegeben: Der Name *caprifolium* stammt vom lateinischen capra (= Ziege) und folium (= Blatt). Die wörtliche Übersetzung ergibt somit den deutschen Namen Geißblatt. Mehrere Deutungen sind möglich: Zum einen mag der Name auf die frühere Verwendung als Futterpflanze für Ziegen hindeuten. Zwar haben Ziegen keine besondere Vorliebe für die Blätter, doch fressen sie im Frühjahr gerne die jungen Triebe, wenn noch keine anderen Holzpflanzen Blätter getrieben haben. Plausibel ist auch der folgende Deutungsversuch: Eine Geiß – zu hochdeutsch Ziege – will in den Bergen stets hoch hinaus. Auch die schlingende Kletterpflanze mit dem Namen Geißblatt scheut kein Hindernis, wenn sie an Baumstämmen oder Spalieren, Gitterzäunen oder Pergolagerüsten bis zu einer Höhe von 10 m emporrankt. In diese Richtung weist möglicherweise auch die volkstümliche Bezeichnung „Jelängerjelieber".

Das Wohlriechende Geißblatt

Der Name „Italienisches Geißblatt" weist darauf hin, dass diese Art aus Südeuropa stammt. Bei uns ist sie vielfach aus Gärten verwildert und besiedelt nun sonnige Plätze

Die im Mai und Juni blühende Rote Heckenkirsche kommt als Unterholz in Wäldern mit gutem Boden vor.

Die im August und September reifenden Früchte der Roten Heckenkirsche sind für Menschen giftig, nicht aber für Vögel.

Das Echte oder Wohlriechende Geißblatt ist mit seinen langen Blütenkronröhren eine typische Nachtfalterblume.

Die unterirische Puppe des Windenschwärmers ist etwa 6 cm groß und besitzt eine mächtige, spiralig eingerollte Rüsselscheide.

Der stattliche bis zu 12 cm spannende Windenschwärmer besitzt den längsten Rüssel aller bei uns vorkommenden Schmetterlinge.

in Mischwäldern, an Feldgehölzen und Hecken. Nach wie vor lieben wir das Schlinggewächs an der „Geißblattlaube", die sie mit dichtem Grün bekleidet und am Abend mit dem herrlichen Duft ihrer Blüten erfüllt.

Die oberen Blätter des Wohlriechenden Geißblattes sind am Grunde miteinander verschmolzen, sodass der Stängel durch sie hindurchgewachsen scheint. Die von Mai bis Juli erscheinenden zweilippigen Blüten sind vier bis fünf Zentimeter lang und sitzen zu sechst auf dem obersten Doppelblatt, wie kleine, nach allen Seiten auseinanderstrebende rosige Füllhörner.

Typische Schwärmerblume

Die Kronröhre der auffällig gelblichweißen, oft rötlich überlaufenen Blüten ist etwa 3 cm lang, sodass nur ein langer Schmetterlingsrüssel den Nektar am Blütengrund erreichen kann. Es sind in erster Linie Nachtschmetterlinge, und unter diesen wiederum die Schwärmer, die sich am häufigsten zum Besuch einstellen. Die Blüten öffnen sich mit Anbruch der Dunkelheit und bleiben infolge ihrer hellen Färbung selbst in der Nacht sichtbar. Sie beginnen stark zu duften und stellen sich waagrecht, sodass die vor ihnen im Schwebeflug verharrenden Schwärmer, die eines Anflugplatzes nicht bedürfen, den

reichlich gebotenen Nektar bequem erreichen können.

Schon an einer einzigen Geißblattlaube konnte Herrmann Müller am 29. Mai 1868 folgende Gäste notieren (Rüssellänge in mm in Klammern):
Windenschwärmer (65–80), 2 Expl., Ligusterschwärmer (37–42), 6 Expl., Kiefernschwärmer (28–33), 5 Expl., Mittlerer Weinschwärmer (20–24), 17 Expl., Kleiner Weinschwärmer (20), 1 Expl.
Auch drei Eulenfalter fanden sich ein:
Gemeine Kapseleule (23–25), 2 Expl., Schattenmönch (18–22), 2 Expl., Gammaeule (15), 1 Expl. Selbst ein Lindenschwärmer und ein Streckfuß wurden durch den betörenden Wohlgeruch angelockt, obwohl beide Falter verkümmerte Rüssel haben. Die Gammaeule vermag bei unberührten Blüten an dem etwas höher stehenden Nektar gerade noch zu nippen, Schattenmönch und Kapseleule können schon reichlichere Schlucke nehmen, aber nur die drei ersten Schwärmer sind im Stande, den Nektar völlig auszusaugen.

Fremdbestäubung garantiert

Beim Anflug der Schwärmer wird der auf dem Rüssel befindliche Pollen zuvor besuchter Blüten an der vorstehenden Narbe abgestreift. Die winzigen Pollenkörner von nur

14/300 mm Durchmesser bleiben durch ihre Klebrigkeit sowie durch kleine spitzige Erhebungen gut an der Narbe (und zuvor am Haar- und Schuppenkleid der Schmetterlinge) haften. Dass trotz gleichzeitiger Reife von Staubgefäßen und Stempel von den Schwärmern regelmäßig Fremdbestäubung herbeigeführt wird, liegt in der überragenden Stellung der Narbe begründet: Während die Staubgefäße nur 15–18 mm aus der Blüte hervorragen, sind es beim Griffel etwa 25 mm. Beide sind mit ihrem Enden schwach aufwärts gekrümmt und die Staubbeutel mit ihrer pollenbedeckten Seite nach oben gekehrt. Eintreffende Falter kommen daher, auch wenn sie ganz frei schwebend saugen, wenigstens mit der Unterseite des Kopfes zuerst mit der Narbe, dann mit den Staubgefäßen in Berührung.

Das Waldgeißblatt

Das Waldgeißblatt wächst an Waldrändern, in Hecken, Erlenbrüchen und an Felshängen, die tragenden Pflanzen oder Unterlagen dicht überwuchernd. Die beim Wohlriechenden Geißblatt aufgezeigten Besonderheiten im Blütenbau stimmen mit denen des Waldgeißblattes überein. Auch hier haben wir eine reine Schwärmerblume vor uns. Da jedoch die Blumenröhre nur 22–25 mm lang ist und der

Ein dämmerungsaktiver Blütengast ist auch der Ligusterschwärmer.

Die Raupen des Falters leben auf Liguster, Flieder und Esche.

Nektar darin noch einige Millimeter hochsteigt, versuchen hin und wieder auch langrüsselige Bienen, vor allem Hummeln, ihr Glück. Dass aber die Blüten so ganz und gar nicht für Hummeln bestimmt sind, zeigt das Vorgehen einer Gartenhummel (Rüssellänge 21 mm): Zunächst hatte die gewichtige Hummel Mühe, eine zum Saugen geeignete Standfläche zu gewinnen. Schließlich kroch sie von der breiten Oberlippe her zum Blüteneingang, ohne zuerst die Narbe, dann die Staubgefäße zu berühren. Auch war die Nektarausbeute offenbar sehr bescheiden, denn schon nach dem Besuch einiger Blüten verließ die doch etwas frustrierte Hummel die in voller Blüte stehenden Stöcke unverzüglich.

Raupenfutterpflanze

Das Waldgeißblatt ist nicht nur eine ergiebige Nektarquelle für Nachtfalter, sondern auch Raupenfutterpflanze für einige Spanner- und Eulenarten: Fliederspanner (*Apeira syringaria*), Hellgelber Wollbeinspanner (*Crocallis elinguaria*), Graugelbe Frühlingseule (*Orthosia munda*), Gelbgraue Geißblatt-Kappeneule (*Xylocampa areola*), Fahlgraue Geißblatt-Kappeneule (*Lithocampa ramosa*), Braune Silberfleck-Höckereule (*Autographa bractea*). Die Raupe des Kleinen Eisvogels (*Limenitis camilla*) lebt ebenfalls auf dem Waldgeißblatt und überwintert in einem versponnenen Blatt

dieser Pflanze. Schneebeere und Rote Heckenkirsche werden von dieser, in letzter Zeit zurückgehenden Art ebenfalls als Futterpflanze genutzt.

Die Rote Heckenkirsche

Im Gegensatz zu den verwandten Geißblatt-Kletterpflanzen haben die Arten der Heckenkirschen mit solchen „Höhenflügen" nichts im Sinn. Sie wachsen vielmehr stark in die Breite. Auch handelt es sich bei den vier aufrechten Straucharten ausschließlich um Pflanzen verschiedener Waldgesellschaften, die in offenen Feldhecken kaum anzutreffen sind. Der häufigste und damit bekannteste Vertreter ist die Rote Heckenkirsche. Gibt es doch weit über 200 deutsche Namen für diesen Strauch. Sie beziehen sich u. a. auf die Früchte (Hundsbeere, Teufelskirsche, Judenkirsche), auf die Blätter als Ziegenfutter (Geißhasel, Geißbrot), auf die Härte des Holzes (Beinholz, Knochenholz, Steinweide) und dessen Verwendung für Gebrauchsgegenstände (Tabakröhrenholz, Ladstöckel, Zweckenholz u. v. a.)

Hummeln als Bestäuber

Die bis 2 cm langen Blüten der Roten Heckenkirsche sitzen zu zweien auf einem kurzen Stiel in den Blattachseln. Staubblätter

und Narben ragen weit aus der Blüte hervor, doch stehen erstere durch Auseinanderspreizen weit von den letzteren entfernt, wodurch Selbstbestäubung verhindert wird. Da die Blumenröhre nur 3–4 mm lang ist, können auch Honigbienen den Nektar erreichen. Die wichtigsten Bestäuber sind jedoch die Hummeln, da sie in keine Blüte den Kopf stecken, ohne Narbe und Staubgefäße mit den entgegengesetzten Seiten des Kopfes zu berühren, während Honigbienen in vielen Blüten mit der Narbe gar nicht in Berührung kommen. Hummeln bepudern sich dagegen Kopf und Brust ringsum mit Pollen und bewirken in den nacheinander besuchten Blüten Fremdbestäubung.

Beeren als Vogelnahrung

Die von August bis September reifenden und sich vom grünen Laubwerk kontrastreich abhebenden roten Früchte dienen mehreren Vogelarten als Herbstnahrung: Amsel, Wacholderdrossel, Singdrossel, Kernbeißer, Dompfaff, Rotkehlchen, Garten-, Dorn- und Mönchsgrasmücke, Fasan und Haselhuhn. Für uns Menschen sind die recht verlockend aussehenden Beeren giftig, denn sie enthalten neben Zucker, Pektin und Gerbstoff einen Bitterstoff, das Xylostein, der Erbrechen, starke Leibschmerzen, blutigen Durchfall und Krämpfe hervorrufen kann.

Schwarzer Holunder

Zu Beginn des Sommers, um Johanni (21. Juni), hüllen sich die Dörfer und Vorstädte in eine Duftwolke von Holunder, und der Reichtum der weißen Blütendolden, der hinter Zäunen und Scheuern hervorblickt, erinnert an eine Wiederholung der Obstblüte. Vielen Menschen ist dieser süße, etwas betäubende Duft so angenehm, dass sie ihn in Milch- und Mehlspeisen (z. B. Holunderküchle) festzuhalten versuchen, und romantische Gemüter, wie das Käthchen von Heilbronn, träumten unter blühenden Holunder ihre Fantasien. Der Schwarze Holunder ist eben kein Busch wie andere. Mit seiner offenkundigen Schönheit kann er es eigentlich mit jedem Ziergehölz unserer Gärten aufnehmen. Dabei siedelt er sich durch Mithilfe der Vögel meist von selbst an: In irgendeiner Ecke des Hofes, auf einem Schutthaufen, auf Ruinen und Kirchhöfen wächst er schnell

hoch, um der Vertraute der Menschen zu werden. Selbst bei Kindern ist dieser Strauch wie kaum ein anderer beliebt: Er bietet ideale Versteck- und Klettermöglichkeiten und aus den markig hohlen Trieben lassen sich Flöten, Pfeifen und Blasrohre schnitzen.

Viele Namen und ihre Deutung

Der Name Holunder geht auf das althochdeutsche Wort Holuntar (aus Holla und tar = Baum) zurück. Mit Holla ist zum einen die als Frau Holle bekannte Märchenfigur gemeint, die wir ja auch in dem gleichnamigen Märchen der Gebrüder Grimm finden; zum anderen ist Holla ein anderer Name für die germanische Licht-, Fruchtbarkeits- und Hausgöttin Freya, die der Sage nach in einem Holunderbusch wohnen soll und als „Hollermutter" mit hilfreichen Heimchen, Zwergen, Wichteln und Elfen Haus und Stall vor Hexerei und bösem Zauber schützt. Deswegen durfte früher auch kein Holunderbusch mutwillig zerstört oder umgehauen werden. Dann drohte

den Bewohnern Unheil durch den Zorn der Götter. Sicher mit ein Grund, warum sich der Holunder bis in die heutige Zeit fast ausschließlich in der Nähe menschlicher Wohnungen findet.

Über die Herkunft des wissenschaftlichen Namens *Sambucus niger* liegen keine eindeutigen Aussagen vor. Schon Plinius verwendet ihn für die Gattung. Ob der Name jedoch auf das griechische „symbyke" = Harfe oder auf „sambyx" = rot (Farbstoff der Beeren) zurückzuführen ist, bleibt ungewiss. Der Artname *niger* bezieht sich auf die dunklen Beeren, zur Unterscheidung vom rotfrüchtigen Traubenholunder.

Drei Arten

Andere Namen des Holunders – in Hegis „Illustrierter Flora von Mitteleuropa" werden über vier Dutzend aufgeführt – sind Holder, Holderbusch, Husholder oder Holler. Seit dem 16. Jahrhundert ist der Busch auch als Flieder (aus dem Niederdeutschen) bekannt,

Der Schwarze Holunder ist ein 3–7 m hoher Strauch oder ein bis zu 10 m hoher, breit ausladender Baum mit überhängenden Zweigen.

Der Traubenholunder ist zierlicher und kleiner als der Schwarze Holunder.

Aus den überwinternden Eiern der Holunderblattlaus schlüpfen Stammmütter, die durch Jungfernzeugung zahlreiche Nachkommen hervorbringen, sodass schon bald dichte Kolonien an den Zweigen entstehen.

obwohl er nichts mit dem echten Flieder zu tun hat. Letzterer zählt zur Familie der Ölbaumgewächse, der Schwarze Holunder dagegen zu den Geißblattgewächsen. Neben dem Schwarzen Holunder kommen in Deutschland noch der Rote Holunder (*S. racemosa*) und der Zwergholunder (*S. ebulus*), eine auch unter dem Namen Attich bekannte staudige Art, vor.

Blütengäste: Fliegen und Käfer

Die ersten Blüten trägt der Schwarze Holunder erst ab einem Alter von etwa fünf bis sieben Jahren. Die kleinen, gelblich-weißen Blütensternchen sind in schirmförmigen Trugdolden angeordnet, die einen Durchmesser von bis zu 20 cm haben können. Jede Einzelblüte besitzt einen unterständigen Fruchtknoten mit drei sitzenden, kopfigen Narben sowie fünf weit auseinander spreizende Staubblätter. Die Bestäubung der nektarlosen Blüten erfolgt durch pollensammelnde und pollenfressende Insekten:
Der von Honigbienen in blassgelben Höschen eingetragene Pollen findet sich häufig in den Honigen der späten Frühtracht. Mehrere Fliegenarten verzehren dagegen den Pollen an Ort und Stelle:
Waffenfliege (*Sargus cuprarius*), Gemeine Waldschwebfliege (*Volucella pellucens*),

Keilfleckschwebfliegen (*Eristalis tenax, E. arbustorum, E. nemorum, E. horticola*).
Hinzu kommen noch mehrere Käferarten: Gemeiner Rosenkäfer (*Cetonia aurata*), Edelkäfer (*Gnorimus nobilis*), Gebänderter Pinselkäfer (*Trichius fasciatus*), Flacher Glanzkäfer (*Epuraea depressa*), Bunter Kugelhalsbock (*Acmaeops collaris*), Kleiner Eichenbock (*Cerambyx scopolii*), Geheimnisvoller Zierbock (*Anaglyptus mysticus*) sowie mehrere Scheinbockkäfer (*Oedemeridae*).

Bei Faltern beliebt: der Zwergholunder

Im Unterschied zu den nektarlosen Blüten des Schwarzen Holunders lockt das – wenn auch recht bescheidene – Nektarangebot des Zwergholunders bis zu zwei Dutzend Tagfalterarten an. Die von Juli bis August erscheinenden Blüten sind rötlich-weiß mit purpurfarbenen Staubbeuteln. Sie stehen in einer aufrechten dreiteiligen Rispe und duften leicht nach Marzipan.
Für Tagpfauenauge, Kleinem Fuchs und C-Falter stellt der Zwergholunder eine Nektarquelle von überragender Bedeutung dar. Vielfach bis sehr zahlreich wurden beobachtet: Landkärtchen, Kaisermantel, Großes Ochsenauge, Brauner Waldvogel, Schlehenzipfelfalter. Auch die folgenden Arten konnten als Gäste mehrfach beobachtet werden: Kleiner

Der geschützte Edelkäfer besucht die Blüten von Holunder, Rose, Schneeball, Spiraea und zahlreicher anderer Sträucher.

Der bis zu 5 cm spannende Holunderspanner oder Nachtschwalbenschwanz gehört zu den größten europäischen Spannern.

Der Gartenrotschwanz ist ein Langstreckenzieher, dessen Winterquartier in der Savannenzone Afrikas nördlich des Äquators liegt.

Eisvogel, Schachbrett, Milchfleck, Ulmenzipfelfalter und Faulbaumbläuling. Nur vereinzelt ließen sich folgende Arten blicken: Großer und Kleiner Kohlweißling, Rapsweißling, Kleiner Schillerfalter, Blauschwarzer Eisvogel, Admiral, Waldbrettspiel, Nierenfleck, Eichenzipfelfalter, Kleiner Feuerfalter (Ebert 1991).

Beliebte Vogelnahrung

Die schwarzen, saftigen Holunderbeeren werden von 62 Vogelarten verzehrt. Der Schwarze Holunder steht damit nach der Eberesche an zweiter Stelle auf der „Hitliste" der Vogelnährgehölze. Eine 100 Meter lange Hecke aus Schwarzem Holunder liefert bis zu 100 kg Beeren. Von den sich einstellenden Gästen sollen hier nur die bekanntesten Arten aufgeführt werden:
Haussperling, Feldsperling, Buchfink, Gimpel, Kernbeißer, Star, Grauschnäpper, Dorngrasmücke, Mönchsgrasmücke, Drosselrohr-

sänger, Teichrohrsänger, Feldschwirl, Zilpzalp, Nachtigall, Hausrotschwanz, Gartenrotschwanz, Rotkehlchen, Amsel, Singdrossel, Misteldrossel, Wacholderdrossel, Zaunkönig, Kohlmeise, Blaumeise, Sumpfmeise, Eichelhäher, Elster, Dohle, Saatkrähe, Rabenkrähe, Pirol, Wendehals, Buntspecht, Grauspecht, Türkentaube, Ringeltaube, Fasan.
Im Gegensatz zum Schwarzen Holunder reifen die Beeren des Traubenholunders schon in den Monaten Juli und August. Bis zu 47 Vogelarten konnten beim Früchteverzehr nachgewiesen werden. Rotkehlchen scheinen eine besondere Vorliebe für die Beeren zu haben; die Bezeichnungen „Rotkehlchenbaum" oder „Rotkehlchenbeere" in verschiedenen Gebieten Deutschlands (Erzgebirge, Frankenwald) spiegeln diese Beobachtung wider.

Wahre „Hausapotheke"

Der Schwarze Holunder ist ein treuer Begleiter des Menschen durch die Jahrtausende. Samenfunde in steinzeitlichen Pfahlbauten lassen vermuten, dass schon damals die Beeren gegessen, zu Mus bereitet oder zum Färben verwendet wurden. Bereits im Altertum werden von Plinius, Dioscurides, Theophrast und Hippokrates die pharmazeutischen Verwendungen beschrieben. Aus dem Mittelalter sind zahlreiche Rezepturen überliefert, deren Basis die verschiedenen Teile des Holunders bilden. Er war in jedem Bauerngarten zu finden und nicht umsonst nannte man ihn die „Hausapotheke" des Einödbauern. Inzwischen haben sich britische Forscher und österreichische Mediziner mit dem Strauch befasst und ihm ein breites Wirkungsspektrum bescheinigt:
Die bekannteste medizinische Anwendung ist sicher der Holunderblütentee, auch Fliedertee genannt, zur Linderung von Erkältungen, Schnupfen, Grippe und Fieber. Tees aus frischen Blüten haben zugleich wassertreibende, abführende und somit blutreinigende Eigenschaften. Ein Sud aus getrockneten Blättern wirkt u. a. schmerzstillend bei Entzündungen und allgemein entspannend. Frische Holunderblätter helfen bei äußerer Anwendung gegen Verbrennungen, Furunkel und andere schmerzhafte Hauterkrankungen. Selbst in der Tierheilkunde hat sich der Ho-

Der Hausrotschwanz ist ein Kurzstreckenzieher, dessen Winterquartiere in West- und Südeuropa sowie in Nordafrika liegen.

lunder bei katharrhalischen Erkrankungen und bei Blähungen bewährt.

Hilfreich bei Schädlingsabwehr

Die Blätter des Schwarzen Holunders lassen sich auch zur biologischen Schädlingsbekämpfung nutzen. Ein kräftiger Tee wirkt vorbeugend gegen Mehltau an Rosen und verschiedene Schadinsekten. Wühlmäuse lassen sich mit Holunderjauche aus dem Garten vertreiben, wenn diese zusammen mit einem dicken Satz in alle erreichbaren Wühlmauslöcher gegossen wird. Die Herstellung der übelriechenden Jauche bereitet keinerlei Probleme: In ein gut abschließbares Gefäß werden Holunderblätter so fest wie möglich eingestampft. Danach wird das Gefäß randvoll mit Wasser gefüllt und an einen warmen oder recht sonnigen Ort gestellt. Je nach Witterung ist die Jauche nach zehn bis dreißig Tagen gebrauchsfertig.

Schneebeere

Der so kompliziert klingende botanische Name der Schneebeere – *Symphoricarpus* – lässt kaum vermuten, wie anspruchslos und genügsam dieser Strauch ist. Er gedeiht nicht nur auf nährstoffreichen Böden, sondern auch auf trockenen, steinigen Standorten, ob sie nun sonnig oder schattig sind. Die Bezeichnung *Symphoricarpus* geht auf die griechischen Wörter symphoros (= vereinigt) und karpos (= Frucht) zurück und weist auf ein besonderes Merkmal der Schneebeere hin: Die zahlreichen im Herbst reifenden Beeren stehen dicht gedrängt wie Perlen in kleinen Gruppen beieinander und bleiben oft noch bis in den Winter hinein an den Zweigen hängen. Wohl jeder hat als Kind einmal die weißen, in ihrem schwammigen Fruchtfleisch viel Luft enthaltenden Beeren als „Knallerbsen" ausprobiert.

Früchte von weiß bis blauschwarz

Doch nur die wenigsten Menschen wissen, dass der ihnen bestens vertraute Strauch erst im Jahre 1906 als Zierstrauch für Gärten, Anlagen und Parks nach Europa gekommen ist. Die Heimat der Schneebeere ist das westliche Nordamerika von Alaska bis Kalifornien. *Symphoricarpus* bildet eine etwa 15 Arten umfassende Gattung der Geißblattgewächse, wovon 1 Art auch in China vertreten ist. Es sind niedrige Kräuter mit beerenartigen Steinfrüchten, die weiß, rosa, rot oder blauschwarz gefärbt sind. Die Namen Schneebeere oder Eisbeere treffen also eigentlich nur für die weißfrüchtigen Arten und Sorten zu, die u. a. auf die nordamerikanische Traubige Schneebeere (*S. albus = racemosus*) zurückgehen. Unsere Schneebeere ist inzwischen vielerorts verwildert; durch ihre vitalen unterirdischen Sprosse vermag sie innerhalb kürzester Zeit große Flächen zu besiedeln – eine willkommene Deckung für das Niederwild.

Nektarreiche Blüten

Die Blütezeit der Schneebeere reicht von Juni bis September. Die Blumenkrone der zwittrigen, fünfzähligen Blüten bildet ein rötliches Glöckchen von 7–8 mm Länge und 5 mm Durchmesser. Die fünf Staubblätter sitzen an der Wand der Blumenröhre, in einem dichten Härchensaum, unterhalb dessen die Narbe des verhältnismäßig kurzen Griffels endet. Der in beträchtlicher Menge von der fleischigen Griffelbasis abgesonderte Nektar sammelt sich im Grunde des Glöckchens und in der Ausbauchung seiner Innenwand. Ein Herausfließen wird durch die schräg herabhängende Stellung des Glöckchens und seinen bis in die Mitte reichenden Härchensaum verhindert.

Vorzügliche Bienenweide

Durch ihre lange Blühdauer zählt die Schneebeere sowohl zur Frühsommertracht

Die Blütezeit der Schneebeere erstreckt sich von Juni bis September.

Die weißen, beerenartigen Früchte werden von Amseln und Drosseln verzehrt.

Der am Grund der Kronröhre ausgeschiedene Nektar lockt zahlreiche Honigbienen an.

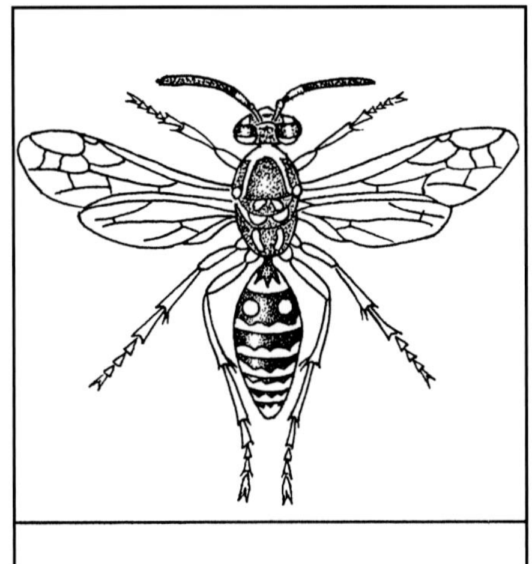

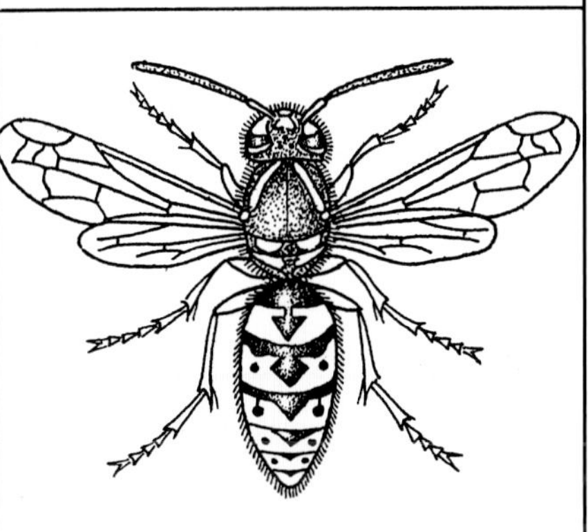

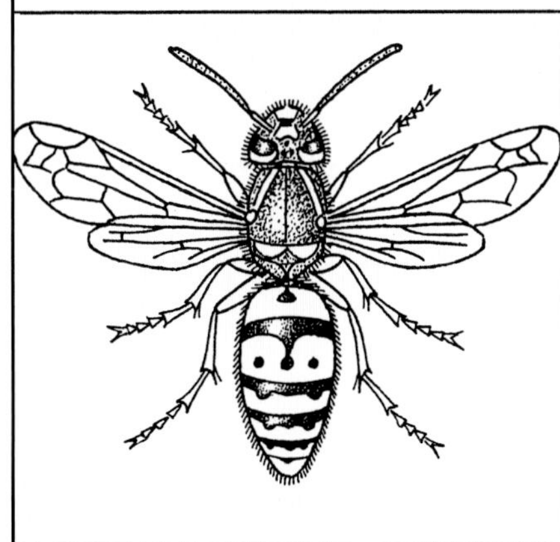

(20. Mai bis 15. Juni), als auch zur Sommertracht (15. Juni bis 15. Juli) und zumindest teilweise noch zur Herbstaufbautracht (15. Juli bis 15. Oktober) unserer Honigbienen. Der Strauch ist daher bei Imkern sehr beliebt und wird als „die dankbarste Pflanze für eine Mindest-Trachtgarantie" (Gleim, 1985) bezeichnet. Zur langen Blütezeit kommt ein hoher Trachtwert: Pro Blüte werden täglich über 9 mg Nektar ausgeschieden. Wenn auch die Zuckerkonzentration nur 23 % beträgt, so hat die Schneebeere doch einen reellen Zuckerwert von nahezu 2 mg. Damit kommt sie an die Brombeere heran. Bei Massenvorkommen, wie etwa in der amerikanischen Heimat, kann sogar Schneebeeren-Honig geschleudert werden. Er ist sehr hell, besitzt ein ausgezeichnetes Aroma und kandiert sehr spät.

Typische Wespenblume

Blütenökologisch zählt die Schneebeere wegen ihres mühelos erreichbaren Nektars zu den so genannten „Wespenblumen". Schon Hermann Müller (1873) hat beobachtet, dass diese Hautflügler an wespenreichen Orten bis zu neun Zehntel der Besucher bestreiten können und ganz wesentlich mit zur Fremdbestäubung der Blüten beitragen: In die Blumenkrone von 5 mm Durchmesser hat der Kopf einer Wespe (5 mm breit, 2–2,5 mm dick) bequem Platz. Steckt eine Wespe den Kopf in eine Blüte, kommt sie mit den in der Mitte des Glöckchens stehenden und nach innen aufspringenden Staubgefäßen in Berührung. Doch bleibt auf dem Weg zur Narbe wenig oder gar kein Blütenstaub an der Wespe haften, da die Pollenkörner wenig klebrig sind und etwa anhaftende Körner beim Passieren des dichten Haarsaumes wieder abgestreift werden. Erst beim Zurückziehen behaftet sich der weitgehend mit Nektar benetzte Kopf der Wespe reichlich mit Blütenstaub, der sich dann beim Besuch einer anderen Blüte zumindest teilweise an der Narbe absetzt.

Auf den Blüten beobachtete Wespenarten:
Links: Feldwespe, Deutsche Wespe, Rote Wespe. Rechts: Mittlere Wespe, Sächsische Wespe, Waldwespe.

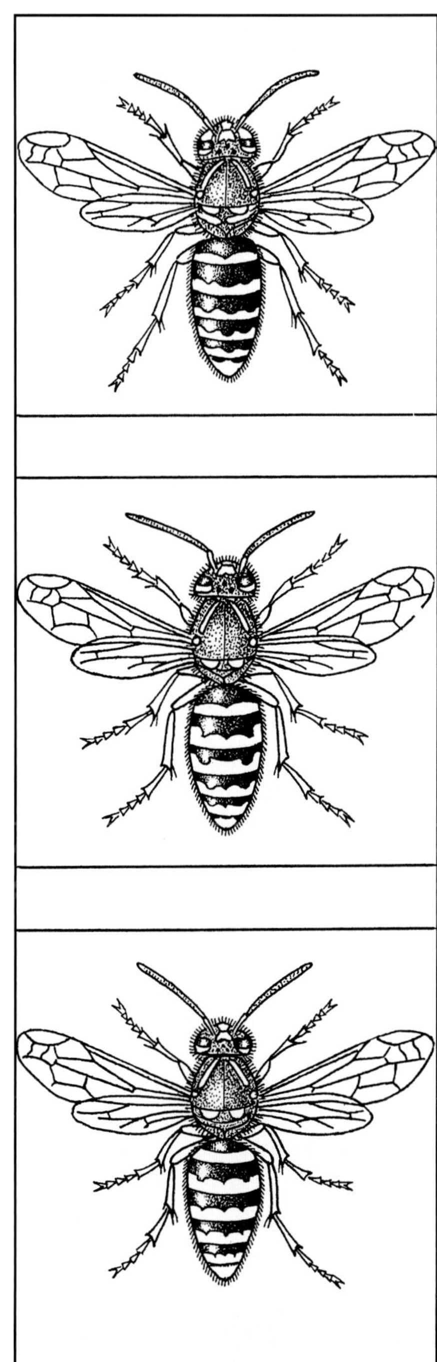

Margerite

Im Frühjahr leuchten aus den Wiesen oft zu tausenden die weißgelben Blütensterne der Margerite (*Chrysanthemum leucanthemum*) hervor. Besonders massenhaft tritt sie in frisch angelegten Glatt- oder Goldhaferwiesen auf, die zur Blütezeit dann oft schneeweiß erscheinen. Der Landwirt sieht die Margerite allerdings gar nicht gerne, da sie als sehr vitale „Wucherblume" einerseits bessere Arten verdrängt, andererseits aber selbst ein sehr minderwertiges, nährstoffarmes, holziges Futter liefert.

Viele Namen

Die in bunten Feldsträußen so beliebte Margerite zählt sicher mit zu den bekanntesten Korbblütlern, worauf schon die Vielzahl ihrer volkstümlichen Namen hinweist: Große Gänseblume, Perlblume (von margarita, die Perle), Heublume, Monatsblume, Weißblume, Jungfernblume, Edelmannsblume, Jesusauge, Herrgottsnagel, Himmel-, Höll- und Fegfeuerblume, Kaiser- oder Talerblume, Tellerblume, Milch- und Käseblume, Kalbs- oder Ochsenauge, Pferdekopf, Hunds- und Hungerblume … Auf die Blütezeit um Johanni beziehen sich die Namen Johannis- und Sonnwendblume. Der Name Margerite scheint als „Margrittli" nur in der Schweiz, in anderen Ländern und Regionen aber sonst kaum bodenständig zu sein.

Große Schwester des Gänseblümchens

Im Volk wurde die Margerite von jeher als die große Schwester des Gänseblümchens (*Bellis perennis*) betrachtet, mit dem sie ja zur selben Unterfamilie der Kompositen gehört. Es ist daher oft schwer zu unterscheiden, welche von beiden Blumen in der älteren Literatur gemeint ist, wenn von Maßlieb oder Margaretenblume die Rede ist, doch dürfte unter den Marguerites, die Ludwig der Heilige als Symbol der Bescheidenheit zu seiner Wappen- und Lieblingsblume erwählte, wohl die kleine Maßlieb zu verstehen sein, von der die alten Botaniker die große als Ochsen- und Rindsauge unterschieden. Ihren wissenschaftlichen (griechischen) Artnamen *leucanthemum* (= die „weiße Blume") führt sie zurecht, denn nur wenige andere Blumen zeigen ein so reines, strahlendes Weiß wie sie. Wegen dieser weißen Färbung wurde die Margerite und einige verwandte Arten, die man zu den strahlblütigen Kamillen rechnet, im germanischen Altertum nach dem nordischen Lichtgott Baldur getauft und „Bladersbra" genannt. Das Gänseblümchen ist dagegen der Liebesgöttin Freya geweiht.

Beliebte Orakelblume

Ihre neuere Popularität verdankt die Margerite der Gartenszene in Goethes Faust, durch welche ihr alter Ruf als Orakel- oder Rupfblume wieder ins Gedächtnis gerufen wurde: Die Margerite ist zweifellos jene Sternblume, die Gretchen als Liebesorakel befragt. Sie zupft nacheinander die weißen Zungenblüten aus dem Blütenkopf und wiederholt dabei

Die Blüten der Margerite erscheinen ab Mai.

Das Nektarangebot der Margerite lockt auch mehrere Bläulingsarten an.

In ganz Europa weit verbreitet und häufig: Der Kleine Fuchs.

Der sehr flugaktive Distelfalter hat einen hohen Nektarbedarf.

die Worte „liebt mich – liebt mich nicht". Erst die letzte ausgezupfte Zungenblüte bringt dann endlich die erhoffte Gewissheit. Auch die in Frage kommenden Berufe des Geliebten konnte man erfahren, wenn man an einer neuen Blüte zupfte und dabei aufsagte: Edelmann – Bettelmann – Kaufmann – Pastor – Schinder – Schuster – Soldat. Wollte man nun noch seine spätere Kinderzahl ermitteln, warf man die übrig gebliebenen gelben Röhrenblüten in die Luft und zählte die mit dem Handrücken wieder aufgefangenen.

Auf die Orakel-Funktion der Margerite deutet wiederum eine Fülle landschaftlich verschiedener Namen hin. Wahrsageblume, Zupf-, Glücks-, Auszähl-, Liebes- und Losungsblume.

Augenfällige Blüten mit vielen Gästen

Nach der Bildung der Blütenköpfchen lassen sich die Korbblütler in drei Gruppen ordnen:
Röhrenblütige: Die Blütenköpfchen enthalten nur Röhrenblüten (z. B. Kornblume).
Zungenblütige: Die Köpfchen enthalten nur Zungenblüten (z. B. Wegwarte).
Strahlenblütige: Die röhrenförmigen Scheibenblüten sind von einem Kranz zungenförmiger Rand- oder Strahlenblüten umgeben. Zu dieser Gruppe zählen neben Sonnenblume, Ringelblume, Dahlie und Gartenaster auch Gänseblümchen und Margerite.

400 bis 500 röhrenförmige Blütchen sind bei der Margerite zu einer gelben Scheibe von 12–15 mm Durchmesser vereinigt. Am Rand breiten sich 20–25 Strahlenblüten nach außen, deren Staubgefäße verkümmert sind. Mit einer Länge von 14–18 mm vergrößern die Strahlenblüten den Blütendurchmesser auf 40 mm und mehr. Für die Insektenwelt werden die Blüten dadurch unübersehbar.

Da durch den emporsteigenden Nektar die kaum 3 mm langen Röhrenblütchen oder Glöckchen kaum 1 mm tief sind, gehen auch kurzrüsselige Insekten nicht leer aus. Da zunächst der Pollen der Staubgefäße und etwas später die Narben unmittelbar über den Glöckchen in einer Ebene liegen, werden von den darüberschreitenden Insekten zahlreiche Blüten auf einmal mit Fremdpollen bestäubt. Über sechs Dutzend Blütengäste wurden von Hermann Müller (1873) ermittelt.

Hautflügler, Zweiflügler, Käfer

Hautflügler: Maskenbienen (*Prosopis*), Blutbienen (*Sphecodes*), Furchenbienen (*Halictus*), Sandbienen (*Andrena*), Seidenbienen (*Colletes*), Grabwespen (*Cerceris, Crabro, Oxybelus*), Blattwespen (*Tenthredo, Cimbex*).
Zweiflügler: Tanzfliegen (*Empis*), Waffenfliegen (*Nemotelus, Odontomyia*), Hummelschweber (*Systoechus*), Schwebfliegen (*Pipiza, Cheilosia, Syrphus, Melithreptus, Vo-*

lucella, Syritta, Eristalis, Helophilus), Dickkopffliegen (*Conopus, Sicus*), Echte Fliegen (*Echinomyia, Pollenia, Lucilia, Pyrellia, Musca, Scatophaga, Macquartia, Sepsis*).
Käfer: Glanzkäfer (*Meligethes*), Blütenkäfer (*Anthrenus*), Schnellkäfer (*Athous*), Rosenkäfer (*Cetonia*), Pinselkäfer (*Trichius, Gnorimus*), Buntkäfer (*Trichodes*), Warzenkäfer (*Malachius*), Wollhaarkäfer (*Dasytes*), Stachelkäfer (*Mordella*), Bockkäfer (*Strangalia, Leptura, Pachyta*).

Drei Dutzend Schmetterlingsarten

Die Blütenteller der Margerite bilden einen bequemen Lande- und Sitzplatz für Schmetterlinge. Vielfach bis sehr zahlreich beobachtet wurden Braunfleckiger Perlmuttfalter und Kleiner Feuerfalter. Für sie ist die Margerite als Nektarpflanze lokal oder zeitweise von großer Bedeutung. Mehrfach beobachtet wurden ferner Goldene Acht, Rapsweißling, Landkärtchen, Kleiner Perlmuttfalter, Veilchen-Perlmuttfalter, Großes Ochsenauge, Kleiner Heufalter, Brauner Feuerfalter, Geißkleebläuling, Hauhechelbläuling, Gestrichelter Braundickkopffalter (Ebert 1991).

Prächtige Garten-Chrysanthemen

Durch langjährige, sorgfältige Auslese bei der Fortzucht sind von der an sich schon recht

Häufiger Gast auf Garten-Chrysanthemen: Das Tagpfauenauge. Es überwintert in unseren Breiten als fertiger Falter.

Auch Admirale halten vor ihrer herbstlichen Südreise Einkehr. Es sind die Nachkommen der im Frühjahr eingeflogenen Falter.

Die dunkle Sommerform des Landkärtchens fliegt im Juli und August. Die helle Frühjahrsform ist braunrot. Die Raupen wachsen auf Brennnesseln heran und leben lange in Gruppen zusammen bevor sie sich verpuppen.

attraktiven Margerite Gartenformen mit noch größeren Blütenköpfen entstanden. Noch mehr gilt dies von zwei ostasiatischen Arten der umfangreichen Gattung. In ihnen haben wir die Stammeltern der Winterastern oder Chrysanthem-Spielarten vor uns, die in immer größerer Blütenpracht herangezogen wurden. In aller Welt verbreitet, zählen Chrysanthemen vermutlich zu den ältesten in Kultur befindlichen Blumen. Im 17. Jahrhundert kamen die ersten Kulturformen der Chrysantheme nach Europa – heute wird die Zahl der Sorten weltweit auf 5000 geschätzt. Man unterscheidet zwischen einjährigen Gartenpflanzen, winterharten Stauden, winterharten Halbsträuchern und Gärtner-Chrysanthemen. Letztere sind in einer Vielzahl von Sorten das ganze Jahr über in Gärtnereien erhältlich. In Katalogen werden sie als *Chrysanthemum hortorum* aufgeführt. Auch als Winterastern sind sie im Handel. Man unterscheidet zwischen pomponblütigen, großblütigen und azaleenblütigen Gartenchrysanthemen.

Gartenastern – attraktiv für Schmetterlinge

An Astern können sich Blumen- und Insektenfreunde vom Frühjahr bis in den späten Herbst erfreuen, denn die ersten Arten und Sorten beginnen im Mai zu blühen, die letzten im Spätherbst. Sie sind nicht besonders

anspruchsvoll, breiten sich sehr schnell aus und lassen sich durch Teilung leicht vermehren. Astern lieben sonnige bis halbschattige Standorte, guter, nicht zu trockener Gartenboden sagt ihnen besonders zu. Eine Ausnahme bildet die Goldaster (*Aster linosyris*), sie bevorzugt sandige Böden.

Beliebte Gartenarten sind:
Alpenaster (*A. alpinus*), Bergaster (*A. amellus*), Neu-England-Aster (*A. novae angliae*), Neu-Belgische Aster (*A. novi-belgii*), Kissenaster (*A. dumosus*), Myrtenaster (*A. ericoides*), Sommer- oder Gartenaster (*Callistephus chinensis*).
Mit diesem Asternangebot lassen sich neben Bienen und Hummeln noch mehrere Tagfalterarten in den Garten locken, vor allem während des sommerlichen Nahrungsengpasses, wenn das Blütenangebot des Wirtschaftsgrünlandes drastisch abgenommen hat. Mehrfach bis sehr zahlreich beobachtet wurden: Großer und Kleiner Kohlweißling, Rapsweißling, Kleiner Fuchs, Tagpfauenauge, Distelfalter, Admiral, Großes Ochsenauge, Kleiner Feuerfalter, Hauhechelbläuling. Nur Einzelbeobachtungen liegen dagegen von folgenden Arten vor: Segelfalter, Goldene Acht, C-Falter, Landkärtchen, Brauner Waldvogel, Kleiner Heufalter, Mauerfuchs, Kaisermantel (Ebert 1991).

Der 14–20 mm große Gefleckte Schmalbock zählt zu den großen Arten der Familie der Bockkäfer. Größe und Anordnung der schwarzen Flecke auf den gelben Flügeln sind sehr variabel. Die Fühler können völlig schwarz, die Beine zum größten Teil gelb sein. Von Mai bis August findet man den Käfer auf Blüten, vor allem auf Doldengewächsen. Die Larven entwickeln sich im morschen Holz verschiedener Waldbäume und -sträucher.

Die im südlicheren und mittleren Deutschland recht häufige Veränderliche Krabbenspinne kann ihre Körperfarbe dem jeweiligen Untergrund anpassen. Während die nur 4 mm großen Männchen weiß bis grünlich gefärbt sind, kann die Färbung der bis 10 mm großen Weibchen zwischen leuchtend gelb, gelbgrün und weiß schwanken. Als gut getarnte Jäger lauern sie in den Blüten auf eintreffende Schwebfliegen, Honigbienen und Schmetterlinge.

Das Große Grüne Heupferd (nach dem pferdeähnlichen Kopf) ist sicher die mit Abstand bekannteste Laubheuschrecke. Im Gegensatz zu den Feldheuschrecken verzehren Laubheuschrecken neben pflanzlicher auch tierische Kost. Den jungen Heupferdchen, die schon den ganzen Sommer über die Wiese beleben, wachsen erst nach der dritten von insgesamt fünf Häutungen Flügelstümpfe und die Anlagen des Legestachels (s. Foto).

Als Allesfresser ernähren sich Ohrwürmer von pflanzlicher und tierischer Kost. In Blumengärtnereien können Ohrwürmer gelegentlich durch das Zerfressen von Blüten Schaden verursachen. Gerne gehen die Tiere an Dahlienblüten, aber auch an Chrysanthemen, Nelken und Rosen. Andererseits machen sich Ohrwürmer als natürliche Blattlausfeinde sehr nützlich: Schon ein einziger Ohrwurm soll in einer Nacht bis zu 100 Blattläuse vertilgen.

Schafgarbe

Neben den Margeriten und einigen Doldengewächsen vertritt vor allem die Schafgarbe von den ersten Sommertagen bis in den tiefen Herbst hinein sehr reichlich die weiße Farbe unter den Blumen der Wiesen und Triften. Der Name Schafgarbe (Schafkopf, Schafzunge, Schafrippe) bezieht sich wohl darauf, dass die Pflanze gerne von Schafen gefressen wird und häufig auf Schafweiden wächst. Andere Autoren sind der Meinung, dass dieser Korbblütler nichts mit Schafen zu tun habe, vielmehr sei dieser weit verbreitete Namen das Ergebnis einer sprachlichen Schludrigkeit, denn früher hieß die Staude „Scharfgarbe", was auf den etwas strengen Geruch der Pflanze verweist. Allgemein verbindlich ist dagegen die lateinische Bezeichnung *Achillea millefolium*. Der Gattungsname bezieht sich auf den mächtigen griechischen Helden Achilles, der die blutenden Wunden seiner Soldaten mit dieser heilkräftigen Pflanze gestillt haben soll; *millefolium* heißt „tausendblättrig" und beschreibt das filigrane Laub mit seinen zahlreichen Blattzipfeln (vgl. die Bezeichnung „Tausendspitz"). Diese starke Reduzierung der Blattoberfläche und der überaus zähe Stängel stellen einen wirksamen Verdunstungsschutz dar, sodass die Pflanze auch an recht trockenen, sonnigen Standorten überleben kann.

Erstaunlich anpassungsfähig

Die Schafgarbe ist sehr anspruchslos, widerstands- und anpassungsfähig. „Auf dieser Eigenschaft basierte auch ein langfristiger Versuch einiger amerikanischer Wissenschaftler, die in den zwanziger und dreißiger Jahren dieses Jahrhunderts Exemplare der Gemeinen Schafgarbe verpflanzten, ihre Veränderungen unter den neuen Bedingungen beobachteten und deren Auswirkungen auf die Erbeigenschaften untersuchten. Sie pflanzten die Schafgarbe von der Pazifikküste bis ins Hochgebirge der Sierra Nevada und weit ins Landesinnere, in den Great Basins, also vom Meeresspiegel bis in eine Höhe von rund 3000 m. Nach einigen Jahren unterschieden sich die lokal entstandenen Populationen in ihrem Wuchs gewaltig: Die Schafgarben von der Küste waren anders als die aus der Wüste; die Hochgebirgspopulationen waren kaum 20 cm hoch, der Niederungstyp erreichte eine Höhe von 2 m. Schließlich entstand der Anschein, dass die so gewonnenen Eigenschaften dauerhaft und erblich waren. Es ist daher kein Wunder, dass schon C. v. Linné und nach ihm andere Forscher mit der Systematik der sehr variablen Art *Achillea millefolium* Schwierigkeiten hatten" (Vetvicka, 1980).

Zahlreiche Blütengäste

Die Schafgarbe besitzt kleine, nur 4–6 mm breite Blütenkörbchen, die in großer Zahl zu ansehnlichen Trugdolden vereinigt und für die Insektenwelt schon von weitem sichtbar sind. Die meist 5 weißen Randblüten eines Körbchens sind weiblich, die 15–20 gelblichen Scheibenblüten zwittrig. Der Nektar wird am Grund der nur 2 mm langen Kronröhre ausgeschieden und ist auch für kurzrüsselige Insekten erreichbar. Da sehr viele, oft über 100 Körbchen zu einem Blütenstand zusammengeschlossen sind, und bereits ein darüber schreitendes Insekt mit seiner Unterseite gleich mehrere Körbchen berührt, vollzieht es massenhaft Fremdbestäubung. Groß ist die Zahl der sich einstellenden Gäste:

Schmetterlinge

Bis zu 46 Tagfalterarten finden auf den breiten Blütendolden einen guten Lande- und bequemen Sitzplatz für einen ausgiebigen Nektartrunk. Vertreter nahezu aller Tagfalterfamilien finden sich ein. Mehrfach beobachtet wurden: Großer Kohlweißling, Rapsweißling, Schachbrett, Schlehenzipfelfalter, Kleiner Feuerfalter, Brauner Feuerfalter, Gestrichelter Braundickkopffalter und Ockergelber Braundickkopffalter. Vielfach bis sehr zahlreich beobachtet wurden Ochsenauge, Brauner Waldvogel und Kleiner Heufalter; für letztere erlangt die Schafgarbe als Nektarquelle lokal oder zeitweise große Bedeutung (Ebert 1991).

Häufiger Gast: Die Gemeine Stiftsschwebfliege; ihre Larven sind nützliche Blattlausvertilger. Diese langgestreckte, sehr schlanke Schwebfliege zählt zu den wandernden Arten.

Das im Sand nistende Weibchen des Bienenwolfes legt 5–7 Brutzellen an. Jede Zelle enthält 2–3 Bienen, auf eine wird ein Ei gelegt.

Die Gemeine Sandwespe trägt in eine selbst gegrabene Nestkammer 1–2 gelähmte Raupen ein und belegt sie mit einem Ei.

Hautflügler

Die Gemeine Schafgarbe bildet eine wichtige Pollenquelle für Wildbienen. Eine Auflistung von P. Westrich (1990) verzeichnet 14 Furchenbienenarten (*Halictus*, *Lasioglossum*) und 7 Sandbienenarten (*Andrena*). Hinzu kommen noch weitere 7 auf Korbblütler spezialisierte Arten: Die Sandbiene Andrena denticulata, die Löcherbiene *Heriades truncorum*, die Maskenbiene *Hylaeus nigritus*, die Mauerbiene *Osmia spinulosa* und die drei Seidenbienenarten *Colletes daviesanus, C. fodiens, C. similis*.

Weitere pollensammelnde Sand- und Furchenbienen führt H. Müller (1873) an. Dazu noch nektarsaugende Männchen der Gattungen *Hylaeus, Sphecodes, Andrena, Halictus, Colletes, Heriades* und *Chelostoma*. Nektar saugend wurden ferner die Weibchen zweier Wespenbienen (*Nomada ruficornis, N. zonata*) und einer Düsterbiene (*Stelis breviuscula*) angetroffen. Da sie keine Brutfürsorge betreiben, sammeln sie keinen Pollen. Nur für Nektar interessieren sich ferner mehrere Grabwespen (*Crabro, Lindenius, Oxybelus, Philantus, Cerceris, Ammophila*), Wegwespen (*Pompilus, Ceropales*), Lehmwespen (*Odynerus*) und Goldwespen (*Hedychrum*).

Zweiflügler

Ebenfalls nur Nektar saugend wurden folgende Arten angetroffen: Der Hummelschweber *Exoprosopa capucina*, die Tanzfliege *Empis livda*, die Gelbfüßige Dickkopffliege *Conopos flavipes*, die Schmarotzerfliege *Gymnosoma rotundatum* und die Raupenfliege *Echinomyia fera*. Hinzu kommen noch mehrere Schwebfliegenarten, die Nektar saugten und/oder Pollen verzehrten: Gemeine Stiftschwebfliege (*Sphaerophoria scripta*), Hummel-Waldschwebfliege (*Volucella bombylans*), Gemeine Waldschwebfliege (*V. pelucens*), Matte Faulschlammschwebfliege (*Eristalinus sepulcralis*), Mistbiene (*Eristalis tenax*), Kleine Keilfleckschwebfliege (*Eristalis arbustorum*), Gemeine Keulenschwebfliege (*Syritta pipiens*).

Käfer

Zu einer Pollenmahlzeit fanden sich folgende Käferarten ein: Zierliches Prachtkäferchen (*Anthaxia nitidula*), Bleicher Blütenbock (*Vadonia livida*), Goldglänzender Kugelkäfer (*Exochomus auritus*), Seidiger Fallkäfer (*Cryptocephalus sericeus*) Blütenteile fressend. Die hier angeführten Blütengäste besuchen auch die Sumpfschafgarbe.

Alte Heilpflanze

Die medizinischen Tugenden der Schafgarbe werden schon seit Menschengedenken mit hohem Lob bedacht. Bereits in der Chinesischen Kultur ist sie seit gut 2000 v. Chr. als eine Art Zaubermedizin gebräuchlich und die Indianer Nordamerikas kannten die heilenden Eigenschaften der Schafgarbe, noch ehe die Europäer erschienen. In Griechenland schätzte man die Pflanze, nachdem vom heilkundigen Achilles die Wunde des Telephos durch sie geschlossen worden war. Seit dieser Zeit wurde sie als Wundkraut bei allen durch Eisen verursachten Verletzungen angewendet und erhielt daher von den Alten den Namen Eisen- und Soldatenwurz. Im Mittelalter wurde die Schafgarbe neben Engelwurz und Baldrian als „die dritte im Bunde" gegen die Pest eingesetzt. Außerdem wurde sie schon von altersher nicht nur bei Verwundungen, sondern auch bei Fisteln, Geschwüren, Blutflüssen und Lungenkrankheiten empfohlen. In den nordischen Ländern war die Schafgarbe als Hopfenersatz beim Bierbrauen im Gebrauch und mit den Samen der Schafgarbe konservierte man in Deutschland noch im 16. Jahrhundert den Wein. In der heutigen Volks- und Tiermedizin findet die Schafgarbe Verwendung gegen Appetitlosigkeit, Magen-

und Darmkrämpfe, Blähungen, Fieber, Husten, Hals- und Mundentzündungen; äußerlich zu Waschungen und Bädern bei Hautausschlägen, offenen Beinen, Krampfadern, schlecht heilenden Wunden, Furunkeln und Hämorrhoiden.

Gesundes Gewürz

Neben der schon von Albert Magnuns und Hildegard von Bingen so hoch gepriesenen Heilkraft, besitzt die Schafgarbe noch andere, wenn auch weniger bekannte Eigenschaften: „Als Würzkraut lassen sich die jungen herbaromatischen Blätter ab dem zeitigen Frühjahr in Salaten, Quark und Suppen verwenden. Die älteren schmecken ziemlich herb, sind aber durch die Bitterstoffe sehr appetitanregend. Die jungen Blätter findet man bis in den Herbst, da sie kontinuierlich nachwachsen. Mit den stark aromatischen Blüten kann man eine verdauungsfördernde Achillea-Limonade (wie bei den Baldrianblüten über Nacht mit Zitronenscheiben ziehen lassen) oder mit Korn (längere Zeit in der Sonne ziehen lassen) einen Achillea-Aperitif herstellen. Zum Würzen von Salaten, Suppen, Aufläufen, Quark und Kräuterbutter oder nur zur Dekoration sind die Blüten sehr geeignet, sie geben den Gerichten eine eigene besondere Note. Aus blühenden Schafgarbenstängeln, gegen Ende des Sommers in den ‚Frauendreißigern' gesammelt, lassen sich duftende Kränze für den Winter binden oder mit anderen wohlriechenden Kräutern zusammen Duftsträuße für die dunkle Jahreszeit binden" (Gerhild Birmann-Dähne).

Garben für Gärten

Die Schafgarbe besitzt eine erstaunliche Vitalität: Sie bildet ständig Ausläufer und sät sich selbst aus, sodass sie ohne Eingriffe bald den ganzen Garten in Besitz nehmen würde.

Oben: Blutbienen sind an ihrem glänzend roten Hinterleib sofort zu erkennen. Blutbienen sind Kuckucksbienen.
Unten: Zu den Gästen der Schafgarbe zählen auch Lehmwespen. In Mitteleuropa kommen rund 80, zum Teil schwer unterscheidbare Arten vor.

Nicht alle Arten aus der Familie entwickeln jedoch diesen Übereifer.

Schon von der <u>Schafgarbe</u> sind mehrere Kulturformen erhältlich, die sich in unseren Gärten großer Beliebtheit erfreuen: ‚Rosea' mit rosaroten Strahlenblüten, ‚Purpurea' mit dunkelroten Zungenblüten, ‚Bicolor' mit weißen und dunkelroten Blüten.

Eine ausgesprochene Steingartenstaude ist die <u>Ageratumblättrige Garbe</u> *Achillea ageratifolia*. Diese 10–15 cm hohe Polsterpflanze trägt im Juni und Juli große weiße Blüten. Die anspruchslose Art gedeiht auch in Trockenmauern und Steinritzen.

Dichte Polster auch in kalkhaltigen Böden mancher Steingärten bildet die <u>Filzige Garbe</u> (*A. tomentosa*). Von Juni bis August trägt sie an etwa 25 cm hohen Stielen gelbe Blüten. Diese Art eignet sich auch für Einfassungen.

Von Juli bis September leuchten die goldgelben Doldenblüten der <u>Rainfarnblättrigen Garbe</u> (*A. filipendulina*). Auch von dieser als Schnittblume sehr beliebten Art sind einige Sorten im Handel weit verbreitet.

Feuchtes Terrain bevorzugt die bis zu 60 cm hohe <u>Sumpf- oder Bertramsgarbe</u> (*A. ptarmica*) mit schneeweißen Blüten. Die Sorten ‚Schneeball' und ‚Perrys White' erfreuen von Juni bis August mit gefüllten Blüten.

Oben: Die Larven der Igelfliege entwickeln sich in Schmetterlingsraupen. Bei Massenauftreten des Schwammspinners, der Nonne und anderer Forstschädlinge stellen sie wichtige Regualtoren dar, die wirksam Raupenpopulationen dezimieren.

Unten: Die Weibchen der Grauen Fleischfliege legen ihre Eier am Erdboden, neben dem Eingang eines Regenwurmganges ab. Die geschlüpften Larven kriechen in die Röhre hinein und bohren sich in das Innere des Wurms. Sie töten ihn und verzehren ihn innerhalb weniger Tage.

Flockenblumen

Die für unsere Kulturlandschaft so typischen Mähwiesen sind – wie die natürlichen Pflanzengesellschaften – das Ergebnis eines langen Entwicklungsvorganges, bei dem die Konkurrenz zwischen den verschiedenen Pflanzenarten um Platz, Licht, Wasser und Nährstoffe eine wichtige Rolle spielt. Den traditionellen Bewirtschaftungsformen vergangener Jahrhunderte bestens angepasst, haben hier viele Blütenpflanzen einen ihnen zusagenden Lebensraum gefunden: Wiesenglockenblume, Wiesensalbei, Wiesenbocksbart, Wiesenknopf, Wiesenstorchschnabel ... Intensive Düngung sowie frühzeitiger und häufiger Schnitt zur Gewinnung von Silage haben in den letzten Jahrzehnten jedoch zu einer gravierenden floristischen Verarmung des Wirtschaftsgrünlandes geführt. Die kräuter- und blumenreichsten Wiesen findet man daher auf mageren (trockenen und nährstoffarmen), möglichst kalkreichen Böden und dort wo nur 1–2 mal im Jahr gemäht wird. Hier sowie auf Feldrainen, Dämmen, an Gebüsch- oder Wegrändern öffnet ab Juni auch die Wiesenflockenblume (*Centaurea jacea*) ihre bis 2 cm großen, purpurrötlichen Blütenköpfe.

Honigbienen, Wildbienen, Hummeln

Die bis in den Oktober hinein blühende Wiesenflockenblume zählt zusammen mit Disteln, Sonnenblume, Heidekraut, Bärenklau, Kleearten, Borretsch u. a. zur sog. „Herbstaufbautracht" (etwa vom 15. Juli bis 15. Oktober) unserer Honigbienen. Sie soll die für die Erzeugung von Winterbienen nötigen Aufbaustoffe liefern. Dabei kommt es mehr auf nahrhaften Pollen als auf Nektar an. Doch wird von den rationell sammelnden Bienen auch das Nektarangebot genutzt, denn die 80 bis über 100 Zungenblütchen eines Körbchens stellen viele Nektarquellen auf kleinstem Raum dar. – Mit dem Pollen der Wiesenflockenblume verproviantieren über drei Dutzend Wildbienenarten ihre Brutzellen, darunter einige auf Korbblütler spezialisierte Arten. Bis zu sieben Familien sind vertreten: Sandbienen, Mauerbienen, Furchenbienen, Hosenbienen, Keulhornbienen, Blattschneiderbienen und Wollbienen. Flockenblumen zählen ferner zu den Haupttrachtpflanzen mehrerer Hummelarten: Dunkle Erdhummel, Steinhummel, Waldhummel, Sandhummel, Ackerhummel, Grashummel, Mooshummel, Veränderliche Hummel und Gartenhummel. Auch alle bei uns heimischen Kuckuckshummeln besuchen diese Korbblütler regelmäßig, wenngleich sie nur am Nektar interessiert sind, da sie selbst keine Brutpflege betreiben.

Treffpunkt zahlreicher Falterarten

Das reichlich fließende Nektarangebot der Wiesenflockenblume lockt über fünf Dutzend Tagfalterarten und über ein Dutzend Widderchenarten an. Vielfach bis sehr zahlreich beobachtet wurden: Goldene Acht, Zitronenfalter, Kleiner Kohlweißling, Rapsweißling, Tagpfauenauge, Distelfalter, Braunfleckiger Perlmutterfalter, Wachtelweizen-Scheckenfalter, Milchfleck, Brauner Waldvogel, Kleiner Heufalter, Silbergrüner Bläuling, Kommafalter, Ockergelber Braundickkopf, Rostfarbener Dickkopffalter, Gemeines Blutströpfchen und Klee-Widderchen. Für einige bekannte und z. T. häufige Tagfalterarten stellt die Wiesenflockenblume sogar eine Nektarpflanze von überragender Bedeutung dar, der zumindest zeitweise eine Schlüsselrolle zukommt: Kleiner Fuchs, Kaisermantel, Kleiner Perlmuttfalter, Violetter Silberfalter, Schachbrett, Ochsenauge, Mauerfuchs (Ebert 1991). Von den Blättern der Skabiosen-Flockenblume (*Centaurea scabiosa*) leben die Raupen des Flockenblumen-Scheckenfalters. Er fliegt von Mai bis August auf trockenwarmen, sonnigen Magerwiesen und blumenreichen, steinigen

Die Baumhummel ist regelmäßiger Gast der Bergflockenblume. Ihre Arbeiterinnen fliegen von Mitte April bis Mitte August. Als Kulturfolger bezieht die Baumhummel alle Arten von Nisthöhlen.

Die Bergflockenblume lockt auch die auffallend bunt und hübsch gezeichnete Waldhummel in die Gärten. Ihre Arbeiterinnen fliegen von Mitte Mai bis Ende Okotber.

Durch ihre lange Blütezeit bildet die Wiesenflockenblume eine zuverlässige Nektar- und Pollenquelle der Honigbiene.

Orten bis rund 2000 m Höhe. Dieser größte mitteleuropäische Scheckenfalter zählt heute zu den stark gefährdeten Arten und ist regional bereits ausgestorben.

Ameisen als Schutztruppe

Bei verschiedenen Flockenblumenarten entwickeln sich an den Blütenkörbchen honigabscheidende Hüllblätter, die wohl im Dienste des Blütenschutzes stehen. Ein anschauliches Beispiel bildet die auch in Gärten nicht seltene Bergflockenblume (*Centaurea montana*): Wenn ihre Kronblätter noch in der Knospe ruhen und nur die blauen Spitzen sichtbar sind, finden sich gerne Liebhaber für dieses junge, zarte Gemüse ein: Blumenkäfer. Sie würden die Blütenblätter mit der Zeit restlos abknabbern, sodass eine spätere Bestäubung durch Insekten ausbleiben würde. Die Pflanze hat jedoch vorgesorgt. Sie lässt an den Kelchschuppen kleine Honigtröpfchen aus-

scheiden und lockt damit Ameisen an. Diese kommen mit dem ersten Morgengrauen und lösen bis zur Abenddämmerung einander ab, denn die aufgeleckte Süßigkeit wird immer wieder ersetzt. Dabei verteidigen die wehrhaften Ameisen ihre Blume auch gegen jene fresslustigen Käfer, von denen sie glauben, sie wollten sich ebenfalls an den winzigen Honigtröpfchen laben. Diese versiegen jedoch, sobald sich die Krone vollständig geöffnet hat. Nun kommt es der Bergflockenblume nicht mehr auf ein paar Blütenblättchen an, da jetzt selbst Käfer ungewollt Blütenstaub mit fortnehmen und Fremdpollen zurücklassen.

Flockenblumenarten in Landschaft und Garten

Die Gattung *Centaurea* umfasst rund 500 Arten, die vorwiegend im Mittelmeergebiet und in Vorderasien beheimatet sind.

Die bekannteste der bei uns heimischen elf Arten ist sicher die Kornblume (*C. cyanus*); die ausgebreiteten Randblüten ihrer 2–3 cm großen Blütenköpfe sind leuchtend himmelblau und viel größer als die purpurnen, fruchtbaren Scheibenblüten in der Mitte. Als Getreide-Unkraut früher weit verbreitet, ist sie heute selten geworden. Doch hat die Kornblume mit zahlreichen Kulturformen in den Farben weiß, rosa, rot und blau Eingang in unsere Gärten gefunden.

Auf Magerrasen, an Weg- und Waldrändern und anderen sonnigen Stellen sehr häufig ist die Skabiosen-Flockenblume (*C. scabiosa*) mit fiederspaltigen Blättern und über 2 cm (manchmal bis 4 cm, in Ausnahmefällen bis 6 cm) großen violetten Blütenköpfen. Bei der sehr schönen Berg-Flockenblume (*C. montana*) sind die vergrößerten Randblüten blau, die Scheibenblüten violett. Die Art ist in den Bergwäldern der Mittelgebirge und in den Alpen ziemlich häufig und wird gern als Zierstaude in den Gärten gehalten. Hinzu kommen noch einige ebenfalls als Zierpflanzen eingeführte Arten:

Die einjährige Amerikanische Flockenblume (*C. americana*) mit bis zu 6 cm breiten, gefüllt wirkenden rosa Blüten. Eine sehr imposante, bis 150 cm hohe und dabei sehr anspruchslose Staude ist die aus dem Kaukasus stammende Großköpfige Flockenblume (*C. ma-*

Die Kornblume und ihre Gartenformen werden von bis zu acht Wildbienenarten als Pollenquelle genutzt.

crocephala) mit bis zu 9 cm großen, goldgelben Blütenköpfen. Ihre starken Stiele sind reich verzweigt und tragen wollige Blätter. Eine andere, häufiger kultivierte Staude ist die in den Gebirgen des Orients beheimatete Schönste Flockenblume (*C. pulcherrima*), deren stark vergrößerte Randblüten zart rosa sind.

Pflege und Vermehrung

Die sehr anspruchslosen Flockenblumen bereiten dem Gartenbesitzer so gut wie keine Arbeit. Einige Arten neigen zum Wuchern und müssen mit dem Spaten oder durch begrenzende Einfassungen in ihre Schranken verwiesen werden. Die einjährigen Arten werden am besten im Frühjahr ausgesät. Die Stauden lassen sich durch Teilung oder ebenfalls durch Samen vermehren. Sommersaaten müssen im Winter durch eine Reisigdecke geschützt werden.

Die bis zu 150 Zentimeter hohe Großkopfige Flockenblume ist eine imposante Staude, die nicht nur Blickfang in jedem Garten, sondern auch sehr anspruchslos ist. Sie erhält ebenso reichlichen Insektenbesuch wie die übrigen Flockenblumenarten.

Die Großkopfige Flockenblume bildet eine beliebte Nektarquelle des Zitronenfalters. Auch die folgenden Korbblütler werden von diesem schon im zeitigen Frühjahr fliegenden Falter häufig bis sehr zahlreich besucht: Huflattich, Große Klette, Kohldistel, Sumpfkratzdistel, Bachkratzdistel, Ackerkratzdistel, Löwenzahn, Wiesenflockenblume.

Die leuchtend blaue Farbe der äußeren Blüten der Kornblume reflektieren ultraviolette Strahlen und locken zahlreiche Bienen und Hummeln an. Die Arbeiterinnen der Steinhummel sammeln in der Kornblume auch Pollen, den sie in kompakten hellgrauen Höschen eintragen. Die Flugzeit der Steinhummeln reicht wie die Blütezeit der Kornblume bis in den September.

An den Wurzeln von Flockenblumen und Skabiosen lebt und überwintert die Raupe des Wicklers Agapeta zoegana. Die Falter fliegen von Mai bis August. Tagsüber verstecken sie sich in der Vegetation. Sie fliegen ab Sonnenuntergang und kommen nachts gelegentlich ans Licht.

Die Wiesenflockenblume zählt zu den wichtigsten Nektarpflanzen des stattlichen Kaisermantels. Gerne rüsselt er auch die winzigen Schweißtröpfchen menschlicher Haut. Vermutlich benötigen die Falter die darin enthaltenen Eiweißbausteine (Aminosäuren) zur Ei- und Spermienproduktion. Die Raupen leben auf verschiedenen Veilchenarten.

Auch für den Kleinen Perlmuttfalter stellt die Wiesenflockenblume eine Nektarquelle von überragender Bedeutung dar. Durch die großen silbrigen Perlmuttmakel auf der Unterseite der Hinterflügel, ist der Falter mit keiner anderen Art zu verwechseln. Auch bestehen zwischen Männchen und Weibchen keine farblichen Unterschiede.

Rainfarn

Von Gifteinsätzen verschonte Bahndämme und Gleisanlagen entfalten vom Frühjahr bis zum Herbst eine ungeahnte Blütenpracht, die sich deutlich vom floristisch meist verarmten Umland abhebt. Besonders eindrucksvoll präsentiert sich das Blütenaufgebot während des Frühsommers, wenn Mauerpfeffer, Nachtkerze, Goldrute, Weidenröschen, Disteln, Steinklee, Habichtskraut, Natternkopf, Gelbe Resede, Löwenzahn sowie viele andere Kräuter und Stauden ihren verschwenderisch bunten Blütenreichtum zeigen. In diesem Blütenreigen stets mitvertreten ist auch der Rainfarn (*Tanacetum vulgare*). Als ausdauernde Staude kann er mit seinen derben, kantigen Stängeln eine Höhe von über einem Meter erreichen. Der deutsche Gattungsname bezieht sich auf die doppelt fiederteiligen Blätter, die ein wenig dem Farnkraut ähneln.

Auf Insektenbesuch eingestellt

Das Blühen des Rainfarns setzt meistens nach einer trockenen Hitzeperiode ein, wenn viele Nachbarpflanzen nicht mehr so farbenfreudig sind. Bei diesem Korbblütler besteht jedes der knopfähnlichen Köpfchen aus mehreren 100 goldgelben Einzelblüten. Die Körbchen setzen sich nur aus Röhrenblüten zusammen und wirken fast etwas unfertig. Die Vereinigung der Körbchen zu einer einzigen gelb leuchtenden Fläche, verschafft der Pflanze gleich zwei Vorteile: Durch Steigerung der Augenfälligkeit werden zahlreiche Insekten schon von weither angelockt. Ferner können die Blütengäste leicht über die ganze Fläche hinschreiten und schon mit den Fußsohlen zahlreiche Blütchen in kürzester Zeit bestäuben. Für die Insekten wiederum verbindet sich damit der Vorteil, dass ihre Sammeltätigkeit rascher und bequemer vor sich geht. Der Nektar ist allen Gästen zugänglich, da die Blütenröhren nur 1 mm tief sind.

Hautflügler, Zweiflügler, Käfer

Für die Honigbienen zählt der Rainfarn zur sog. „Herbstaufbautracht" (Mitte Juli bis Oktober). Er stellt im August einen guten Pollenspender dar; mit leuchtend orangefarbenen Höschen kehren die Bienen heim. (Das getrocknete und geschnittene Kraut eignet sich übrigens gut als Rauchtabak für die Imkerpfeife.) Als Pollenquelle wird der Rainfarn ferner von nahezu einem Dutzend Furchenbienen (*Halictus*, *Lasioglossum*) und drei Sandbienenarten genutzt. Hinzu kommen noch weitere sieben Solitärbienenarten, die sich beim Pollensammeln auf die Familie der Korbblütler spezialisiert haben (Westrich 1990): Die Sandbiene *Andrena denticulata*, die Löcherbiene *Heriades truncorum*, die Mauerbiene *Osmia spinulosa*, die Maskenbiene *Hylaeus nigritus* sowie drei Seidenbienenarten (*Colletes daviesanus, C. fodiens, C. similis*). Die Blutbiene *Sphecodes gibbus* ist nur am Nektar interessiert, da sie selbst keine Brutpflege betreibt, sondern als Kuckucksbiene ihre Nachkommen bei einigen Furchenbienen aufwachsen lässt. Als weitere Nektartrinker finden sich ein: die Grabwespe *Dinetur pictus*, die Kotwespe *Mellinus arvensis* und die Lehmwespe *Odynerus parietum*.

Nur Pollen fressend wurden mehrere Schwebfliegenarten angetroffen: Kleine Keilfleckschwebfliege, Hain-Keilfleckschwebfliege und die auch als Jonannisbeerschwebfliege bekannte Große Schwebfliege. Sehr zahlreich war die Gemeine Keulenschwebfliege vertreten, die Nektar und Pollen gleichermaßen zusprach. Als weiterer Gast aus den Reihen der Zweiflügler ist noch die Graue Fleischfliege anzuführen. Die Ordnung der Schnabelkerfe ist durch die Gemeine Skorbionsfliege vertreten. Zwei Marienkäfer schließen die umfangreiche Gästeliste ab: Der allbekannte Zweipunkt und der Fünfpunkt; beide bereichern ihre Blattlausmahlzeiten gerne mit Rainfarn-Pollen (Müller 1873).

Schmetterlinge

Zwar übertrifft das Pollenangebot des Rainfarns bei weitem sein Nektarangebot, trotzdem finden sich unter den Blütengästen auch

Jedes Körbchen des Rainfarns besteht aus vielen gelben Röhrenblüten.

Die Skorpionsfliege ernährt sich von Nektar und Blattlausausscheidungen.

Der auch als Goldene Acht bekannte Gemeine Heufalter ist ein guter Flieger und taucht als sog. „Binnenwanderer" oft in Gegenden auf, die er sonst nicht bewohnt. Er wurde sogar schon in der Umgebung von Leningrad und in den Alpen in 2000 m Höhe angetroffen.

Der auch als Orangeroter Heufalter bekannte Postillon ist ein typischer Wanderfalter. Er ist vor allem im Mittelmeerraum verbreitet und fliegt in trockenheißen Jahren Ende Mai bis Juni bei uns ein. Dabei kann er bis hoch in den Norden (Schweden, Finnland) vorstoßen.

einige Schmetterlingsarten: Vielfach bis sehr zahlreich beobachtet wurden Kleines Wiesenvögelchen und Kleiner Feuerfalter, für die das Nektarangebot des Rainfarns lokal oder zeitweise große Bedeutung gewinnt. Mehrfach beobachtet wurden ferner Gemeiner Heufalter, Großes Ochsenauge, Brauner Waldvogel und der auch als Bienenfalter bekannte Braune Feuerfalter. Ein Exemplar des im Herbst wegziehenden Admirals wurde von H. Müller noch am 27. September auf der Rainfarnblüte entdeckt. Der Rainfarn zählt zu den Raupenfutterpflanzen des im wärmeren Mittel- und Südeuropa beheimateten Smaragdspanners (*Thetidia smaragdaria*). Dieser wunderschöne Schmetterling fliegt auf sonnigen Steppen und Abhängen, an Waldrändern und auf Lichtungen. Die 2,5–3 cm spannenden Falter bilden im Norden eine Generation im Jahr, im Süden zwei. Die Eier werden im Juli auf Blätter und Stängel gelegt, meist hoch oben auf der Futterpflanze. Die nach 14 Tagen schlüpfenden Raupen fressen nachts und befestigen zur Tarnung Blattstücke an ihrem Körper. Sie sind Ende Mai des folgenden Jahres ausgewachsen. Die Verpuppung erfolgt in einem weitmaschigen Kokon, der mit Blattstücken besetzt und an der Futterpflanze angesponnen ist. Die Falter schlüpfen im Juni.

Gegen Hexerei und Zauberei

Da der in Blüte stehende Rainfarn selbst welk und getrocknet immer seine Farbe behält, wurde er schon in den allerfrühesten Zeiten „das Langdauernde, Unsterbliche" geheißen, was auch der botanische Namen *tanacetum* andeutet. In den alten Kräuterbüchern wurde der Rainfarn „herba immortalis" genannt, da man mit dem Kraut Leichen einrieb, um Würmer fernzuhalten. Darüber hinaus war der Rainfarn wegen seines starken durchdringenden Duftes ein Mittel gegen Hexerei und Zauberei; man beräucherte damit Kinder, um sie vor den „bösen gespenstern des teufels" zu schützen. Als Blitz- und Donnerkraut sollte die Pflanze den Zorn des Himmels beschwichtigen. Im Kräuterwisch, der an Maria Himmelfahrt, am 15. August, geweiht wurde, fand sich daher überall der Rainfarn, obwohl die Zusammenstellung der Büschel beträchtliche Unterschiede aufwies.

Heil- und Würzkraut

Im Mittelalter war der Rainfarn als Heil- und Küchenkraut sehr geschätzt. Hildegard von Bingen preist ihn als Heilmittel gegen „nasenboz" (Katarrh) und zwar in „Cuchen" geba-

cken oder mit Fleisch gegessen. Noch aus einem anderen Grund verwendete man dieses würzig-bittere Kraut bei Speisen: In einer Zeit ohne Kühlschrank oder Gefriertruhe sollte es den abstoßenden Geruch nicht mehr ganz frischer Lebensmittel überdecken. Die getrocknete Wurzel war früher ein sehr gebräuchliches Mittel gegen Darmparasiten, wird aber in der heutigen Volksmedizin nicht mehr gebraucht, da die Pflanze ein ätherisches Öl, das giftige Thujon enthält; 15–30 g wirken bereits tödlich.

Für Gärten wieder entdeckt

Noch im letzten Jahrhundert war der Rainfarn eine beliebte Gartenpflanze, heute ist er aus der Mode gekommen. Nur die Anhänger des Biologischen Gartenbaus haben diesen Korbblütler wieder entdeckt, denn er vertreibt diverses Ungeziefer besser als manches chemische Mittel und schützt darüber hinaus vor Mehltau und Rostbefall. Die hübschen Blüten sind eine besondere Zierde und lassen sich gut für Trockensträuße verwenden. In Wohnräumen vertreiben sie Mücken und Motten. Man kann die Pflanzen in Staudengärtnereien kaufen und dann leicht durch Teilung des Wurzelstockes vermehren.

Greiskraut

Sowohl wissenschaftliche als auch volkstümliche Pflanzennamen enthalten oft bildhafte Vergleiche mit bestimmten Gegenständen oder Tieren. Bekannte Beispiele sind:
– Schlüsselblume, Glockenblume, Nachtkerze, Engelstrompete, Rittersporn, Klappertopf, Eisenhut, Hirtentäschel, Frauenschuh, Frauenmantel, Judassilberling, Papstbrille ...
– Löwenzahn, Fuchsschwanz, Katzenpfötchen, Bocksbart, Geißfuß, Hahnenfuß, Hasenohr, Taubenkropf, Hühnerdarm, Igelkoben, Storchen- und Reiherschnabel ...

Aussehen, Duft, Blühfreudigkeit, Heil- und Zauberkräfte mancher Pflanzen werden auch mit menschlichen Personen in Verbindung gebracht:
– Knabenkraut, Mutterkraut, Hexenkraut, Mannstreu, Mannsschild, Edelmannsblume, Guter Heinrich, Mädesüß, Mäd-chenauge, Schwarzäugige Susanne, Jungfer im Grünen, Fleißiges Lieschen, Nachtfräulein, Prinzessin der Nacht ...

Namensherkunft

Zur letzten Gruppe zählen auch die Greiskraut-Arten. Hatten frühere Botaniker bereits die schneeweißen Flughaare der Korbblütlersamen als „alten Mann" (Pappus) bezeichnet, so nannten sie eine Pflanzenart, die, kaum aufgeblüht, schon graue Haare bekommt, den „Frühgreis" (griechisch Senecio). Bereits Plinius verwendet diesen Pflanzennamen, wahrscheinlich für das Gemeine Greiskraut (*Senecio vulgaris*), vermutlich wegen der schon während der Blühperiode sichtbar werdenden Fruchtstände, vielleicht auch weil nach dem Ausfallen der Früchte der nackte, halbkugelige Blütenboden an einen „Glatzkopf" erinnert. Das Gemeine Greiskraut ist ein Gewächs mit sehr kurzem Lebenszyklus – bei geeigneten Klimabedingungen kann es in einem Jahr bis zu drei Generationen hervorbringen. Das baldige Altern der Einzelpflanze fiel den Menschen der verschiedenen Völker auf, so dass das Greiskraut bei allen einen Namen erhielt, der etwas mit dem Alter zu tun hat. Verballhornt ist später daraus die Bezeichnung „Kreuzkraut" geworden, obwohl die einzelnen Arten weder „Kreuzblüten" noch „über Kreuz gestellte Blätter" haben.

Über 1500 Arten

Die über die ganze Erde verbreitete Gattung *Senecio* ist mit über 1500 Arten eine der größten Gattungen der Familie der Korbblütler, ja der gesamten Bedecktsamer.
In unseren Breiten kommen 25 Arten vor, von denen das bereits erwähnt, unscheinbare Gemeine Greiskraut (*S. vulgaris*) die häufigste ist. Bei diesem Acker- und Gartenunkraut fehlen den kleinen Köpfchen die Strahlenblüten; auch hat es keine eigentliche „Blütezeit" – man kann es ebenso im Januar, Juli oder

Greiskräuter sind weit verbreitete Korbblütler, die von Juni bis Oktober blühen.

Auf Greiskräutern: Die in Gruppen lebenden Raupen des Blutbärs oder Jakobskrautbärs.

In Wäldern und Hochstaudenfluren wächst das bis 150 cm hohe Fuchsgreiskraut.

Die 4–4,5 cm spannende Goldene Acht fliegt in jährlich zwei Generationen auf blütenreichen Hängen und Wiesen.

Der weit verbreitete Zitronenfalter ist als „Ubiquist" in vielen Biotopen anzutreffen. Er entwickelt nur eine Generation im Jahr.

Dezember blühend antreffen. Im Wald, auf Lichtungen und Kahlschlägen findet man oft zwei andere einjährige Arten, das Waldgreiskraut (*S. sylvaticus*) und das Klebrige Greiskraut (*S. viscosus*), die manchmal dichte Bestände bilden. Von den ausdauernden Arten seien zwei häufigere genannt: Das in Gräben und an Waldrändern wachsende, bis 1 m hohe Jakobgreiskraut (*S. jacobaea*) und das in den Wäldern Süddeutschlands besonders häufige, bis 1,5 m hohe Haingreiskraut (*S. nemorensis*). Eine „Allerweltpflanze" ist das an Wegen, Gebüschen und Waldrändern vorkommende Raukenblättrige Greiskraut (*Senecio erucifolius*), das als Doppelgänger dem Jakobsgreiskraut zum Verwechseln ähnlich ist. Etwa 6 Arten bevorzugen feuchte und moorige Standorte. Unter ihnen hat das Moorgreiskraut (*S. paludosus*) die größte Verbreitung. In Deutschland nur stellenweise häufig ist das Wassergreiskraut (*S. aquaticus*).

Blüten von unterschiedlicher Attraktivität

Ein Körbchen des Gemeinen Greiskrautes enthält 60–80 Blütchen, deren Röhrchen sind 3,5–4 mm lang; die Glöckchen, in denen der Nektar emporsteigt, sind nur 1–1,5 mm lang. Der Nektar ist also leicht zugänglich, da den Körbchen jedoch Randblüten völlig fehlen und sie so nur eine kleine gelbe Fläche von

nicht einmal 4 mm Durchmesser darstellen, fallen sie von weitem kaum ins Auge. Entsprechend spärlich ist er Insektenbesuch. Anders beim Jakobs-Greiskraut: 60–80 Blütchen mit 2,5–3 mm langer Röhre und eben so langen Glöckchen sind auch hier zu einer Scheibe von 7–10 mm Durchmesser zusammengedrängt, die jedoch durch die 12–15 strahligen Randblüten etwa bis zum dreifachen Durchmesser vergrößert wird und daher zahlreiche Insekten anlockt.

Falter und Fliegen

Das Nektarangebot des Jakobs-Greiskrautes wird von nahezu zwei Dutzend Falterarten genutzt. Vielfach bis sehr zahlreich wurden Rapsweißling, Kleiner Kohlweißling, Großes Ochsenauge und Brauner Waldvogel beobachtet; für sie erlangt das Jakobs-Greiskraut als Nektarpflanze lokal oder zeitweise große Bedeutung. Mehrfach beobachtet wurden ferner Großer Kohlweißling, Schachbrett, Kleiner Fuchs, Kleiner Heufalter, Gestrichelter und Ockergelber Braundickkopffalter (Ebert 1991).
Nektar saugend und Pollen fressend wurden angetroffen: Keilfleckschwebfliegen (*Eristalis tenax, E. nemorum, E. arbustorum, E. sepulcralis, E. aeneus*); Gemeine Keulenschwebfliege (*Syritta pipiens*), Erzschwebfliegen

(*Cheilosia soror, Ch. praecox*); Waffenfliege (*Odontomyia viridula*), Tanzfliege (*Empis livida*), Goldfliegen (*Lucilia sp.*), Schmeißfliegen (*Pollenia rudis, Onesia floralis, O. sepulcralis*).

Honig- und Wildbienen

Das Jakobs-Greiskraut hält auch für Honigbienen Nektar und Pollen bereit. Den meisten Pollen können die Bienen zwischen 10 und 12 Uhr ernten. Reine Greiskrauthöschen sind jedoch verhältnismäßig selten, meist ist der Pollen in Mischhöschen zusammen mit anderen Frühjahrsblühern vertreten. Blütenstaub sammeln auch mehrere Wildbienen, darunter vier auf Korbblütlerpollen spezialisierte Arten (Westrich 1990): die Seidenbiene *Colletes fodiens*, die Löcherbiene *Heriades truncorum*, die Mauerbiene *Osmia spinulosa* und die Sandbiene *Andrena denticulata*. Hinzu kommen noch mehrere Sandbienen (*Andrena dorsata, A. flavipes, A. fulvicrus*), Furchenbienen (*Lasioglossum malachurum, L. villosulum, L. zonulum*). Nektar saugend wurden von Hermann Müller (1873) auch mehrere Furchenbienen-Männchen angetroffen (*Halictus cylindricus, H. albipes, H. maculatus, H. nitidus*) sowie einige Wespenbienen-Weibchen (*Nomada varia, N. zonata, N. furva, N. ferruginata*).

Sonnenblume

Berühmte Maler wie van Gogh und Braque haben Sonnenblumen gemalt, die Inkas sahen in dieser gewaltigen goldgelben Blume mit den wohlschmeckenden Früchten das Symbol des Sonnengottes. Die Urheimat der auch als Sonnenrose bekannten Sonnenblume ist wahrscheinlich Mexiko. Schon im 16. Jahrhundert wurde sie bei uns eingeführt. Mit ihren mächtigen Blütenscheiben, die wie strahlende Sonnen leuchten, wurde sie eine allgemein beliebte Zierde unserer Gärten. Vergleiche mit der Sonne finden sich auch in anderen Sprachen (engl. sunflower, franz. soleil, ital. girasole), selbst die wissenschaftliche Bezeichnung weist in die gleiche Richtung (griech. helios = Sonne, anthos = Blume). Auch der so genannte „Heliotropismus" der Pflanze hat bei der Namengebung eine Rolle gespielt. Die Blütenköpfe der Sonnenblume kehren sich stets der Richtung des stärksten Lichtes, also der Sonne, zu. Diese Erscheinung wurde gerade bei der Sonnenblume wegen ihrer auffallend großen Blütenköpfe schon frühzeitig erkannt. In England heißt die Sonnenblume daher auch turnsol, in Frankreich tournesol. Diesem „Streben zur Sonne" hat die Sonnenblume vermutlich ihre einstige Beliebtheit als Wappen- und Siegelblume zu verdanken.

Stattliche Blütenkörbe

Die Sonnenblume zählt zur Familie der Korbblütler. Der Blütenstand – er kann einen Durchmesser von 40–50 cm erreichen – ist von mehreren großen, grünen Hüllblättern umgeben und verleihen ihm das Aussehen eines mit Blüten gefüllten Körbchens. Nach der Stellung der Blüten unterscheidet man Scheiben- und Randblüten, nach der Form ihrer Blumenkronen Röhren- und Zungenblüten. Bei den sehr zahlreichen, zwittrigen Scheibenblüten handelt es sich um Röhrenblüten mit fünf Staubfäden, deren Staubbeutel zu einer schwarzbraunen Röhre verwachsen sind. Der Nektar wird von einem kleinen Wulst am Grunde des Griffels ausgeschieden und zwar in so großer Menge, dass oft der ganze untere Teil der Blütenröhre damit ange-

füllt ist. Den randständigen Zungenblüten fehlen die Staubblätter, und vom Stempel ist nur der Fruchtknoten anzutreffen, der sich jedoch nicht weiterentwickelt. Die Blüten sind zwar unfruchtbar, machen den Blütenkorb aber auffälliger und helfen so die Bestäuber der Röhrenblüten anzulocken. Neben einigen Käfern und Schmetterlingen stellen sich vor allem Bienen und Hummeln als regelmäßige und häufige Gäste ein.

Bienenpflanze

Vor allem bei feldmäßigem Anbau bilden Sonnenblumen eine gute Bienenweide. Der Pollen wird über den ganzen Tag angeboten, mit einem Maximum zwischen 9 und 10 Uhr. Gleich danach, von 10 bis 14 Uhr, erreicht die Nektarabsonderung ihren Höhepunkt. Dass Honigbienen wesentliche Bestäubungsdienste leisten, zeigen die folgenden Zahlen: 400 m vom Bienenstand entfernt waren nur 7,3 % der geernteten Samen taub, bei 600 m waren es schon 14,4 %, bei 1070 m 27 % und bei 1600 m sogar 31 %; darüber hinaus wurde eine merklich bessere Entwicklung der Blütenkörbe, ein größeres Kerngewicht sowie ein um 7 % höherer Fettgehalt der Kerne bei intensivem Bienenbeflug festgestellt. Ein hoher Grad von Fremdbestäubung wird vor allem durch das spezifische Sammelverhalten bewirkt, das bei über 80 % der Bienenbesuche beobachtet wurde: „Der größte Teil der Bienen landet am Rand der Scheibenblüten mit den aufnahmebereiten Narben und bewegt sich dann zur Mitte hin, wo Pollen ab-

Neben Honigbienen tragen auch Hummeln wesentlich zur Bestäubung von Sonnenblumen bei.

gegeben wird. Damit verlassen die meisten Bienen die Blüten mit einer frischen Pollenladung, die auf den nächsten Blüten abgestreift werden kann. In der Regel findet der Narbenkontakt der Biene über die Beine und den Hinterleib statt. Im Durchschnitt wird bei einem Blütenbesuch knapp die Hälfte der Blütenfläche (43 %) beschritten, nur etwa 10 % der Bienen machen mehr als 1-mal die Runde" (Maurizio/Schaper 1994).

Ölpflanze

Während die Sonnenblume bei uns früher nur als Zierpflanze der Bauerngärten bekannt war, wurde sie in Russland, Italien und Ungarn schon seit langer Zeit als Ölpflanze kultiviert. Bereits im Jahre 1870 wurden in Russland mehr als 80 000 Doppelzentner Öl im Werte von etwa 4 Millionen Rubel gewonnen. Noch heute liegen die größten Anbaugebiete in den sommerwarmen Gebieten der Sowjetunion nördlich des Schwarzen Meeres. Andere Anbaugebiete finden sich in Südamerika (besonders Argentinien), in Südosteuropa, der Türkei, den USA und neuerdings auch in Südafrika. In den letzten Jahrzehnten hat jedoch der Anbau auch in Mitteleuropa (einschließlich Deutschland) erheblich zugenommen. Bei den unverzweigten Pflanzen, die zur Ölgewinnung angebaut werden, handelt es sich um Sorten der Varietät macrocarpa, deren Blütenköpfe im Durchschnitt 800–1500 Scheibenblüten und damit auch Früchte enthalten. Der Ölgehalt der Samen bewegt sich zwischen 40 und 65 %. Sonnenblumenöl entspricht in seiner Qualität dem Olivenöl. Es ist leicht trocknend, lange haltbar und wird als Speiseöl sowie zur Margarine- und Seifenherstellung verwendet. Und wenn sich die Hoffnungen der Fachleute bestätigen, werden bald die Rohstoffe für Autokarosserien nicht mehr aus Erzgruben und Ölquellen, sondern von „heimischen Ölfeldern" stammen.

Futterpflanze

Die Sonnenblume hat auch als Grünfutterpflanze größere Bedeutung erlangt. Laub und Stängel enthalten bis zu 17 % Eiweiß. Die frischen, jungen Blätter geben ein geschätztes Viehfutter für Rinder, Schweine, Ziegen und Kaninchen. Zerstampfte und dem Weichfutter

Das spätsommerliche Nektarangebot wird auch vom hübschen Admiral genutzt.

beigemischte Sonnenblumenkerne fördern das Eierlegen bei Hühnern, bringen sie gut über die Mauser hinweg. Auch sollen sie dem Gefieder einen schönen intensiven Glanz verleihen. Ausschließliche Verfütterung kann bei Hühnern allerdings eine Entartung der Eierstöcke verursachen. Sonnenblumenkerne finden auch als Futter für Stubenvögel (bes. Papageien) häufige Verwendung. Große Mengen an Sonnenblumenkernen werden alljährlich zur Winterfütterung der Vögel eingesetzt. Besonders für Grünlinge, Kleiber, Kohl-, Blau-, Tannen- und Sumpfmeisen stellen die oft in Fettmischungen gebotenen Sonnenblumenkerne wahre Leckerbissen dar. Gerade die temperamentvollen und stets hungrigen Meisen können nicht länger als 24 Stunden ohne Nahrung auskommen.

Nahe verwandt: Topinambur

Ein weiterer aus Nordamerika zu uns gekommener Korbblütler ist die auch als Erdbirne bekannte Topinambur (*H. tuberosus*). Die Pflanze wird ebenfalls bis 3 m hoch, trägt aber stets mehrere, nur 4–6 cm breite Köpfchen. An den Enden der unterirdischen Ausläufer bildet sie kartoffelähnliche Knollen. Noch vor der Verbreitung der Kartoffel wurde die Erdbirne bei uns feldmäßig angebaut. Die Knollen enthalten nicht Stärke, sondern Inulin und eignen sich als Diät bei leichten Fällen von Diabetes. Kraut und Knollen dienen auch als Futtermittel. In Frankreich erfolgt der Anbau noch in größerem Umfang; hier werden die Knollen in erster Linie zur Alkoholgewinnung („Schnapskartoffel") verwendet.

Wegwarte

Die weltweit verbreiteten Korbblütler bilden mit bis zu 19 000 Arten die größte Familie der Blütenpflanzen. In unserer Flora kommen davon nur 300 Arten vor. Gemeinsames Kennzeichen dieser riesigen Familie sind die zahlreichen, in flachen Körbchen zusammengefassten kleinen Blüten, die oft wie eine Einzelblüte aussehen, da auch die Hüllblätter der Körbchen kelchartig erscheinen. Nach dem Bau der Blütenköpfchen lassen sich drei Korbblütler-Gruppen unterscheiden. <u>Strahlenblütige</u>: Die röhrenförmigen Scheibenblüten sind von einem Kranz zungenförmiger Rand- oder Strahlenblüten umgeben (z. B. Gänseblümchen, Sonnenblume, Ringelblume, Astern ...). <u>Röhrenblütige</u>: Die Köpfchen enthalten nur Röhrenblüten (z. B. Kornblume, Wiesenflockenblume, Echte Disteln, Kratzdisteln ...). <u>Zungenblütige</u>: Die Köpfchen bestehen nur aus Zungenblüten (z. B. Löwenzahn, Wiesenbocksbart, Gemeines Habichtskraut, Acker-Gänsedistel ...). Zu dieser Gruppe zählt auch die an Weg- und Straßenrändern, auf Rainen, Brachland und Böschungen wachsende Wegwarte. Mit ihrer langen Pfahlwurzel, dem sparrig verzweigten, rauhaarigen Stängel und den mehr oder weniger tief eingeschnittenen Blättern ist sie ihrem trockenen Standort bestens angepasst.

Honig- und Wildbienen

Die hellblauen, selten rötlichen oder weißen Zungenblüten sind in zwei Kreisen angeordnet und nur vom Morgen bis gegen elf Uhr geöffnet. Für die Honigbiene zählt die Wegwarte in erster Linie zu jenen Pollenspendern, die – wie Disteln, Habichtskräuter, Flockenblumen, Goldrute oder Sonnblumenarten – auch noch im Herbst blühen und daher wichtig für die Heranbildung von Wintervölkern sind. Ebenfalls als Pollenquelle wird die Wegwarte noch von drei Dutzend Wildbienenarten genutzt (Westrich 1990): Zwei Drittel davon sind Furchenbienen (*Halictus, Lasioglossum*). Zwei Sandbienenarten (*Andrena denticulata, A. polita*), drei Mauerbienenarten (*Osmia leaiana, O. spinulosa, O. villosa*) und drei Zottelbienenarten (*Panurgus banksianus, P. calcaratus, P. dentipes*) haben sich beim Pollensammeln sogar auf die Familie der Korbblütler spezialisiert. Zu dieser Gruppe zählt auch die Raufüßige Hosenbiene (*Dasypoda hirtipes*). Sie besitzt an den Hinterbeinen eine außerordentliche lange Sammelbürste, wie sie in dieser Form bei keiner anderen Biene vorkommt. Die darin transportierte Pollenmenge kann bis zur Hälfte des Eigengewichtes der Hosenbiene betragen. Die Löcherbiene *Heriades truncorum* sammelt ebenfalls ausschließlich an Korbblütlern Nektar und Pollen. Diese recht häufige Solitärbiene brütet regelmäßig auch in künstlichen Nisthilfen. Die Scheidewände der linear angeordneten Brutzellen und der Nestverschluss werden aus Harz hergestellt.

Falter und Schwebfliegen

Schmetterlinge suchen die Wegwarte ausschließlich als Nektarquelle auf. Für die Mehrzahl der Besucher liegen allerdings nur Einzelbeobachtungen vor: Kleiner Kohlweißling, Rapsweißling, Goldene Acht, Kleiner Fuchs, Brauner Waldvogel und Mauerfuchs. Mehrfach beobachtet wurde lediglich das von Juni bis August fliegende und überall häufige Ochsenauge. Zu den mit Abstand häufigsten Gästen der Wegwarte zählen zwei Schwebfliegenarten: Die Gemeine Winterschwebfliege (*Episyrphus balteatus*) und die Mistbiene (*Ersitalis tenax*). Durch ihre unablässige, ja rasante Flugaktivität haben

Die auch als Hain-Schwebfliege oder Gegürtete Schwebfliege bekannte Gemeine Winterschwebfliege ist nahezu auf allen Blüten anzutreffen. Ihre Larven sind überaus nützliche Blattlausvertilger.

Hin und wieder finden sich auch einige Dickkopffalter ein. Ihr Flug ist schnell und schwirrend, sodass diese Faltergruppe eigentlich den Kleinschmetterlingen näher steht als den echten Tagfaltern.

Die Löcherbiene Heriades truncorum sammelt ausschließlich an Korbblütlern Pollen und Nektar. Für die Verproviantierung einer Brutzelle sind durchschnittlich 34 Sammelflüge notwendig.

Der Blütenstaub der Wegwarte wird auch von der Furchenbiene Halictus rubicundus als Larvenproviant gesammelt. Diese Art nistet in Dämmen und Magerwiesen, Sand-, Kies- und Lehmgruben.

Schwebfliegen einen sehr hohen Energiebedarf, den sie nur mit energiereichem Nektar decken. Daneben werden auch Pollenkörner verzehrt, vor allem von den Weibchen, die das darin enthaltene Protein für die Eiproduktion benötigen. Die sehr gefräßigen Larven der Gemeinen Winterschwebfliege ernähren sich dagegen von Blattläusen und zählen mit zu unseren wichtigsten Verbündeten in der Biologischen Schädlingsabwehr. Die mit einem Atemschnorchel versehenen Larven der Mistbiene („Rattenschwanzlarven") leben in fauligem Wasser, sie ernähren sich von Schlammteilchen und Algen und tragen so zur biologischen Klärung unserer Gewässer bei.

Winterschwebfliegen als „Zugvögel"

Selbst unter Insektenfreunden ist kaum bekannt, dass ein Teil der Winterschwebfliegen im Spätsommer nach Südeuropa, ja bis nach Nordafrika wandert, um sich dort zu vermehren. Bei Windstille legen sie etwa 24–28 km pro Stunde zurück. Die Pässe und Täler der Alpen bewirken dabei eine stake Konzentration der Tiere. So konnten Wissenschaftler am Krinnenpass in den Schweizer Alpen an einem Augusttag bis zu 10 000 Schwebfliegen pro Stunde zählen. Auf dem ebenfalls in

der Schweiz gelegenen Bretoletpass wurden in einem Zeitraum von 11 Jahren rund 30 Schwebfliegenarten in über 2 Millionen Exemplaren gefangen – die Winterschwebfliege war darunter mit bis zu 50 % am häufigsten vertreten. Auch von den in der Forschungsstation Randacker Maar mit einer Insektenreuse gefangenen (und danach wieder freigelassenen) 90 000 Schwebfliegen stellte die Winterschwebfliege mit 29 546 Exemplaren die mit Abstand häufigste Art bei der „Passkontrolle" dar. Großräumige Wanderungen unternehmen vor allem jene Arten, die sich – wie die Gemeine Winterschwebfliege – in mehreren Generationen pro Jahr fortpflanzen. Deren spätere Generationen weichen den bei uns ungünstigen Bedingungen nach Süden aus, um die Zeit der Winterruhe zu verkürzen. Ihre Nachkommen kehren im Frühjahr wieder in unsere Breiten zurück, wo schon Winterlinge, Huflattich, Kornelkirsche und Salweide blühen und die Blattlausvermehrung bis zum Frühsommer einen Höhepunkt erreicht.

Symbol- und Zauberpflanze

Die Namen Wegwarte, Wegleuchte oder Verzauberte Jungfrau erinnern an das alte deutsche Blumenmärchen, die Pflanze sei früher

ein Mädchen gewesen, das auf ihren Geliebten wartete, der sie verlassen hatte, und nun am Weg mit ihren blauen Augen nach allen Himmelsrichtungen blickt, um ihn zu erspähen. Die stets der Sonne zugewandte Wegwarte wurde so zum Symbol treuer Liebe, die sich durch nichts vom rechten Weg ablenken lässt. Wahre Wunder traute man der Wurzel der Verzauberten Jungfrau zu, wenn sie an Jakobi (25. Juli) mit einem Hirschgeweih oder Geldstück ausgegraben wurde: Wer sie bei sich trug, verfehlte beim Schießen niemals sein Ziel und war fortan vor Kugeln, Hieben und Stichen sicher. Ja selbst wenn man im Schlafe mit Stricken gebunden wurde, fielen sie beim Erwachen sofort ab. Auch verhalf die Wurzel dem glücklichen Besitzer zu Schönheit und Liebe. Älter als sieben Jahre wurde die Wurzel jedoch nie, denn nun verwandelte sie sich – man höre und staune – in einen Vogel!

Heil- und Kaffeepflanze

Schon Plinius rühmte die Wegwarte als wertvolle Heil- und Speisepflanze. Die getrockneten und zerkleinerten Wurzeln, Blätter und Blüten besitzen als Tee zubereitet eine blutreinigende, verdauungsfördernde, harn-, galle- und schweißtreibende Wirkung. Die

Wurzeln werden im Frühjahr oder Herbst ausgegraben, die Blätter und Blüten im August und September gesammelt. Hierzu sollten wilde Pflanzen verwendet werden, da kultivierte angeblich nicht die gewünschte Wirkung haben. – Die geröstete Wurzel einer angebauten Kulturform der Wegwarte (*Cichorium intybus var. sativum*) diente lange Zeit – auch noch während der beiden Weltkriege – als Kaffeesurrogat. Die ersten „Cichorienfabriken" entstanden im Jahre 1763 und 1882 waren es in Deutschland bereits 130. Geerntet wurden damals 200 Millionen kg frischer Zichorienwurzeln; der Verbrauch betrug 1,65 kg je Kopf. Der „Alte Fritz" hat den Zichorienanbau sehr gefördert. Die nervenanregende Wirkung des Bohnenkaffees besitzt der „Blümchenkaffee" oder „Muckefuck" nicht, trotzdem war er einmal sehr beliebt und ist es bei den Gesundheitsbewussten unserer Tage wieder.

Ein Platz im Garten

Die leuchtend blauen Blüten der Wegwarte sind eine Zierde für jeden Garten. Sie wächst auf jedem Boden, auch auf sehr leichtem, wo andere Pflanzen nicht gedeihen. Ideal ist ein trockener Standort mit viel Morgensonne. Da die Wegwarte ziemlich hoch wird, kommt sie als Hintergrundpflanze eines Beetes, vor einer Mauer oder einem Zaun sehr gut zur Geltung. Besonders dekorativ wirkt sie in Verbindung mit Schafgarbe, Mohn und Königskerze. Die Wegwarte ist eine widerstandsfähige, ausdauernde Pflanze, die sich leicht aussäen lässt. Die Samen werden im Frühjahr oder Spätsommer dünn an vorgesehener Stelle ausgesät und mit wenig Erde bedeckt. Die Sämlinge müssen später auf mindestens 30 cm Abstand verzogen werden.

Oben: Bei etwa sieben Tarnsportflügen bringt eine Hosenbiene nahezu 300 mg Pollen herbei – genug für die Aufzucht einer Larve.

Unten: Das Weibchen gräbt bevorzugt im Sand oder Lockerlöß bis in etwa 50 cm Tiefe einen Gang, der unten traubenartig in mehrere Brutzellen aufgefächert ist.

Doldenblütler

Im Sommer präsentiert sich so manche gut gedüngte Mähwiese ganz weiß von den schirmförmigen Blütenständen des Wiesenkerbels. Aber auch auf anderen Standorten dominieren in der zweiten Sommerhälfte oft ausgesprochen stattliche Doldenblütler, so der Bärenklau in Wiesen und feuchten Wäldern; Pastinak, Hundspetersilie, Wilde Möhre und Sichelmöhre an Bahndämmen, Böschungen, Acker- und Straßenrändern; der Kälberkropf an Gebüschen, Hecken und auf Schuttplätzen; Wasserschierling, Pferdekümmel, Engel- oder Brustwurz an sumpfigen Stellen und Gräben und nicht zuletzt der in Gärten so unbeliebte Giersch oder Geißfuß in Au- und Schluchtwäldern, feuchten Laub- und Mischwäldern. Insgesamt sind mehr als 2000 Doldenblütlerarten in den gemäßigten Gebieten der nördlichen Erdhälfte als Steppen-, Sumpf-, Wiesen- und Waldpflanzen verbreitet, über 100 Arten davon sind bei uns heimisch.

Viele Gewürz- und Heilkräuter

Der Nutzen dieser Familie für den Menschen ist vor allem in einer beachtlichen Zahl von Gewürzpflanzen zu sehen, die sich durch ihren hohen Gehalt an ätherischen Ölen auszeichnen und einen kräftigen, würzigen Geruch besitzen: Petersilie, Dill, Kümmel, Anis, Fenchel, Liebstöckel, Koriander und Sellerie. Als bekannte Heilkräuter seien genannt: Engel- oder Brustwurz, Mutterwurz, Augenwurz, Bärwurz, Heilwurz, Pimpinelle, Wasserfenchel u. a. Auch eine sehr giftige Art findet sich in dieser Pflanzenfamilie: Der an den rötlichen Flecken am Stängel erkennbare Schierling. Die Pflanze enthält in allen Teilen, besonders aber in den reifen Früchten das stark giftige Alkaloid Coniin. Aus solchen unreifen Früchten stellten die Griechen im Altertum einen Gifttrank her, den zum Tode verurteilte Staatsfeinde trinken mussten. Auch der Philosoph Sokrates starb durch den „Schierlingsbecher".

Treffpunkt zahlreicher Blütengäste

Die fast immer weißen, seltener gelben Einzelblüten der Doldengewächse sind sehr klein und würden allein stehend wohl kaum die Aufmerksamkeit der Insekten erregen. Da sie aber zu großen Blütenschirmen (*Umbellifera* von umbella = Sonnenschirm und fero = ich trage) vereinigt sind, machen sie sich weithin bemerkbar. Diese Auffälligkeit wird noch dadurch erhöht, dass die Blüten am Rande der Dolde und besonders deren äußere Blütenblätter stark vergrößert sind. Einen solchen Blütenstand nennt man „strahlend". Durch eingehende Untersuchungen konnte bereits Hermann Müller (1873) überzeugend nachweisen, dass mit der Größe und Augenfälligkeit der Blütenschirme auch die Zahl und Artenvielfalt der Blütengäste (in Klammern) steigt: Bärenklau (118), Giersch (104), Waldkerbel (73), Möhre (61), Kümmel (55), Heckenkälberkopf (23), Kleine Bibernelle (23), Hundskerbel (9). Auf den weißen Blütenteppichen, die den Nektar in kleinen, leicht zugänglichen Schälchen darbieten, findet sich daher so ziemlich alles ein, was gerne Süßigkeiten nascht: Weich-, Blatt-, Glanz-, Stachel-, Rüssel-, Marien- und Bockkäfer, Raub-, Waffen-, Aas- und Schwebfliegen, Hummelschweber, Bremsen, Schnaken, Blütenwanzen, mehrere Tag- und Nachtfalter, Ameisen sowie zahlreiche Blatt-, Schlupf-, Gold-, Weg-, Grab- und Faltenwespen, Wild- und Honigbienen.

Nektar und Pollen für Wild- und Honigbienen

Doldengewächse spielen eine wichtige Rolle im Leben zahlreicher Wildbienenarten. Als Nektar- und Pollenquelle werden sie von mehreren Sandbienen (*Andrena*), Furchenbienen (*Halictus*) und Maskenbienen (*Prosopis*) aufgesucht. Vier Sandbienenarten verproviantieren ihre Brutzellen nur mit dem

Johannisbeer-Schwebfliegen besuchen gerne gelbe Pastinakblüten.

Die Hummel-Waldschwebfliege imitiert eine wehrhafte Steinhummel.

Wie die übrige Wespenverwandtschaft verbringen auch Pflanzenwespen die meiste Zeit auf Blüten. Besonders häufig sind sie auf Doldenblütlern anzutreffen, wo sie Pollen und Nektar aufnehmen.

Die Rote Wespe aus der Familie der Sozialen Faltenwespen bildet nur kleine Volkseinheiten mit 100–200 Tieren. Sie sind ausschließlich am leicht zugänglichen Nektar der Doldenblütler interessiert.

Blütenstaub dieser Pflanzenfamilie. Drei Wespenbienenarten (*Nomada*) und zwei Blutbienenarten (*Sphecodes*) sind dagegen ausschließlich am Nektar interessiert, da sie als Brutschmarotzer ihre Eier „ins gemachte Nest" anderer Solitärbienen schmuggeln. Obwohl Doldengewächse nicht zum Gestalttyp der „Bienenblumen" zählen, werden sie dennoch von Honigbienen fleißig besucht. Eine besondere Anziehungskraft scheinen Möhrenfelder auszuüben, da sie Bienen sogar von gleichzeitig blühenden Rotkleekulturen abzulenken vermögen. Nektar von Möhre, Wiesenkerbel, Bärenklau und Pastinak ist an vielen Frühjahrs- und Sommerhonigen beteiligt. Bärenklau- und Wiesenkerbelpollen werden von den Bienen in kleinen weißlich-grauen bis grünlich-gelben Höschen eingetragen. Rund 70 % der Höschen aus der Bärenklautracht werden vor 10 Uhr morgens in die Stöcke getragen. Obwohl manche wirtschaftlich genutzte Doldenblütler, wie Petersilie, Sellerie, Kümmel oder Anis fast ausschließlich von Wildinsekten bestäubt werden, wird zum Samenanbau dennoch zusätzlicher Bienenbeflug, bei Petersilie etwa zwei Völker pro Hektar, empfohlen (Maurizio/Schaper, 1994).

Ein von Bienen sehr gerne besuchter Doldenblütler ist der von Juli bis September auf trockenen Rasen blühende Feldmannstreu (*Eryngium campestre*). Er sieht wegen der stacheligen Blätter auf den ersten Blick einer Distel ähnlich und wird daher auch Bachdistel genannt.

Über zwei Dutzend Schwebfliegenarten

Mit ihrem offen dargebotenen und damit auch kurzrüsseligen Insekten zugänglichen Nektar gehören die Doldengewächse zu den typischen „Fliegenblumen". Die sicher umfassendste Auflistung aller sich einstellenden Gäste aus der so artenreichen Familie der Schwebfliegen hat K. Korman (1988) vorgenommen: 12 Arten wurden auf den Blüten der Wilden Möhre gezählt, 18 auf der Waldengelwurz, 20 auf dem Giersch, 25 auf dem Wiesenbärenklau und 27 auf dem Pastinak. Die höchste Besucherzahl wurde für den Wiesenbärenklau ermittelt, auf dessen Blütenschirmen bis zu 25 Schwebfliegen angetroffen wurden. Vier Fünftel davon entfielen auf die Gemeine Winterschwebfliege. Sie gehört zu jenen Arten, die sich in mehreren Generationen pro Jahr fortpflanzen, Die späteren Generationen versuchen der kalten Jahreszeit durch gerichtete Flüge nach Süden auszuweichen. Ihre Nachkommen kehren im nächsten Jahr nach Norden zurück, wo im Frühjahr schon viele Blumen blühen und die für die Schwebfliegen-Larven wichtige Blattlausvermehrung bis zum Frühsommer einen Höhepunkt erreicht. Das Ausmaß der Wanderungen ist allerdings von Jahr zu Jahr starken Schwankungen unterworfen und wird wesentlich von den Witterungsverhältnissen und der jeweiligen Populationsdichte mitbestimmt. Für die gemeine Winterschwebfliege ließ sich im Jahr 1992 eine geradezu explosionsartige Vermehrung verzeichnen: Schon auf den wenigen Blütenschirmen einer Pastinakstaude konnten vom Verfasser über drei Dutzend Tiere gezählt werden. Angelockt durch blühende Kirschlorbeerbäumchen belagerten Ende Juli ganze Scharen dieser zierlichen Fliegen den eigenen Wintergarten. Eine ebenso stattliche Ansammlung von weit über 100 Winterschwebfliegen wurde in der Pausenhalle einer Schule entdeckt. In beiden Fällen konnten die Tiere durch behutsames Freisetzen ihren Südflug wieder unverzüglich aufnehmen.

Reiche Pollenkost für Käfer

Zum Gestalttyp der Scheiben- oder Schalenblumen gehörend, üben die Doldengewächse auch eine große Anziehungskraft auf blütenbesuchende Käfer aus, die sich mit ihren

Der auch als Bienenwolf bekannte Immenkäfer ist der häufigste von vier in Mitteleuropa vorkommenden Arten der Gattung. Man findet den wärmeliebenden Käfer im Mai und Juni auf Blüten. Die Larven entwickeln sich in den Nestern von Wild- und Honigbienen. Die Zusammenhänge sind bisher allerdings noch nicht zufriedenstellend erklärt. Angaben über die Schädlichkeit des Käfers unter mitteleuropäischen Bedingungen entsprechen nicht den Tatsachen.

Dem hübsch gezeichneten Pinselkäfer kann man von Juni bis August auf Wiesen in Waldnähe und in Laubwäldern begegnen. Gerne lässt er sich auf Doldenblütlern, Kratzdisteln, Margeriten, Knautien, Brombeerblüten und Rosen nieder, um Pollen und zarte Blütenteile zu verzehren. Hier findet auch die Paarung statt. Die jungen Larven leben im Mulm verschiedener Laubhölzer (Birke, Buche, Erle) und benötigen mindestens zwei Jahre, ehe sie sich verpuppen.

Der Gefleckte Schmalbock zählt zu den häufigsten Arten seiner Familie. Von Mai bis August findet man ihn auf Blüten, speziell auf Doldengewächsen. Die Schwarzfleckung auf den gelben Flügeldecken ist sehr variabel. Die Fühler können völlig schwarz, die Beine zum größten Teil gelb sein. Die Larven leben im feuchten, faulen Holz verschiedener Laubbäume und Sträucher (Eiche, Buche, Pappel, Birke, Ulme, Hainbuche, Hasel, Weißdorn) seltener im Nadelholz.

Der unverwechselbare, metallisch-goldgrüne Moschusbock ist auf vielen Blüten anzutreffen, scheint aber Doldenblütler besonders zu schätzen. Die Käfer besitzen einen durchdringenden Moschusgeruch. Die Fühler des Männchens überragen die Körperlänge, die des Weibchens sind kürzer. Die Larven entwickeln sich meist in alten Weiden. Die Art ist stellenweise auch heute noch nicht selten, jedoch mit dem Schwinden alter Weiden im Rückgang begriffen.

beißend-kauenden Mundwerkzeugen vor allem für den Pollen interessieren. Bei mehreren, ausschließlich von Blütennahrung lebenden Arten haben sich an den Kieferladen längere, dichte Haarbüschel entwickelt, die nicht nur ein Aufschaufeln des Pollens, sondern auch ein kapillares Aufnehmen des Nektars ermöglichen. Für Waldkerbel, Wiesenbärenklau und Giersch hat H. Müller (1872) jeweils 20 Käferarten als Blütengäste festgestellt. Hier eine kleine Auswahl der Gästeliste des sehr häufigen, auch in Gärten vorkommenden Giersch, im Volksmund auch Geißfuß oder Zipperleinskraut genannt: Gartenlaubkäfer (*Phyllopertha horticola*), Gold-Rosenkäfer (*Cetonia aurata*), Gebänderter Pinselkäfer (*Trichius fasciatus*), Zweifleckiger Warzenkäfer (*Malachius bipustulatus*), Gelbfüßiger Haarkäfer (*Dasyies flavipes*), Immenkäfer (*Trichodes apiarius*), Rotstirniger Stachelkäfer (*Anaspis frontalis*), Achtfleckenbock (*Pachyta octomaculata*), Bleicher Blütenbock (*Vadona livida*), Rothörniger Blütenbock (*Grammoptera ruficornis*).

Bei ihren ausgiebigen Pollenmahlzeiten leisten die Käfer zugleich wertvolle Bestäubungsdienste. Da alle Blüten in einer Ebene liegen, können die Gäste leicht von einer zur anderen schreiten. Hierbei streifen sie ungewollt die Staubbeutel und Narben. Selbstbestäubung ist dabei jedoch von vorneherein ausgeschlossen: Die einzelnen Blüten einer Dolde sind zunächst männlich; ihre fünf Staubblätter spreizen radiär auseinander und bieten den Pollen nach oben hin dar. Die Besucher werden beim Umherschreiten auf der ganzen Körperunterseite mit Pollen eingepudert. Später gehen die Schirmblüten in den weiblichen Zustand über. Die Staubblätter werden abgeworfen und aus dem Griffelpolster jeder Blüte entwickeln sich zwei Griffel, die jeweils in eine kugelige Narbe auslaufen. Sie werden von Insekten, die aus einer jüngeren, männlichen Blütendolde kommen, bestäubt.

Häufigster Faltergast: Das Landkärtchen

Obwohl von ihrem Blütenbau her so gar nicht auf langrüsselige Schmetterlinge eingestellt, erhalten einige Doldenblütler doch erstaunlich regen Falterbesuch. So wurden auf Wiesenkerbel, Wiesenbärenklau und Waldengelwurz gleich mehrere bekannte Falterarten häufig bis sehr zahlreich beobachtet: Segelfalter, Kaisermantel, Brauner Waldvogel und Landkärtchen. Die Waldengelwurz stellt für das zuletzt genannte Landkärtchen sogar eine Nektarpflanze von überragender Bedeutung dar, der an vielen Stellen zumindest zeitweise eine Schlüsselrolle als Nektarquelle zukommt. Das Landkärtchen verdankt seinen Namen der kontrast- und strukturreichen Farbmusterung der Flügelunterseite, die den Betrachter unwillkürlich an eine geografische Karte erinnert. Dieser kleinste europäische Zackenfalter fliegt in zwei ganz verschieden aussehenden Generationen: Die Frühjahrsfalter besitzen eine helle gelbrötliche Grundfärbung mit zahlreichen schwarzen Flecken; die im Sommer fliegenden, meist etwas größeren Falter sind fast schwarz mit weißen Streifen auf den Flügeln. Beide Formen wurden selbst von dem großen schwedischen Forscher Linné für zwei verschiedene Arten gehalten. Erst um 1888 wurden sie als zwei Generatio-

Au- und Mischwälder, Hochstaudenfluren und Gebüsche bilden den Lebensraum der recht seltenen Großen Sterndolde.

nen ein- und derselben Art erkannt. Man bezeichnet diese Erscheinung jahreszeitlich verschiedener Färbungstypen als „Saison-Dimorphismus". Die Frühjahrsfalter fliegen von Ende April bis Juni, die Sommerfalter von Mitte Juli bis August.

Nahrung für Falterraupen

Die Blätter und teilweise auch Blüten der Doldenblütler dienen mehreren Schmetterlingsarten als Raupenfutterpflanze. Ganz obenan steht der Schwalbenschwanz, dessen Raupe nicht nur auf der Wilden Möhre, sondern auch auf Gartenmöhre, Fenchel, Dill, Kümmel und Petersilie ihr Auskommen findet. Für diesen prächtigen Falter sind Gärten mittlerweile zu einem wichtigen Refugium geworden: Pflanzen aus stark gedüngten Wiesen wirken auf Schwalbenschwanzraupen offensichtlich toxisch. In einem von Wissenschaftlern durchgeführten Zuchtversuch gingen sämtliche Raupen, denen Futter aus einer Wiese mit intensiver Viehwirtschaft gegeben wurde innerhalb weniger Stunden ein. Viele Raupen gehen auch durch die zu frühe Wiesenmahd zugrunde oder werden durch Spritzungen (z. B. gegen die Möhrenfliege) auf Ackerkulturen zerstört. Dieses Problem entfällt bei den Karottenbeeten im Garten, zudem findet hier der Falter seine Futterpflanze gleich in größerer Menge vor. Pflanzenschäden oder gar Kahlfraß sind dabei nicht zu befürchten, da die Eier stets einzeln abgelegt werden und die schlüpfenden Raupen nur in wenigen Exemplaren auftreten.

Als weitere Falter, deren Raupen ausschließlich auf Doldenblütlern vorkommen, seien genannt: Bärenklau-Blütenspanner (*Eupithecia trisignaria*), Bibernellen-Blütenspanner (*E. pimpinellata*), Brustwurz-Blütenspanner (*E. extraversaria*), Berghaarstrang-Blütenspanner (*E. selinata*), Amethysteule (*Telesilla amethystina*), Hellbraune Schilfrohreule (*Sideridis evidens*), Graugelbe Rauhaar-Eule (*Dasypolia templi*). Hinzu kommt noch eine Gruppe von Faltern, deren Raupen auf Doldenblütlern, darüber hinaus aber auch noch auf vielen anderen krautigen Pflanzen vorkommen: Mondfleckiger Blütenspanner (*E. centaureata*), Saateule (*Agrotis segetum*), Violettschwarze Erdeule (*Euxoa nigricans*).

Die Raupen des Schwalbenschwanzes leben auf verschiedenen Doldenblütlern. Zur Eiablage suchen die Falter auch Gärten auf, wo sie ihre Eier einzeln an Möhre, Dill, Kümmel oder Fenchel ablegen.

Die Raupen schlüpfen nach etwa einer Woche und sind nach etwa einem Monat erwachsen. Die überwinternde Gürtelpuppe entlässt im Frühjahr den Falter, der im offenen Gelände weit umherstreicht.

Das Landkärtchen verdankt seinen Namen der Zeichnung der Flügelunterseite, die an eine geografische Karte erinnert.

Das Landkärtchen fliegt in zwei verschiedenfarbigen Generationen. Die Falter besuchen gerne die Blüten der Waldengelwurz.

Die Puppen der Sommergeneration überwintern. Diese Überwinterung wird durch die kürzere Tageslänge im Herbst ausgelöst.

Johanniskraut

Um den 24. Juni herum, dem Johannistag, öffnen sich die strahlend gelben Blüten des Echten Johanniskrautes (*Hypericum perforatum*). Es ist die bekannteste von etwa 12 mitteleuropäischen Arten. Die Gattung ist meist kenntlich an den Öldrüsen in den Laubblättern, welche das Blatt im Gegenlicht punktiert, „durchlöchert" erscheinen lassen. Darauf bezieht sich auch der lateinische Artname des Echten Johanniskrautes (*perforatus* = durchbohrt). Der Gattungsname *Hypericon* leitet sich vom griechischen *hypo* = unter und *ereike* = Heide (also auf der Heide wachsend) ab. Auf den trockenen Standort verweist auch die volkstümliche Bezeichnung „Tüpfel-Hartheu". Die bis zu 60 cm hohe, sparrige Pflanze besitzt harte, saftlose Stängel und kleine Blätter, die wenig brauchbares Heu liefern. Man begegnet dem Echten Johanniskraut daher vorwiegend auf trockenen, sonnigen Standorten, auf Bahn- und Straßendämmen, Öd- und Brachland, mageren Wiesen, Halbtrockenrasen, an Weg-, Acker- und Waldrändern, von der Ebene bis ins Mittelgebirge und auf nicht zu hoch gelegenen alpinen Matten.

Pollenblume für Bienen, Hummeln und Schwebfliegen

Die relativ großen, goldgelben Blüten des Johanniskrautes stehen in reichblütigen Trugdolden. Sowohl die Größe der Blüten, wie das gesellschaftliche Wachstum der Pflanze zieht schon von weitem die Aufmerksamkeit nektar- und pollensuchender Insekten auf sich. Sie finden in den Blüten jedoch keinen Nektar, dafür aber massenhaft Blütenstaub vor. Die Pollendarbietung fällt auf den Vormittag (6–12 Uhr), mit einer Bestzeit frühmorgens (6 Uhr). Der reichlich gebotene Blütenstaub wird von Honigbienen, Erd- und Ackerhummeln in orangefarbenen Höschen gesammelt. Mit dem Pollen verproviantieren ferner mehrere Wildbienenarten ihre Brutzellen (Westrich 1990): Zwei Mauerbienenarten (*Osmia*), fünf Sandbienenarten (*Andrena*), sieben Furchenbienenarten (*Halictus, Lasioglossum*) sowie die Pelzbiene *Anthophora bimaculata* und die Blattschneiderbiene

Megachile centuncularis. Als Pollen verzehrende Gäste wurde noch ein ganzes Dutzend Schwebfliegenarten beobachtet, darunter mehrere sehr häufige und bekannte Arten: Mistbiene, Kleine Keilfleckschwebfliege, Gemeine Winterschwebfliege, Große Schwebfliege, Gemeine Sumpfschwebfliege und Gemeine Strichschwebfliege. Abschließend sei noch der Seidige Fallkäfer genannt, der sich nicht nur mit dem Pollen begnügt, sondern gleich die Staubgefäße mitverzehrt.

Fremd- und Selbstbestäubung

Die zahlreichen (meist über 80!) Staubfäden stellen sich in drei am Grunde verwachsenen Gruppen strahlig auseinander und kehren ihre Staubbeutel nach oben. Diese springen – die innersten zuerst, die äußersten zuletzt – ziemlich rasch nacheinander auf und bedecken sich mit Blütenstaub. Die drei Griffel spreizen sich ebenfalls auswärts, sodass die

Das auch als Tüpfelhartheu oder Herrgotts-Wundkraut bekannte Johanniskraut wächst an Wegrändern und auf Trockenhängen.

mit den Staubgefäßen gleichzeitig entwickelten Narben gerade zwischen je zwei Staubgefäßgruppen in gleicher Höhe mit den Staubbeuteln stehen. Anfliegende Insekten landen in der Regel auf einem der fünf flach ausgebreiteten Blumenblättern und da sie von hier aus am bequemsten zwischen zwei Staubgefäßgruppen zu den Staubbeuteln vordringen können, berühren sie häufig schon anfangs eine Narbe und bestäuben diese mit dem mitgebrachten Pollen einer anderen Blüte. Mit dem Verblühen ziehen sich die Blumenblätter und Staubgefäße nach der Blütenachse hin zusammen, wobei fast immer Staubgefäße mit Narben in Berührung kommen, sodass bei ausbleibendem Insektenbesuch auch Selbstbestäubung ermöglicht wird.

Alte Heilpflanze

Schon im klassischen Altertum wurde das Johanniskraut wegen seiner umfassenden Heilwirkung geschätzt. Dioskurides (rund 40–90 n. Chr.) verwendete es als Arzt in der römischen Armee sehr viel und auch den germanischen Stämmen war es geläufig. Paracelsus (1493–1541) lobte diese Pflanze in den höchsten Tönen und nutzte sie nicht nur zur Heilung von Wunden, sondern auch zur Behebung seelischer Störungen. Die große Wertschätzung der Pflanze ist bis in die heutige Zeit erhalten geblieben. In den letzten Jahren hat das Johanniskraut vor allem als natürliches Antidepressivum geradezu einen Höhenflug erlebt. In der Volksmedizin findet das Kraut ferner Verwendung gegen allerlei Verdauungsbeschwerden und Durchfall, Blasen- und Nierenleiden, Leber- und Gallenleiden, sowie als schmerzstillendes, nervenberuhigendes und schlafförderndes Mittel. Äußerliche Anwendungen bringen Linderung bei Gicht, Rheuma und Ischias sowie bei Brandwunden und Quetschungen. Gesammelt werden Blätter und Blüten während der Blütezeit. Sie enthalten Gerbstoffe, etwas ätherisches Öl, Flavonide (gelbe Farbstoffe), Harz und Hypericin (ein roter Farbstoff). Letzterer findet sich kristallisiert in den Blütenblättern und ist verantwortlich für die „Lichtkrankheit", die bei Tieren auftritt, wenn sie Johanniskraut gefressen haben. Doch nur wenn sie am Licht bleiben, kommt es zu schweren, ja tödlichen Vergiftungserscheinungen.

Aberglaube und magische Kräfte

Das Johanniskraut hat sich nicht nur als Heilpflanze einen Namen gemacht, ihm wurden
auch magische Kräfte zugeschrieben: In England glaubte man mit dem Kraut Wahnsinn
heilen zu können, in Russland sollte es
Schutz gegen Tollwut bieten und die Brasilia-
ner sahen in ihm ein probates Gegenmittel
bei Schlangenbissen. In Norwegen gab man
den Rat, sich bei Melancholie den Kopf mit
frischem Johanniskrautsaft einzureiben. Johanniskraut wurde immer gegeben, wenn es
galt Irrsinn zu heilen, vor allem wenn man
annahm, dass der Patient von einem Teufel
besessen sei. Möglicherweise hängt sogar der
Gattungsname *Hypericum* mit dem griechischen „hyper eikona" = „gegen Spuk oder
Geister" zusammen: Johanniskraut wurde im
Mittelalter jeweils am Vorabend des Johannis-
tages (also am 23. Juni) gesammelt und im
Hause zur Abwehr böser Geister aufgehängt.
Die strahlend gelben Blüten symbolisierten
die Sonne, die in der Lage ist, böse Geister –
die Mächte der Dunkelheit – abzuwehren. In
manchen Gegenden wurden beim Tanz um
das Johannisfeuer (Sonnwendfeuer) Kränze
der Pflanze getragen. Wenn das Feuer er-
losch, warf man die Johanniskränze auf das
eigene Hausdach, um Blitz und Feuer zu ban-
nen.

Viele Namen

Die Namen des Johanniskrautes sind so viel-
fältig wie die heilenden und magischen Eigenschaften, die ihm nachgesagt wurden:
Gottes Güte, Wund- oder Fieberkraut, Hexenkraut, Teufelsfuchtel, Jageteufel, Walpur-
giskraut, Sonnwendkraut ... Wegen des in den
Blüten enthaltenen roten Farbstoffes Hypericin, der beim Reiben zwischen den Fingern
zutage kommt, hat die Pflanze zwei weitere
Namen erhalten: Christi Kreuzblut und
Kreuzkraut. Sie zeigen, dass das Johanniskraut auch mit dem Leiden Christi in Verbindung gebracht wurde: Es hat das Blut Christi,
das vom Kreuz herabtropfte, aber auch die
blutigen Tränen Mariens aufgefangen. Ebenfalls mit dem Christentum kam der Name Johanniskraut, da die Sage erzählt, dass die
Pflanze an jener Stelle aus dem Boden
wuchs, wo das Haupt des Täufers Johannes

*Das Johanniskraut ist eine nektarlose Pollenblume. Der in den Vormittagsstunden reichlich gebo-
tene Blütenstaub wird von den Honigbienen in orangefarbenen Höschen gesammelt.*

hingefallen war, nachdem es auf Befehl des
König Herodes abgeschlagen worden war.

Dankbare Gartenpflanzen

Neben dem Echten Johanniskraut gibt es
noch mehrere Arten – sowohl Stauden als
auch Ziersträucher – die ausgezeichnete und
zudem noch recht anspruchslose Gartenpflanzen sind. Mit ihrer strahlend gelben Blü-
tenfülle bringen sie von Juli bis in den September oder sogar bis in den Oktober hinein
Farbe in den Garten. Ihre lange Blütezeit
macht sie darüber hinaus zu einem beliebten
Anziehungspunkt für Insekten.

Das Niedrige Johanniskraut (*Hypericum caly-
cinum*) schmückt sich mit bis zu 8 cm großen
Blüten und wird nur 20–30 cm hoch. Es eignet sich als Flächendecker sowie als Bö-
schungs- und Hangbefestiger.
Das Hohe Johanniskraut (*H. moserianum*) ist
ein 30–50 cm hoher, halb immergrüner
Zwergstrauch, der auch in Steingärten oder
Pflanzgefäße eingebracht werden kann. Er
lässt sich gut mit anderen Pflanzen, z. B. Steppen-
penstauden, Rosen oder kleinen Gehölzen
kombinieren.
Das Polster-Johanniskraut (*H. polyphyllum*)
ist mit nur 15 cm Höhe die kleinste Art; es hat
blaugrüne Blätter und bis zu 5 cm große
goldgelbe Blüten. Es gedeiht gut an warmen,
sonnigen Standorten.
Das Ausgebreitete Johanniskraut (*H. patulum*)
stammt aus Japan. Der Strauch wird einen
Meter hoch und ist halb immergrün. Seine
Blüten werden etwa 5 cm breit.

Johanniskräuter lassen durch Samen oder
Stecklinge vermehren. Die Samen werden im
Frühjahr auf feine, fast staubartige Erde ausgestreut. Sollten die Triebe im Winter unter
der Kälte gelitten haben, können sie problemlos im Frühjahr kräftig zurückgeschnitten
werden. Die Blüten bilden sich an den neuen
Trieben und ein starker Rückschnitt bis in Bodennähe fördert sogar die Blütenbildung. Das
Niedrige Johanniskraut kann auf größeren
Flächen sogar maschinell zurückgeschnitten
werden.

Tauben-Skabiose
Acker-Witwenblume

Die Tauben-Skabiose (*Scabiosa columbaria*) ist eine außerordentlich aparte Pflanze, die von Juli bis Oktober ein Meer aus anfangs rötlichen, später blauvioletten Blüten entwickelt. Nach der Blüte erscheinen hübsche, grüne Samenstände, die wie Honigwaben strukturiert sind. Die Tauben-Skabiose besitzt eine lange Pfahlwurzel, mit der sie auf der Suche nach Feuchtigkeit und Mineralstoffen tief ins Erdreich vordringt. Sie kann damit auch große Trockenheit überstehen. Ihren natürlichen Standort bilden Trocken- und Halbtrockenrasen, Wegraine sowie kalkreiche Weideböden, wo sie oft zusammen mit Zittergras, Wundklee und Sonnenröschen vorkommt. Ebenfalls auf trockenem Terrain, aber auch in Wiesen sowie in Unkrautbeständen von Äckern öffnet von Mai bis September die Acker-Witwenblume oder Acker-Knautie (*Knautia arvensis*) ihre lilafarbenen Blüten. Der Gattungsname geht auf Christoph Knaut (1654–1716), Botaniker und Leibarzt des Herzogs zu Anhalt-Köthen, zurück. Der Gattungsname *Scabiosa* (von lat. scabies = Krätze, Grind) und die Bezeichnung Tauben-Grindkraut erinnern daran, dass die Tauben-Skabiose früher als Heilmittel gegen Krätze eingesetzt wurde.

Kennzeichnende Unterschiede

In älteren botanischen Werken wird die Acker-Witwenblume auch als Acker- oder Feld-Skabiose bezeichnet. Beide Arten, vor allem ihre Blüten, haben in der Tat eine große Ähnlichkeit und werden daher oft miteinander verwechselt. Dennoch gehören sie zwei eigenständigen Gattungen innerhalb der Familie der Kardengewächse an. Bei genauerer Betrachtung lassen sich mehrere unterscheidende Merkmale feststellen: Die Blüten der Tauben-Skabiose sind blasser und zarter als die der Acker-Witwenblume. Auch ist sie kleiner und stärker verzweigt als diese. Die Stängel unter den Blütenköpfen der Tauben-Skabiose sind anliegend behaart, ihre Blätter sind fiederteilig. Bei der Acker-Witwenblume sind die Stängel unter den Blütenköpfchen abstehend behaart und wenigstens die oberen Blätter fiederteilig. Weitere wichtige Hinweise zeigt der Blütenaufbau: Der Blütenboden der Skabiose ist dicht mit Spreublättern besetzt, bei der Knautie fehlen sie. Die rund 50 Einzelblüten der Witwenblume haben einen vierspaltigen Kronensaum, bei der Skabiose ist er fünfspaltig (Merksatz: K vor S wie 4 vor 5). Skabiosen sind ferner an den schwärzlichen Borsten zwischen den 70–80 Einzelblüten sicher zu erkennen.

Ähnlich: Der Teufelsabbiss

Auf feuchten, moorigen Wiesen oder gar Flachmooren findet man mit ziemlicher Sicherheit den Teufelsabbiss (*Succisa pratensis*), ein weiteres Kardengewächs. Die 50–80 blauvioletten, selten weißen oder rosafarbenen Einzelblüten stehen zunächst in halbkugeligen, später kugeligen Köpfchen. Im Unterschied zu Tauben-Skabiose und Acker-Witwenblume sind die Randblüten nicht „strahlend", d. h. nicht größer als die inneren Blüten. Der merkwürdige Name bezieht sich auf den Wurzelstock, der im Herbst wie abgebissen aussieht. Sieht man in alten Kräuterbüchern nach, wird gleich der Sinn deutlich, der hinter dieser magischen Vorstellung steckt: Der Teufelsabbiss gehörte wie die Teufelskralle und das Teufelsauge (= Kamille) zu den Kräutern, die als Mittel gegen die Pest galten. Da man ihr gegenüber machtlos war, glaubte man, dass der Teufel – hier durch Abbeißen der Wurzel – verhindere, Krankheiten zu heilen.

Honigbienen, Wildbienen, Hummeln

Tauben-Skabiose und Acker-Witwenblume werden von der Honigbiene als „Herbstaufbautracht" (vom 15. Juli bis etwa 15. Oktober) zur Erzeugung von Winterbienen genutzt. Die in den Blüten gesammelten Pollenhöschen sind lebhaft gefärbt; die Pollenkörner der Knautie sind ausgesprochen groß und intensiv rosa. Die von einem Bienenvolk

Die Acker-Witwenblume bildet eine lang anhaltende, ergiebige Nektar- und Pollenquelle für die von Ende März bis Mitte Oktober fliegenden Arbeiterinnen der Dunklen Erdhummel.

Die von Mai bis August fliegende Sandbiene Andrena hattorfiana hat sich beim Pollensammeln auf Kardengewächse spezialisiert. Hauptpollenquelle ist die Acker-Witwenblume.

Taubenskabiose und Teufelsabbiss bilden die wichtigsten Pollenquellen der Sandbiene Andrena marginata. Diese seltene und unverwechselbare Solitärbiene fliegt im Juli und August.

gesammelte Pollenmenge bleibt allerdings unter der 1 %-Grenze der Gesamtpollenernte. Eine wesentlich größere Bedeutung haben diese beiden, relativ lang blühenden Kardengewächse jedoch für Wildbienen, darunter einige oligolektische Arten, die sich beim Pollensammeln auf diese Pflanzenfamilie spezialisiert haben: Die Tauben-Skabiose bildet die Hauptpollenquelle der Sandbiene *Andrena marginata* und der Hosenbiene *Dasypoda argentata*. Die Acker-Witwenblume gilt als Hauptpollenquelle der Sandbiene *Andrena hattorfiana* und der Hosenbiene *Dasypoda suripes*, wird aber auch von vielen anderen Wildbienen – darunter mehrere Furchenbienenarten (*Halictus, Lasioglossum*) – als ergiebige Nektar- und Pollenquelle aufgesucht (Westrich 1990). Nur Nektar saugend wurden auf der Acker-Witwenblume von Hermann Müller (1873) noch die Löcherbiene *Heriades truncorum* beobachtet, ferner zwei Mauerbienenarten (*Osmia*) und drei Arten von Blattschneiderbienen (*Megachile*). Hinzu kommen noch mehrere Kuckucksbienen: Die Düsterbiene *Stelis breviuscula* sowie zwei Kegelbienenarten (*Coelioxys*) und drei Wespenbienenarten (*Nomada*). – Auf Acker-Witwenblume und Teufelsabbiss finden sich oft noch bis Mitte Oktober die Männchen und Jungköniginnen mehrerer Hummelarten

zu einem stärkenden Nektartrunk ein: Dunkle und Helle Erdhummel, Baumhummel, Wiesenhummel, Steinhummel, Waldhummel, Ackerhummel und Gartenhummel. Für einige heimische Kuckuckshummeln (Felsen-Kuckuckshummel, Wald-Kuckuckshummel, Keusche Schmarotzerhummel) zählen Skabiosen sogar zu den Haupttrachtpflanzen. Bei den Kuckuckshummeln gibt es keine Arbeiterinnen, sondern nur Geschlechtstiere. Die Weibchen besitzen keine Sammel-Körbchen für Blütenstaub, sie legen ihre Eier in die Nester von Wirtsarten (denen sie meist ähnlich sehen) und lassen ihre Larven von den Arbeiterinnen des betreffenden Hummelvolkes aufziehen.

Käfer und Schwebfliegen

Die Einzelblüten der Acker-Witwenblume besitzen relativ kurze Blumenröhren, die sich zudem noch nach oben hin trichterförmig erweitern, und zwar um so stärker, je länger sie sind. Auch kurzrüsselige Insekten können so durch Hineinkriechen in die Blüten bequem zum Nektar gelangen. Die Blütenstände sind ausgesprochen vormännlich: Erst nachdem alle Staubgefäße ihre Entwicklung vollendet haben, streckt sich der Griffel aus dem Blüteneingang hervor und entwickelt seine Nar-

be. Ein über das Blütenköpfchen kriechendes Insekt wird sich demnach die ganze Unterseite mit Pollen beladen und diesen an den Narben anderer Blütenköpfchen abstreifen. Fremdbestäubung ist damit weitgehend gesichert. Doch nicht alle Blütengäste erweisen der Pflanze diesen Dienst: Einige Käferarten, wie der Silbrige Purzelkäfer (*Hoplia philanthus*), der Gebänderte Pinselkäfer (*Trichius fasciatus*) oder der Seidige Fallkäfer (*Cryptocephalus sericeus*) fressen Blütenteile oder ganze Blumenblätter. Sich einfindende Bockkäfer, wie der Bleiche Blütenbock (*Vadonia livida*), der Schwarze Schmalbock (*Strangalia nigra*) oder der Achtfleckenbock (*Pachyta octomaculata*) betätigen sich als Pollenfresser, wobei sie die Staubbeutel nicht selten gleich mitverzehren. Bessere Bestäubungsarbeit leisten dagegen die oft mit großer Ausdauer auf den Blütenständen (auch von Taubenskabiose und Teufelsabbiss) verweilenden Schwebfliegen, z. B. Mistbiene (*Eristalis tenax*), Kleine Keilfleckschwebfliege (*Eristalis arbustorum*), Große Schwebfliege (*Syrphus ribesii*), Gemeine Sumpfschwebfliege (*Helophilus pendulus*), Große Sumpfschwebfliege (*Helophilus trivittatus*), Gemeine Waldschwebfliege (*Volucella pellucens*), Hummel-Waldschwebfliege (*Volucella bombylans*), Hummel-Gebirgsschwebfliege (*Arctophila*

bombiformis) und Schnauzenschwebfliege (*Rhingia rostrata*).

Schmetterlinge als häufigste Gäste

Skabiosen und Knautien scheinen als zuverlässige Nektarspender eine geradezu magische Anziehungskraft auf Schmetterlinge auszuüben: 56 Tagfalterarten wurden auf der Acker-Witwenblume und 49 auf der Tauben-Skabiose als häufige oder nur gelegentliche Gäste nachgewiesen (Ebert 1991). Alle Tagfalterfamilien sind vertreten: Ritterfalter, Weißlinge, Edelfalter, Augenfalter, Bläulinge und Dickkopffalter. Hinzu kommen noch 17 bzw. 16 Widderchen-Arten, die sich nicht einmal durch das Abpflücken der Blüte davon abhalten lassen, ihren Rüssel in immer neue Blütenkelche zu stecken. Für den Kleinen Fuchs, das Schach- oder Damenbrett und den stattlichen Kaisermantel ist die Acker-Witwenblume (und teilweise auch die Tauben-Skabiose) eine Nektarquelle von überragender Bedeutung, der zumindest lokal und zeitweise eine Schlüsselrolle zukommt. Vom Kaisermantel kann man selten, aber an manchen Stellen gelegentlich häufiger sehr dunkle Weibchen entdecken. Merkwürdigerweise setzt sich diese Mutante kaum durch, obwohl die Farbabweichung dominant vererbt wird. Das liegt daran, dass dunkle Weibchen von den Männchen stark vernachlässigt werden. Bemerkenswert ist noch, dass der Kaisermantel wie viele andere Tagschmetterlinge seine Körpertemperatur während des Fluges ziemlich konstant bei 34 °C zu halten vermag, was einerseits durch Tanken von Sonnenwärme mit ausgebreiteten Flügeln geschieht, andererseits durch die Aktivität der Flugmuskulatur, der viel Energie durch Nektaraufnahme zugeführt werden muss. Auf Acker-Witwenblume und Tauben-Skabiose mehrfach beobachtet wurde das Fensterschwärmerchen (*Thyris fenestrella*), ein winziger Schmetterling, der in Größe und Gestalt an die Kleinschmetterlinge erinnert. Doch der Bau des Flügelgeäders war Anlass, die Fensterschwär-

Oben: Der Gemeine Bläuling ist nur am Nektar der Tauben-Skabiose interessiert.
Unten: Neben dem Beilfleck-Widderchen haben sich zwei Schmalböcke eingefunden.

mer in eine eigene Familie zu stellen. Den Namen bekamen die von Mai bis Juli fliegenden, tagaktiven Falterchen von den unbeschuppten Teilen auf den Vorder- und Hinterflügeln, die wie kleine, durchsichtige Fenster wirken. In Mitteleuropa lebt von dieser Familie nur eine Art, in den Tropen dagegen ist sie mit 700 Arten zahlreich vertreten. – Der Teufelsabbiss wird von 25 Tagfalterarten besucht. Ein weiterer, sehr häufiger Gast ist die tagaktive Gamma-Eule (*Autographa gamma*). Sie gehört zu den ausgesprochenen Wanderfaltern, die aus den Subtropen alljährlich weit nach Norden vordringen. Ihre Nachkommen kehren im Herbst nach Süden zurück. Ein besonders starker Einflug erfolgte im Jahre 1946, wo die Falter bis nach Schweden und Finnland hinauf große Teile Europas regelrecht überschwemmten.

Futterpflanzen für Falterraupen

Das Blattwerk verschiedener Kardengewächse dient als Raupenfutter mehrerer Falterarten. An erster Stelle sei der mittlerweile stark gefährdete und regional bereits verschwundene Skabiosenschwärmer (*Hemaris tityrus*) genannt, dessen Raupen auf Acker-Witwenblume und Tauben-Skabiose leben. Der Skabiosenschwärmer ist neben Hummelschwärmer und Taubenschwänzchen die dritte tagaktive Schwärmerart. Blütenreiche Halbtrockenrasen, sonnige Hänge und warme Waldlichtungen bilden den Lebensraum des im Mai und Juni fliegenden Falters. Anders als das Taubenschwänzchen fliegt diese Art nur bei Sonnenschein, am liebsten während der heißen Mittagsstunden. Als Nektarspender werden verschiedene Schmetterlings- und Lippenblütler, Boretsch- und Nelkengewächse aufgesucht. Scabiosa-Arten bilden die Raupenfutterpflanze des ebenfalls tagaktiven Kroatischen Taubenschwänzchens (*Macroglossa croatica*). Dieser kleine Schwärmer tritt bei uns nur als ganz seltener Gast aus dem Südosten auf. Skabiosen zählen ferner zu den Futterpflanzen der polyphag lebenden Raupen des Weißfleck-Widderchens (*Syntomis phegea*). Es fliegt in einer Generation von Juni bis August und taucht an sonnigen Tagen an warmen, blütenreichen Hängen, verlassenen Kiesgruben, Lichtungen und Waldrändern auf. Tauben-Skabiose und Teufelsabbiss bilden die einzigen bisher sicher nachgewiesenen Raupenfraßpflanzen des nach seiner Futterpflanze auch als Abbiss-Scheckenfalter bekannten Goldenen Scheckenfalters (*Euphydryas aurinia*). Durch Trockenlegung von Feuchtwiesen und Intensivierungsmaßnahmen in der Grünlandwirtschaft zählt der Falter heute zu den stark gefährdeten und regional bereits ausgestorbenen Arten.

Skabiosen im Garten

Als Sommerblume wird sehr gerne die bis zu 90 Zentimeter hohe Purpurskabiose (*S. autropurpurea*) kultiviert. Die Blütezeit der in Südeuropa beheimateten, auch als Witwenblume bekannten Art reicht von Juli bis Oktober. Es gibt einfache und gefüllte Sorten in den Farben Weiß, Blau, Gelb, Rot und Lila.
Ebenso beliebt ist die 50–80 Zentimeter hohe Kaukasus-Skabiose (*S. caucasia*). Von Juni bis September erfreut sie mit ihren bis zu acht Zentimeter großen, flachen Blütenköpfen. Die Farbskala der zahlreichen Sorten reicht von Weiß über Himmelblau, Dunkelviolett bis Tiefblau.
Für den Steingarten sehr gut geeignet ist die Grasblättrige Skabiose (*S. graminifolia*), die von den Pyrenäen bis zum Balkan heimisch ist. Sie wird höchstens 40 Zentimeter hoch und hat verhältnismäßig große lila Blüten.
Eine ausgezeichnete, nur 30 Zentimeter hohe Staude für den Steingarten ist die Glanz-Skabiose (*S. lucida*), deren Verbreitungsgebiet von Südwesteuropa bis zu den Karpaten reicht. Sie öffnet ihre lilaroten Blüten von Juli bis September.

Das Gemeine Blutströpfchen verweilt beim Nektarsaugen meist lange auf den Blüten der Tauben-Skabiose.

Das Gemeine Grünwidderchen fliegt von Mai bis August auf feuchten Wiesen, blütenreichen Hängen und Lichtungen.

Wilde Karde

Mit einer Wuchshöhe von bis zu zwei Metern und ihren großen Blütenköpfen ist die Wilde Karde (*Dipsacus sylvestris*) der stattlichste Vertreter unter den heimischen Kardengewächsen. Sie besiedelt nährstoffreiche Tonböden, Böschungen, Ödland und Schuttplätze sowie Ufer, Weg- und Waldränder. Im ersten Jahr bildete sie eine Rosette aus breitlanzettlichen Grundblättern mit hellen, unten verdickten Stacheln. Im zweiten Jahr erhebt sich der kantige, stachelbewehrte Blütenstängel mit gegenständigen Blättern, deren Hauptnerven ebenfalls mit Stacheln besetzt sind. Die meist über mannshohe Pflanze wird oft als Karden-Distel bezeichnet, die jedoch eine eigene, vor allem in Mittel- und Westasien beheimatete Art darstellt.

Hummeln und Schmetterlinge

Der sehr auffällige, von Juli bis August erscheinende Blütenstand stellt eine walzige „Ähre" dar: Die kleinen, vierzipfeligen Blüten sitzen in den Achseln steifborstiger Spreublätter. Häufig werden derartige Blütenstände als „Köpfchen" bezeichnet, vor allem, wenn sie wie bei der Karde unten mehrere Hüllblätter besitzen. In den ovalen Blütenständen öffnen sich die ersten Blüten in einem Kranz auf mittlerer Höhe, und von da schreitet die Aufblühfolge in zwei Ringen nach oben und nach unten fort. Das ist ein wesentlicher Unterschied gegenüber den Blütenständen der Korbblütler, die nur in einer Richtung von außen nach innen aufblühen. Die Karde ist „vormännlich", d. h. aus den zahlreichen Einzelblüten ragen zuerst die vier Staubfäden weit heraus. Später, wenn sie ausgestäubt sind, streckt sich der zweiästige Griffel. Da die bereits erwähnten Spreublätter als steife, selbst die Staubgefäße und Narben noch merklich überragende Spitzen verhindern, dass eine Hummel mit der Bauchseite Staubgefäße und Narben streift, können diese nur von dem in die Blüte gesteckten Kopf der Hummel berührt und bestäubt werden. Hinzu kommt, dass der Nektar am Grunde der engen, 9–11 mm tiefen Einzelblüten nur für Insekten mit langem Rüssel erreichbar ist.

Neben den Hummeln (Dunkle und Helle Erdhummel, Steinhummel, Ackerhummel, Gartenhummel u. a.) stellen sich vor allem Schmetterlinge als regelmäßige und häufige Blütengäste ein. Mehrfach beobachtet wurden: Schwalbenschwanz, Gemeiner Heufalter, Großer Kohlweißling, Tagpfauenauge, Distelfalter, Ochsenauge und Gemeines Blutströpfchen. Für den prächtigen Kaisermantel kommt der Wilden Karde als Nektarquelle lokal oder zeitweise sogar große Bedeutung zu.

Wehrhafte Pflanzen

Karden sind bizarre Pflanzen: Aus den langgestreckten Blütenköpfen ragen die stechenden Spreublätter. Die Blätter des Hüllkelches, die Mittelrippen der Blätter sowie die Stängel und Zweige sind dicht mit Stacheln bewehrt. Kein Wunder, dass die Wilde Karde von Pflanzenfressern wie Schnecken oder Weidetieren vielfach gemieden wird. Ein weiteres kommt hinzu: Da die unteren Abschnitte der gegenständigen Blätter miteinander tütenförmig verwachsen sind, entstehen merkwürdige Becken, die durch das ablaufende Regenwasser gefüllt werden. Kriechen nun Ameisen und andere flügellose Insekten, die es auf den Nektar in den Blüten abgesehen haben, am Stängel empor, so fallen sie in diese Behälter und müssen ertrinken. Welche Mengen von Insekten in diesen „Wasserfallen" (auch „Venus-Waschbecken" genannt) umkommen, ist erstaunlich. Das Wasser erhält dadurch eine jaucheartige Beschaffenheit. Die Karde nimmt jedoch keine Stoffe, insbesondere keinen Stickstoff von den Zersetzungsprodukten auf; wahrscheinlich auch keine nennenswerte Menge Wasser. – Die aus den Blütenköpfen der Karde ragenden Spreublätter spielen bei der Verbreitung der Früchte eine wichtige Rolle: Sie haken sich an vorbeistreifenden Tieren fest, reißen aber nicht ab. Vielmehr wird der ganze Stängel elastisch gespannt, federt schließlich zurück und schleudert dabei die reifen Samen heraus („Schleuderkletten"). Die scharfkantigen, länglichen

Die Arbeiterinnen der Dunklen Erdhummel zählen zu den häufigsten Gästen der Wilden Karde und bleiben ihr während der gesamten Blütezeit von Juli bis September treu.

Dickkopffalter nehmen sich viel Zeit, um mit ihrem langen Rüssel Nektar aus den zahlreichen Einzelblüten zu saugen.

Die einfarbige Gartenbänderschnecke sucht unter dem Blütenstand der Karde Schutz vor zu starker Sonneneinstrahlung.

Schließfrüchte stellen für Vögel, vor allem für den Distelfink, wahre Leckerbissen dar. Die restlichen Samen streut der Herbstwind umher, wenn er die dürr gewordenen, verholzten Blütenstiele kräftig schüttelt. Die ausgeblühten, noch immer dekorativen Kardenköpfe finden – oft rot, blau oder violett eingefärbt – in der Blumenbinderei für Trockensträuße oder Kränze vielfältige Verwendung.

Einst Nutzpflanze: Die Weberkarde

Die Wilde Karde wird von Unkundigen häufig als Weberkarde bezeichnet. Die Blüten dieser im westlichen Mittelmeer vorkommenden Art besitzen lange, stachelig gewimperte Spreublätter, die in eine starre, zurückgekrümmte Spitze auslaufen. Die etwa eigroßen Blütenköpfe wurden früher in den Webereien (Name!) zum Aufrauen und Karden des Tuches verwendet. Lodenstoffe und Wolldecken sollten dadurch dicker und wärmer gemacht werden. Die Bezeichnungen „Walkerdistel", „Kardätschendistel", „Tuch- oder Rauhkarde" gehen auf diese Verwendung zurück. Die Weberkarde wurde besonders in Schlesien, in der Mark Brandenburg, Provinz Sachsen, in Lothringen sowie in Frankreich als Kulturpflanze (*Dipsacus sativus*) feldmäßig angebaut. Auch in Bayern wurde die Weberkarde kultiviert. Die Ernte begann Ende Juli, wenn die Pflanzen in voller Blüte standen. Hierauf erfolgte das Trocknen zunächst in der Sonne, danach im Schatten, damit die Karden eine schöne grünliche Farbe behielten. Anschließend wurden die harten Hüllblätter mit der Schere entfernt. Danach wurden die Kardenköpfe mit 10 cm langen Stielen versehen, damit sie in den Tuchfabriken zwischen Rahmen eingespannt werden konnten. Ein Hektar lieferte im Durchschnitt 240 000 Kardenköpfe. Im Jahre 1904 wurden allein aus Frankreich 48 000 kg Karden nach Deutschland eingeführt. Wegen der Bevorzugung der „Avignonkarde" (eine französische Züchtung) und der Entwicklung künstlicher Kratzapparate ging die einheimische Weberkarden-Kultur immer mehr zurück, ohne jedoch ganz zu erlöschen. Der Grund: Trotz großer Anstrengungen war es nicht gelungen, die mangelnde Elastizität der Stahlspitzen zu überwinden. Letztere richteten bei feinerem Gewebe oft beträchtliche Schäden an, die bei der elastischen Biegsamkeit der Karde nie auftraten, da deren Spreublätter schon bei geringstem Widerstand sofort nachgaben. Mit den modernen, verfeinerten technischen Geräten konnte es die Weberkarde dann doch nicht mehr aufnehmen. Heute erinnern nur noch in der Umgebung ehemaliger Tuchfabriken verwilderte Exemplare der Weberkarde an ihre einstige große Blütezeit.

Die Samen von nicht weniger als 152 Pflanzenarten stehen auf der reichhaltigen Speisekarte des Distelfinks. Die meisten Samen werden – wie bei der Wilden Karde – direkt aus den Samenständen herausgeholt.

Weidenröschen

Das Bild des Sommers auf einer sonnigen Waldlichtung wäre nicht vollständig ohne die oft verschwenderische Fülle der Weidenröschenblüte. Auf solchen Böden, die durch Kahlschlag plötzlich Wärme und Licht ausgesetzt sind, wird der Auflagehumus rasch abgebaut. Dadurch werden Nährstoffe, besonders Stickstoffverbindungen, verfügbar. Flächen dieser Art kann das Schmalblättrige Weidenröschen (*Epilobium angustfolium*) in solchen Mengen überziehen, dass sie schon von weitem rot leuchten. Zu derartigem Massenwuchs mit bis zu tausend Exemplaren und mehr ist diese Pionierpflanze durch ihre vegetative Vermehrung mit vielen Wurzelausläufern, aber auch durch ihre zahlreichen schon nach wenigen Tagen keimenden Samen, befähigt.

Viele Standorte

Die Samen werden dank ihres Haarschopfes über weite Strecken verweht, sodass sich das Weidenröschen auch außerhalb des Waldes immer wieder neue Standorte erobert, wie etwa nach dem Krieg auf den Trümmerfeldern unserer zerbombten Städte, sonst auch in Steinbrüchen, auf Kiesplätzen, an sonnigen Wegrändern, an Gemäuern und vor allem an Bahndämmen. Hier wächst das Weidenröschen zusammen mit anderen, ursprünglich für Waldränder und Lichtungen typischen Pflanzen, wie dem Johanniskraut. Beiden Arten kommt dabei ihre Fähigkeit zugute, ihre Wurzeln tief in die Erde zu senken. Nur so vermögen sie sich auf den oft extrem austrocknenden Kahlschlägen und auf den Bahnschottern unmittelbar am Rand von Geleisen genügend Feuchtigkeit zu verschaffen.

Eine „klassische" Blütenpflanze

Das Schmalblättrige Weidenröschen gehört zu den „klassischen" Pflanzen der Blütenökologie und hat bei der Erforschung des „Sexuallebens" im Pflanzenreich eine wichtige Rolle gespielt: Ausgehend von der Beobachtung, dass die in langer, aufrechter Traube stehenden Blüten von unten nach oben aufblühen, wurde von Carl Sprengel, dem Altmeister der Blütenbiologie, in den Jahren 1787 und 1793 die arterhaltende Rolle der Fremdbestäubung erkannt. Die sich öffnenden Blüten sind erststäubend, befinden sich also im männlichen Stadium. Der Griffel ist noch kurz und die Narbe nicht entfaltet. Dafür sind die acht Staubfäden weit vorgestreckt und dienen den nektarsuchenden Insekten als Anflugstange und Sitzplatz. Da die aufgesprungene Seite der Staubbeutel nach oben gewendet ist, bleibt klebriger Pollen am Bauch der Insekten hängen. Wenn die Staubbeutel entleert sind, krümmen sie sich nach unten weg. Als Anflugplatz dient jetzt der inzwischen sehr verlängerte Griffel mit den vier empfangsbereiten Narben. Da die Traube von unten nach oben aufblüht und die Blüten von den Insekten in dieser Reihenfolge besucht werden, laden sie mitgebrachten Fremdpollen zuerst auf den Narben der älteren, weiblichen Blü-

Das Weidenröschen besitzt noch weitere Namen: Liebfrauenhaar, Feuerkraut, Roter Flachs, Hohe Leuchte, Wilder Oleander.

ten ab, um dann auf den jüngeren Blüten wieder neuen Pollen aufzunehmen. Da stets mehrere Blüten der langen Traube zugleich entfaltet sind, und auch der Kelch, der unterständige Fruchtknoten, der Blütenstiel und die Hauptachse des Blütenstandes meist lebhaft rot erscheinen, lockt die Pflanze bereits aus größerer Entfernung viele Insekten an.

Zahlreiche Blütengäste

Honigbienen:

Mit seinem hohen Nektar- und Pollenangebot leistet das Weidenröschen, vor allem in Wald- und Heidegebieten, einen nicht zu unterschätzenden Beitrag zur Sommer- und Herbsttracht unserer Honigbienen. Die Bestzeiten von Nektarmenge und Zuckerkonzentration fallen allerdings nicht zusammen: Während die größten Nektarmengen zwischen 18 Uhr und 6 Uhr morgens abgesondert werden, wird der höchste Zuckergehalt zwischen 10 Uhr und 14 Uhr erreicht. Er beträgt dann 44–63 %, um 6 Uhr morgens dagegen nur 13 %. Da sich die Bienen offenbar nach dem Zuckergehalt des Nektars richten, ist der regste Beflug um 13 Uhr zu verzeichnen (Maurizio/Schaper 1994).

Hummeln:

Nektar saugend wurden Königinnen und Arbeiterinnen der Steinhummel auf den Blüten angetroffen. Bei Dunkler Erdhummel, Wiesenhummel und Ackerhummel waren darüber hinaus auch die Männchen vertreten. Hinzu kommt noch die ebenfalls nur am Nektar und nicht am Pollen interessierte Feldkuckuckshummel (*Psithyrus campestris*), die ihren Nachwuchs von der Ackerhummel aufziehen lässt.

Wildbienen:

Weidenröschen-Pollen tragen vier Blattschneiderbienen in ihre mit ausgeschnittenen Blattstücken gefertigten Brutzellen ein (Westrich 1990). Die bekannteste und häufigste Art ist *Megachile willughbiella*, die regelmäßig im Siedlungsbereich vorkommt und dort in morschen Balken, in Fugen von Trockenmauern und Fachwerkhäusern und zahlreichen anderen Hohlräumen nistet. Als Pollenquellen werden auch Schmetterlingsblütler und Glockenblumen aufgesucht.

Der Linienschwärmer ist ein rasanter, blitzschnell auf Störungen reagierender Flieger.

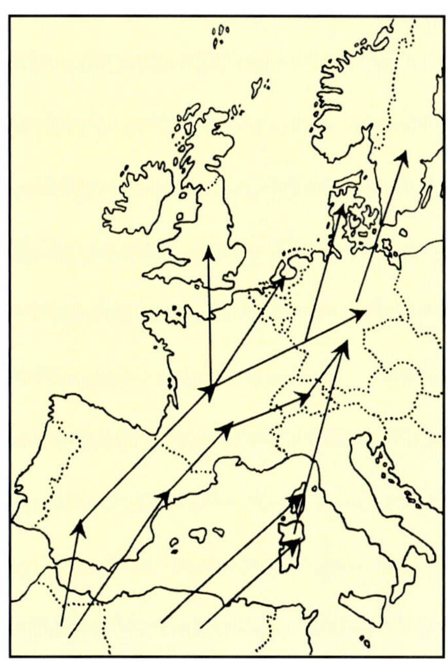

Einflug des Schwärmers im Jahre 1946.

Grabwespen:
Als weitere nur Nektar saugende Blütengäste wurden von Hermann Müller (1873) die Gemeine Sandwespe (*Ammophila sabulosa*), zwei weitere Grabwespen (*Cerceris nasuta, Crabro alatus*) und eine Blattwespenart (*Tenthredo scrophulariae*) beobachtet.

Fliegen:
Aus der Familie der Zweiflügler werden auf der Gästeliste noch zwei Nektar saugende Tanzfliegenarten (*Empis rustica, E. livida*) und – nur Pollen fressend – die als Johannisbeerschwebfliege bekannte Große Schwebfliege (*Syrphus ribesii*) angeführt.

Schmetterlinge:
Da Schmetterlinge bekanntlich die Farbe rot sehen können, erweckt auch das Weidenröschen ihre Aufmerksamkeit: Vielfach bis sehr zahlreich beobachtet wurden Zitronenfalter, Rapsweißling, Großer und Kleiner Kohlweißling. Für Admiral, Distelfalter und Schachbrett liegen dagegen nur Einzelbeobachtungen vor (Ebert 1991). Die Blätter des Weidenröschens dienen mehreren Falterarten als

Raupennahrung, darunter einige Schwärmerarten: Labkrautschwärmer, Mittlerer Weinschwärmer und Linienschwärmer.

Ein weitgereister Einwanderer
Der auch als Livornischer Schwärmer bekannte Linienschwärmer (*Celerio lineata livornica*) ist bei uns gelegentlicher Einwanderer aus Nordafrika und Südeuropa, zuweilen auch in großer Zahl. Eine regelrechte Invasion fand im Jahre 1946 statt, bei der die Falter zu Tausenden in Frankreich, Deutschland und Österreich einflogen und vereinzelt sogar bis nach Mittelschweden vordrangen. Der Einflug erfolgte in zwei getrennten Wellen, im Mai und dann wieder im Juli/August. Die Falter sind normalerweise dämmerungsaktiv, während des Zuges aber auch am Tag unterwegs. In Mitteleuropa beobachtete Schwärmer konnten wegen ihrer noch ganz frischen Farbe keineswegs einen direkten Flug von Afrika, von Tausenden von Kilometern, hinter sich haben. Vermutlich handelte es sich um die bereits in Spanien geschlüpften Nachkommen (2. Generation) der ersten Einwanderer. Ganz unerwartet und in noch größeren

Mengen tauchte der Falter 1952 auf. Aus in- und ausländischen Berichten ergab sich folgendes Bild: Anfang März brachen in Marokko Tausende von Raupen von ihren Futterplätzen auf und zerstörten alles, was ihnen in den Weg kam, sogar Artischocken, Salate und Kartoffeln wurden nicht verschont. Die in unseren Ländern befürchtete Invasion ließ nicht lange auf sich warten: Ende März überquerten viele Falter die Insel Malta und von Mai bis August erreichten die Schwärmer, trotz Wetterverschlechterung, in zwei Wellen Deutschland und Österreich. In den Hohen Tauern wurden durch die Lichtstrahler am Stubachkraftwerk (2318 Meter) nachts so viele Falter angezogen, dass sie von den Arbeitern am Morgen mit Besen und Schaufeln fortgeschafft werden mussten. Ganze Massenflüge gehen auch zugrunde, wenn die Falter von den Landbrücken auf das offene Meer hinausgetrieben werden oder in den Fluten eines großen Binnensees landen. Die bei uns unversehrt angekommenen Falter können zwar zur Eiablage schreiten, aber selten entwickeln sich in unserem Klima die Raupen bis zur Verpuppung.

Waldrebe

Die Gemeine oder Weiße Waldrebe (*Clematis vitalba*) aus der Familie der Hahnenfußgewächse ist eine der auffallendsten Pflanzen in den mitteleuropäischen Wäldern. Gehört sie doch zu den wenigen einheimischen Schlingpflanzen oder Lianen, die ein beachtliches Längenwachstum entwickeln können. Bei ausreichendem Nährstoffangebot vermag sie innerhalb kürzester Zeit ganze Bäume oder Hecken zu überranken. Mit Hilfe ihrer „kontaktreizenden" Blattstiele (Blattkletterer) kann sie Höhen bis 12 m erklimmen. Die weißen, schwach duftenden Blüten stehen in langgestielten Trugdolden und erscheinen ab Juli bis September. Die auch im Winter an der Pflanze bleibenden Nussfrüchte sind mit einem bis zu 3 cm langen federartigen Anhang versehen. Er dient als Flugvorrichtung zur Windverbreitung.

Die Waldrebe besitzt zwittrige, nektarlose Insektenblüten, die in achsel- oder endständigen Trugdolden stehen.

Verschiedene Namen

Mit dem Namen „Klematis" wurden von den Griechen verschiedene Schlingpflanzen bezeichnet (kleme = Zweig, Ranke); der Artname *vitalba* geht auf das lateinische *vitis alba* zurück und heißt soviel wie Weißweinrebe, im Gegensatz zu *vitis nigra*, Schwarzweinrebe, unserer Zaunrübe, einem rankenden Gurkengewächs, das nur einjährige oberirdische Sprosse ausbildet. Weitere volkstümliche Namen sind Buschranke, Bergrebe, Klömmholz, Narrenholz, Lehnhecken, Teufelszwirn, Teufelsrebe, Waldstrick, Hexenstrick, Judenstrick, Affenseilchen, Hagseiler, Brennkraut. In Frankreich heißt die Waldrebe Bettlerkraut: Früher benutzten manche Bettler die giftigen, Blasen ziehenden Blätter, um damit Hauterkrankungen vorzutäuschen, die das Mitleid Vorübergehender erwecken sollten. Die bärtigen Samen haben der Pflanze in England die Namen „Alten Manns Bart", „Petersbart" und „Arbeiters Freude" eingebracht.

Pollen für Fliegen und Bienen

Die Gemeine Waldrebe ist eine reine Pollenblume, sodass sich nur pollenfressende Fliegen und pollensammelnde Honigbienen als Blütengäste einfinden, gelegentlich auch Wildbienen. Unter letzteren verdient die Furchenbiene *Lasioglossum malachurum* besondere Erwähnung. Sie bildet, wie auch einige andere Arten, kleine Staaten, zumindest im Süden ihres Verbreitungsgebietes. Das überwinterte Weibchen (gelegentlich tun sich auch zwei oder drei zusammen) gründet im Frühjahr ein unterirdisches Nest mit verzweigten Gangsystemen. Jedes Gründerweibchen gräbt und versorgt offenbar zunächst nur seine eigenen Zellen. Die Mütter sind noch im Nest, wenn die Jungen schlüpfen. Die ersten Nachkommen sind unfruchtbare Weibchen, sie sind kleiner und anders gefärbt als ihre Mütter, sodass man sie lange für eine eigene Art hielt. Diese Töchter-Arbeiterinnen übernehmen nun alle Arbeiten, die im Nest anfallen. Sie tragen Futter ein, bauen Zellen und verproviantieren sie, während die Mutter weiterhin das Eierlegen besorgt. Im Spätsommer entwickeln sich dann aus unbefruchteten Eiern Männchen und aus befruchteten voll funktionsfähige Weibchen, die nach der Begattung überwintern, um

Nach dem Verblühen verlängern sich die Griffel und bilden eine silbrig behaarte Flugvorrichtung für die Nüsschen.

im nächsten Frühjahr ihrerseits ein Völkchen zu gründen. Dieser Lebenszyklus erinnert an den der Hummeln. Allerdings bleiben die Völkchen der Furchenbiene sehr klein, auch wird nur eine Form von Zellen angelegt.

Futterpflanze für Falterraupen

Von den Blättern der Gemeinen Waldrebe leben die Raupen mehrerer Spannerarten: Grüner Waldrebenspanner (*Hemistola chrysoprasaria*), Graubrauner Waldrebenspanner (*Horisme tersata*), Weißgebänderter Waldrebenspanner (*H. aquata*), Hellbraungebänderter Waldrebenspanner (*H. vitalbata*), Hellbrauner Waldrebenspanner (*H. aemulata*), Dunkelbrauner Waldrebenspanner (*H. corticata*), Waldreben-Blattspanner (*Melanthia procellata*), Waldreben-Blütenspanner (*Eupithecia haworthiata*), Weiderich-Blütenspanner (*Chloroclystis v-ata*), Ginster-Blütenspanner (*Gymnoscelis rufifasciata*), Schlehenspanner (*Angerona prunaria*).

Besondere Erwähnung verdient das Fenster-
fleckchen oder Fensterschwärmerchen (*Thyris
fenestrella*). Es ist in unserer Fauna der einzige Repräsentant einer weltweit verbreiteten
Schmetterlingsfamilie (*Thyrididae*) und kommt
als lokale Art nirgends sehr zahlreich vor. Der
Name bezieht sich auf die unbeschuppten,
glasartig durchsichtigen Stellen auf den Flügeln. Die zierlichen Falter fliegen von Mai bis
Juli und besuchen im Sonnenschein Blüten,
besonders von Doldengewächsen, Holunder,
Liguster, Disteln und Brombeeren. Die Raupe
lebt in tütenförmig eingerollten Blattspitzen
der Gemeinen Waldrebe und verpuppt sich
in einem Gespinst an der Erde oder an Zweigen.

*Das nur 14–18 mm spannende Fensterfleck-
chen ist die einzige bei uns vorkommende Art
einer weltweit verbreiteten Falterfamilie.*

*Clematis-Hybriden können einen Blüten-
durchmesser von 12 cm erreichen und bilden
einen prächtigen Fassadenschmuck.*

Echter Baldrian

Der Echte Baldrian ist eine ebenso stattliche, wie anpassungsfähige Staude, die sowohl an schattigen und feuchten Plätzen als auch an sonnigen und trockenen Standorten ihr Auskommen findet. Ab Juli schmücken den bis zu 2 m hohen Stängel mehrere rosafarbene Trugdolden, die einen zarten, angenehmen Duft verströmen.

Fremdbestäubung garantiert

Die kleinen fleischroten bis sehr hell weißrötlichen Blüten des Baldrians sind zu ansehnlichen, doldenartigen Blütenständen gehäuft und werden so für die Insektenwelt in hohem Grade augenfällig. Die Kronröhren sind 4–5 mm lang und besitzen 1/2 mm über ihrer Basis eine kleine Aussackung mit grünem, fleischigem Boden, die den Nektar absondert und beherbergt. Er ist selbst recht kurzrüsseligen Insekten zugänglich, zumal sich die Blumenröhren oben bis auf 2 mm erweitern. Fremdbestäubung ist durch die Vormännlichkeit der Blüten gesichert: Im ersten Stadium ragen die ringsum mit Pollen bedeckten Staubgefäße aus der Blüte hervor, im zweiten die drei auseinander gespreizten Narbenlappen des Griffels. Sie werden von den über den Blütenstand schreitenden Insekten bestäubt, an deren Fußsohlen und Bauchseite Pollen von anderen jüngeren Blüten haftet. Im zweiten Blühstadium sind die Staubgefäße über den Blütensaum hinweg nach außen gebogen, sodass sie die Narbe nicht berühren. Selbstbestäubung findet nur dann statt, wenn die Narben mit den Staubgefäßen benachbarter Blüten in Berührung kommen.

Zu Gast: Haut- und Zweiflügler

Bei schönem Wetter, vor allem an warmen Tagen, wenn der Baldrian sein Aroma voll entfalten kann, tummelt sich auf seinen Blütenständen fast alles was Flügel hat:
Das Pollenangebot der zahlreichen Blüten wird von der Honigbiene sowie von zwei Sandbienenarten (*Andrena congruens, A. fulvida*) und drei Furchenbienenarten (*Halictus quadricinctus, Lasioglossum majus, L. subfasciatum*) genutzt (Westrich 1990). Noch zahlreicher sind die Zweiflügler vertreten, allen voran zwei Nektar saugende Tanzfliegen (*Empis livida, E. rustica*), beide in größter Menge. Hinzu kommen vier Arten häufiger Keilfleckschwebfliegen (*Eristalis nemorum, E. arbustorum, E. sepulchralis, E. horticola*). Ebenfalls Nektar saugend und Pollen fressend wurden angetroffen: Hummel-Waldschwebfliege (*Volucella bombylans*), Gemeine Sumpfschwebfliege (*Helophilus pendula*), Gemeine Mistschwebfliege (*Syritta pipiens*) und die Wespenschwebfliege (*Chrysotoxum festivum*). Nur am Nektar interessiert waren: Rostfarbige Dickkopffliege (*Sicus ferrugineus*), Stubenfliege, Graue Fleischfliege und mehrere Schmeißfliegenarten (*Calliphora spec*).

Tagfalter und Widderchen

Für einige sehr zahlreich beobachtete Tagfalter ist der Echte Baldrian als Nektarspender zumindest lokal oder zeitweise von großer Bedeutung: Kleiner Fuchs, Großes Ochsenauge, Brauner Waldvogel und Ulmenzipfelfalter. Mehrfach beobachtet wurden: Großer und Kleiner Kohlweißling, Kleines Wiesenvögelein und Pflaumenzipfelfalter. Nur vereinzelt zeigten sich: Moorgelbling, Tagpfauenauge, C-Falter, Kaisermantel, Schachbrett, Birkenzipfelfalter, Faulbaumbläuling, Hauhechelbläuling und Rostfarbiger Dickkopffalter. Als regelmäßige Gäste stellen sich ferner noch fünf Widderchenarten ein, für die das Nektarangebot des Baldrians ebenfalls große Bedeutung erlangt: Bergkronwicken-Widderchen, Beilfleck-Widderchen, Platterbsen-Widderchen, Kleines Fünffleck-Widderchen und Elegans-Widderchen. Nur einmal zeigte sich das Sumpfhornklee-Widderchen, das sich in erster Linie auf Wiesenknautie und Gewöhnlichem Teufelsabbiss verköstigt (Ebert 1991, 1994).

Verwandt: die Rote Spornblume

Falterbesuch erhält auch der Rote Baldrian (*Kentranthus ruber*), unter Gartenfreunden auch als Spornblume bekannt. In ihrer Hei-

Die Plattbauchlibelle (Weibchen) benutzt den Blütenstand nur als Ruheplatz und Jagdansitz.

mat, dem Mittelmeerraum, sieht man sie oft an trockenen Weinbergmauern und an heißen, sonnigen Felsen. Der Nektar findet sich in dem 6–7 mm langen Sporn und ist nur durch die 8–10 mm lange, enge, von einer dünnen Membran in zwei Abteilungen geteilten Röhre erreichbar. Zugang haben also nur langrüsselige Hautflügler und Schmetterlinge. Mehrfach beobachtet wurden: Taubenschwänzchen, Zitronenfalter, Großer Kohlweißling, Kleiner Fuchs und Großes Ochsenauge. Die Blüten sind ausgesprochen vormännlich: Der Griffel schiebt sich erst wenig, zuletzt aber 5–6 mm weit aus der Blumenkrone hervor und überragt das in der Kronröhre eingefügte Staubblatt stets um ein Beträchtliches, sodass spontane Selbstbestäubung ausgeschlossen ist.

Viele Namen

Die wissenschaftliche Bezeichnung *Valeriana officinalis* leitet sich vermutlich vom lat. valere = sich wohl befinden, gesund sein und von officin = Apotheke ab und bezieht sich auf die Verwendung als Heilpflanze. Der deutsche Name Arznei-Baldrian hat hier seine Wurzel. In England wird der Baldrian „All heal" (Allesheiler) genannt. Schon die Hippokratiker des Altertums verwendeten die Baldrianwurzel als harntreibendes Mittel und gegen Würmer. Aber erst im 17. Jahrhundert erhält sie ihre Bedeutung als nervenberuhigendes Mittel und Vorläufer für viele Psychopharmaka.

Die Herkunft des deutschen Wortes Baldrian (und Balderbrackenwurzel) ist noch nicht sicher festgestellt. Höchstwahrscheinlich bezieht es sich auf den germanischen Lichtgott Baldur oder Balder, dem Gott der Reinheit und Güte, von Sonne und Licht. Schweben doch die Blüten des Baldrians wie eine rosa Wolke über der Erde dem Licht zu. Ebenfalls in der germanischen Mythologie verwendet die Göttin Hera einen Baldrianstängel als Peitsche, während sie auf ihrem mit Hopfen gezäumten Hirsch durch die Wälder reitet. In Dänemark wurde der Baldrian Wielandskraut genannt, was mit dem Götterschmied Wieland zusammenhängt. Die alten heidnischen Namen wurden aber mit der Zeit von christlichen verdrängt, z. B.

Ein seltener Gast ist das Kleewidderchen, dessen Raupe auf Horn- und Sumpfhornklee lebt. Das Kleewidderchen ist etwas kleiner als das zum Verwechseln ähnliche Blutströpfchen.

Sankt-Georgskraut und Marienwurzel. Verlieh doch der Indische Nardenbaldrian seinen Duft jenem kostbaren Salböl, mit dem der Überlieferung zufolge, Maria Magdalena Jesus die Füße salbte. Und aus den Blutstropfen am Kreuz wuchs der Baldrian, wodurch das Magdalenenkraut noch zu einem Marienkraut wurde.

In mondhellen Nächten sollen die Geister des Wassers und des Mondes um den stattlichen Baldrian tanzen, die Undinen und Wassernixen, die Elfen und Feen. So erhielt die Pflanze auch die Namen Wildfräuleinkraut, Mondwurz und Elfenkraut. Wenn man ihre anmutige Blütenpracht auf schlankem Stängel betrachtet, möchte man es fast glauben.

Waldfeen und Vögel sollen es gewesen sein, die den Menschen während der Pestzeit verraten haben, was sie gegen diese schlimme Krankheit unternehmen sollten: „Esst Bimellen und Baldrian, so geht euch die Pest nicht an." Der alte Name Theriakwurzel weist darauf hin, dass der Baldrian ein wichtiger Bestandteil des gegen Pest und andere Seuchen wirksamen, seit dem Altertum bekannten Theriaks war, einst auch als Phu bezeichnet.

Die Namen Katzen-Baldrian, Katzenkraut, Katzenwurzel, Katzengeil, Katzenwadel, Katzenbuckel und Tollerjan deuten auf die Vorliebe der Katzen für diese Pflanze hin. Die sonst so vornehmen Tiere benehmen sich wie toll, wenn sie nur den Geruch von Baldrian in die Nase bekommen. Die Bezeichnung Augenwurzel hängt ebenfalls mit den Katzen zusammen: Weil diese eine exzellente Sehfähigkeit besitzen, wurde Baldrian früher als Augenheilmittel gepriesen.

Hexenkraut wurde die Pflanze im Mittelalter genannt. Wahrscheinlich ist es der starke Geruch, der böse Geister und Hexen vertreibt, vor Verzauberung schützen und angeblich Böses zum Guten wenden soll. So wurde früher bei Viehkrankheiten (wenn das Vieh von einer Hexe „verzaubert" war) den Tieren Baldrian als „Abwehrkraut" gegeben.

Roter Fingerhut

Innerhalb großer, düsterer Fichtenkulturen entstehen nach dem Holzeinschlag immer wieder freundliche Lichtungen, die bald von einer farbenfrohen Staudengemeinschaft besiedelt werden: Tollkirsche, Kreuzkraut, Labkraut, Johanniskraut, Nesselblättrige Glockenblume, Sumpfkratzdistel und alles überragend, der Rote Fingerhut. Von Juli bis August sind seine mächtigen Blütentrauben zu großen Gesellschaften vereinigt und lassen die Blößen schon von weitem aufleuchten, ähnlich dem roten Blütenmeer des Schmalblättrigen Weidenröschens. Doch spätestens nach etwa acht Jahren kommt der junge Holzwuchs wieder hoch und das Zwischenreich der „roten Glockenblumen" oder „Fuchsglocken" hat ein Ende. Der jetzt noch in Frankreich verbreitete Name „Marienhandschuh" oder „Handschuhblume", veranlasste

Leonhard Fuchs, der das bis dahin unbekannte Gewächs zuerst beschrieb, die Pflanze Fingerhut (*Digitalis*, von lat. digitus = Fingerhut) zu nennen. Blütenbiologisch zählt der Rote Fingerhut zu den typischen Hummelblumen, wie Rittersporn, Eisenhut, Iris, Salbei, Taubnessel oder Löwenmaul.

Hummelblume nach Maß

Bereits eine kurze Betrachtung des Blütenaufbaues weist den Roten Fingerhut als reine Hummelblume aus: Die Maße der bis zu 5 cm langen Blumenröhre passen genau zur Größe der behäbigen Hummeln. Kleineren Insekten wird der Eingang zum Blüteninnern durch die auf der Glockenunterseite befindlichen Sperrhaare verwehrt, den Hummeln jedoch bieten sie Halt. Die großen Blütenglocken sind vormännliche „Einkriechblumen", deren Staubbeutel und Griffel zur Blütenblattoberseite hin verlagert sind. In den ersten drei Tagen bekommen besuchende

Hummeln Pollen aus den Staubbeuteln auf den Rücken gestreut; erst danach spreizen sich die Narbenlappen an den Griffeln auseinander und können so mitgebrachten Fremdpollen aufnehmen. Da die Blüten nacheinander von unten nach oben aufblühen und Hummeln den Blütenstand gewöhnlich unten anfliegen, können sie zuerst an den Narben der älteren, nektarreicheren Blüten Pollen abstreifen und dann in den jüngeren neuen aufnehmen. Die hell umrandeten, dunkelroten Flecken auf der inneren Blütenunterseite wurden lange Zeit für „Saftmale" gehalten, die den Besuchern den Weg zum Nektar weisen. Heute vermuten die Wissenschaftler, dass dieses Fleckenmuster von den Hummeln als optische Staubbeutel-Attrappe wahrgenommen wird und zur Anlockung von Blütengästen dient: Durch Versuche konnte nachgewiesen werden, dass bei Abdeckung dieser Flecken die Blüten nur etwa $^1/_5$ mal so oft von Insekten angeflogen werden als bei nicht abgedeckten Flecken. Bei den gelbblü-

Der Großblütige Fingerhut besiedelt Lichtungen und sonnige Waldränder.

Der blütenreiche Rote Fingerhut ist eine beliebte Zierpflanze in Garten und Park.

Hummeln fliegen die Blütenstände des Fingerhutes stets von unten an.

henden, geschützten Fingerhutarten (Groß-
blütiger Fingerhut, *Digitalis grandiflora*, Gelber Fingerhut, *D. lutea*) tritt die für den Roten
Fingerhut so charakteristische Fleckung dagegen so gut wie nicht in Erscheinung.

Hummeln bestäuben mit System

Die bereits erwähnte, von unten nach oben
verlaufende Sammelbewegung der Hummeln
wurde von Bernd Heinrich experimentell
nachgewiesen und näher untersucht: „Jeden
Tag öffnet sich eine neue Blüte an der Spitze
des Blütenstandes, und eine Blüte am Grunde
welkt. Jede Blüte bleibt etwa 10 Tage lang
geöffnet und bildet zuerst männliche, danach
weibliche Merkmale aus ... Bei unberührten
Blumen, die gegen alle bestäubenden Insekten abgeschirmt wurden, enthielten die älteren unteren Blüten immer mehr Nektar als
die oberen. Um optimale Sammelergebnisse
zu erzielen – das heißt in kürzester Zeit den
meisten Nektar – müssen die Hummeln also
am Grunde des Blütenstandes mit der Aus-
beute beginnen und sich aufwärts bewegen,
ohne schon einmal besuchte Blüten noch
einmal auszusaugen, und sie müssen die Blume verlassen, wenn die Erträge sich als unan-
nehmbar schmal herausstellen. Bei etwa 80 %
der beobachteten ersten Besuche fingen die
Hummeln im unteren Drittel des Blütenstandes mit dem Sammeln an. 77 % der Bewegungen verliefen aufwärts, und nur 3 %
der Besuche galten bereits ausgebeuteten
Blüten. Die Hummeln verließen die Blume,
nachdem sie von vier bis fünf Blüten Nektar
erworben hatten. Dagegen verhielt es sich bei
unabgeschirmten Testblumen so, dass 63 %
der Hummeln schon nach Ausbeutung einer
einzigen Blüte die Blume verließen ... Die
Hummeln werden also angeregt, erstens, zuerst die weiblichen Blüten zu besuchen und
sie mit Pollen von anderen Pflanzen zu bestäuben, zweitens, lange genug auf der Pflanze zu verweilen, um mindestens von einer
männlichen Blüte Pollen aufzunehmen.“

Wollbienen als weitere Gäste

Die Blüten des Roten Fingerhutes werden von
der Großen Wollbiene (*Anthidium manica-
tum*) regelmäßig als Pollenquelle genutzt.
Diese Solitärbiene ist eine eingeschränkt po-

Die Blüten des Roten Fingerhutes werden von der Großen Wollbiene als Pollenquelle genutzt. Die Weibchen betten ihre in Hohlräumen aller Art angelegten Brutzellen in Pflanzenwolle.

lylektische Art, die nur Schmetterlingsblütler,
Lippenblütler und gewisse Rachenblütler besucht. An den Blüten der beiden zuletzt genannten Pflanzenfamilien wird der Pollen mit
reibenden Kopfbewegungen aus den oberständigen Staubbeuteln direkt in eine spezialisierte Gesichtsbehaarung gekämmt. Die auffallend großen Männchen verteidigen im Be-
reich der Nahrungspflanzen der Weibchen
kleine Reviere, die sie ständig auf- und abpa-
troullieren. Jedes eindringende Männchen
wird sofort attackiert, wobei der Revierinha-
ber seine Hinterleibsdorne als Waffen ein-
setzt. Auch andere Blütenbesucher wie Honigbienen oder Schwebfliegen werden von
diesen kleinen „Rammböcken“ regelrecht an-
gerempelt. Die Weibchen bauen ihre Brutzellen aus Pflanzenwolle in Hohlräumen aller
Art, z. B. in Mauerritzen, Fensternuten oder in
verlassenen Nestern anderer Bienen. Die
Große Wollbiene fliegt von Ende Juni bis September und ist am häufigsten in Gärten zu
beobachten, außerhalb der Siedlungslagen
begegnen wir ihr dagegen deutlich seltener.

Alte Heilpflanze

Die Blätter des Fingerhutes enthalten sehr giftige Glycoside, die in geringer Dosis wirksa-
me Herz- und Kreislaufmittel darstellen. Erst-
mals wurde die Droge im Jahre 1775 von
dem englischen Arzt Withering an ärmere Pa-
tienten, die er umsonst behandelte, verabreicht. Auf den Rat des Großvaters Darwins,
der einer der berühmtesten Ärzte seiner Zeit
war, wagte er es endlich, auch vornehmen
Leuten damit zu helfen. Später wurde der Rote Fingerhut sogar feldmäßig angebaut, wird
aber seit einigen Jahrzehnten mehr und mehr
vom osteuropäischen Wolligen Fingerhut
(*Digitalis lanata*) verdrängt. Die Glykoside
des Wolligen Fingerhuts zeigen angeblich
weniger Nebenwirkungen und sind in der
Pflanze in höherer Konzentration enthalten.
Heute werden meist fertige Digitalispräparate
angewendet, da wegen der Gefahr der Vergif-
tung durch zu hohe Dosen eine individuelle
und genaue Dosierung der Wirkstoffe sehr
wichtig ist.

Großer Klappertopf

Bereits seit 1980 wird von der „Stiftung Naturschutz Hamburg und Stiftung zum Schutze gefährdeter Pflanzen" jährlich die „Blume des Jahres" vorgestellt. Für das Jahr 2005 wurde der Große Klappertopf (*Rhinanthus angustifoliua*) gewählt, stellvertretend für die immer weniger werdenden artenreichen Wiesengesellschaften. Der Große Klappertopf ist eine Charakterart wechselfeuchter Wiesen und durch die Aufgabe traditioneller Nutzungsweisen gefährdet. Entwässerung, Düngung, mehrschürige Mahd und Umbruch von Dauergrünland auf alten Wiesen- und Weideflächen führen zum raschen Verschwinden der Pflanze.

Mehrere Namen

Der Gattungsname *Rhianthus* leitet sich aus den griechischen Wörtern rhinos (Nase) und

Der Große Klappertopf blüht bereits im Mai.

anthos (Blume) ab und beschreibt die Blütenform, die einer Nase ähnelt. Die deutschen Namen Klappertopf oder Wiesenklapper beziehen sich auf die reifen Früchte, deren Samen im fast kugelig aufgeblasenen Fruchtkelch beim Schütteln deutlich hörbar klappern. Bereits in den Aufzeichnungen von Hildegard von Bingen findet sich eine „razela" (Rassel), spätestens jedoch seit dem 15. Jahrhundert wird von einer „Klapper" gesprochen. Die Bezeichnung „Klappertopf" wurde nachweislich seit 1833 benutzt.

Die ebenfalls verbreitete Bezeichnung „Totsauger" weist darauf hin, dass der Klappertopf wie Augentrost, Läusekraut und Wachtelweizen zu den so genannten Halbschmarotzern zählt. Obwohl sie grüne Blätter, also Chlorophyll, haben und sich durch Photosynthese selbst Nährstoffe beschaffen können, beziehen sie einen Teil der benötigten Nahrung von anderen Grünpflanzen.

Hummeln als Bestäuber

Der Klappertopf zählt wie Fingerhut und Löwenmaul zu den Rachenblütlern und wird ausschließlich durch Hummeln bestäubt. Der Nektar wird von einer Drüse am Grunde des Fruchtknotens abgesondert. Die nach Nektar suchende Hummel muss ihren Rüssel zwischen den unter der Oberlippe liegenden Staubbeuteln hindurchschieben, der auf diese Weise mit Pollen bestreut wird. In einer anderen Blüte wird der Blütenstaub dann an der Narbe abgestreift, mit der die Hummel noch vor den Staubgefäßen in Berührung kommt. Als Blütengäste wurden beobachtet: Gartenhummel, Waldhummel, Dunkle Erdhummel, Baumhummel, Wiesenhummel und Bärtige Kuckuckshummel.

Interessant ist ein Vergleich zwischen dem Großen und dem oft am selben Standort blühenden Kleinen Klappertopf. Bei Letzterem ist die Blumenkronröhre 7–8 mm lang, sodass auch unsere kurzrüsseligste Hummel, die Dunkle Erdhummel, den Nektar erreichen kann. Trotzdem ist der Hummelbesuch nur spärlich, da die Blüten zum größten Teil in den blasigen Kelch eingeschlossen sind und nur wenig ins Auge fallen. Doch die Natur hat hier vorgesorgt: Im Verlauf des Blühens streckt sich der Griffel und biegt sich nach

Gelegentlicher Gast: Das Taubenschwänzchen.

unten und innen, sodass die Narbe unter oder zwischen die Staubbeutel zu liegen kommt, die beim Verwelken von selbst auseinandergehen.

Beim Großen Klappertopf ist die Blumenkronröhre nur etwa 2 mm länger. Aber dieser Unterschied genügt, um den Nektar unseren kurzrüsseligsten Hummeln auf normalem Wege unzugänglich zu machen. Dunkle Erdhummel (Rüssellänge 7–9 mm) und Wiesenhummel (Rüssellänge 8 mm) begehen daher Blüteneinbruch durch Anbeißen der Kronröhre. Die Möglichkeit der Selbstbestäubung ist beim Großen Klappertopf verloren gegangen: Anstatt sich in den Blüteneingang und unter die Staubbeutel zu biegen, streckt sich der Griffel immer länger gerade aus der Blüte hervor. Zur Anlockung bestäubender Hummeln, besitzt der Große Klappertopf auffälligere Blüten, als die kleinere Art. Die Oberlippe ist länger (10–11 mm), ihre hervorragenden Zipfel sind stets violett, während sie beim Kleinen Klappertopf weißlich sind.

Wachtelweizen

Die 15 in Europa vorkommenden Wachtelweizenarten zählen wie Augentrost, Klappertopf und Läusekraut zu den Halbschmarotzern unserer heimischen Flora. Der bekannte und weit verbreitete Wiesen-Wachtelweizen (*Melampyrum pratense*) benutzt als Wirtspflanze nur Holzgewächse wie Waldbäume, Heidekraut und Heidelbeere. Daher werden wir dieser Art nie auf einer echten Wiese begegnen, wohl aber auf Heiden oder in lichten Laub- und Nadelwäldern. Die gelben Rachenblüten des 10–50 cm hohen Krautes öffnen sich von Juni bis September und bilden weizenkornähnliche Samen. Diese werden wegen ihrer fett- und eiweißreichen äußersten Schicht gerne von Ameisen verschleppt. Entgegen einer im Volk weit verbreiteten, aber irrtümlichen Meinung verschmähen Wachteln die Samen, da sie große Mengen giftiges Aucubin enthalten.

Hummeln als ausschließliche Bestäuber

Der Wiesen-Wachtelweizen besitzt typische zweilippige Rachenblüten mit langer Kronröhre, deren Schlund durch Höcker der Unterlippe fast verschlossen wird. Der von der Unterlage des Fruchtknotens abgesonderte Nektar füllt den Grund der 14–15 mm langen, waagrecht stehenden Blumenröhre auf 2–3 mm Länge. Um an den Nektar zu gelangen, müssten also Insekten wenigstens eine Rüssellänge von nahezu 14–15 mm besitzen. Die Blumenröhre weist jedoch 4–5 mm vor dem Eingang eine starke Erweiterung auf, sodass ein Hummelkopf bequem darin Platz findet. Eine Rüssellänge von 10–11 mm reicht somit für eine Nektarausbeute völlig aus. Keinerlei Probleme haben daher Ackerhummel (Rüssellänge 10–15 mm), und Gartenhummel (18–20 mm), während Wiesenhummel (8–9 mm) und Dunkle Erdhummel (7–9) Blüteneinbruch begehen, wovon dann auch Honigbienen (6 mm) profitieren, da sie nur so zum Nektar gelangen können.

Fremd- und Selbstbestäubung möglich!

Beim Wiesen-Wachtelweizen liegt vorne unter der Oberlippe die Narbe. Von den vier Staubbeuteln dahinter ragen kleine Fortsätze in die Kronröhre hinein. Bei der Nektarsuche stoßen die Hummeln mit ihrem Kopf an die eng aneinander liegenden Staubgefäße, wobei sie den Pollen auf ihren Rücken laden. Noch vor den Staubgefäßen aber wird von den Blütengästen die Narbe gestreift und auf diese Weise Fremdbestäubung vermittelt. Trotz dieser sinnvollen Anpassung erhalten die Blüten, vor allem an schattigen Standorten, nur spärlichen Hummelbesuch. Dann muss Selbstbestäubung den Fortbestand der Art sichern: Die Griffelspitze krümmt sich immer weiter abwärts und zuletzt einwärts; schließlich kommt die Narbe unter die sich im Alter öffnenden Staubgefäße zu liegen und wird mit deren Pollen bestreut. Die sich bildenden Samen sind nur kurze Zeit keimfähig und müssen bald Anschluss an ihre Wirtspflanze finden.

Wiesen-Wachtelweizen: In lichten Wäldern, auf Waldwiesen; Blütezeit Juni bis August.

Acker-Wachtelweizen: Als Unkraut häufig auf Feldern; Blütezeit Juni bis September.

Kamm-Wachtelweizen: In Wäldern, trockenen Wiesen; Blütezeit Juni bis September.

Nachtschattengewächse

Die meisten der etwa 3200 weltweit verbreiteten Arten dieser Familie kommen in den Tropen und Subtropen, vorwiegend in Amerika vor, während sich in den gemäßigten Gebieten nur wenige Gattungen finden. Immerhin hat die Familie der Nachtschattengewächse der Menschheit eine ganze Reihe bedeutender und nützlicher Kulturpflanzen geschenkt: Allen voran die Kartoffel, die in Notzeiten schon viele Menschen vor dem Hungertod bewahrt hat, ferner Tomate, Aubergine und Paprika. Unter den Nachtschattengewächsen finden sich aber auch zahlreiche Arten, deren Genuss für Mensch und Vieh schädlich ist, ja sogar tödlich sein kann. Nach der Art der jeweils hervorgebrachten Früchte lassen sich zwei Gruppen unterscheiden: Nachtschattengewächse mit Beerenfrüchten und Arten mit Kapselfrüchten.

Die Tollkirsche

Zur ersten Gruppe zählt die bis zu 2 m hohe Tollkirsche (*Atropa belladonna*) als das gefährlichste Gewächs, das die heimische Pflanzenwelt aufzuweisen hat. Die Toll-, Teufels- oder Wolfskirsche ist im Tiefland selten oder fehlt dort in größeren Gebieten. In den Wäldern der Mittelgebirge findet man sie vor allem an Waldrändern, hauptsächlich jedoch auf Lichtungen und Kahlschlägen. Ein sicheres Erkennungsmerkmal bilden die glänzend schwarzen, einzeln stehenden Beeren, aber auch die braunviolett-grünlichen Blüten.

Hummeln und Bienen

In den hängenden Blütenglocken liegen drei der fünf Staubblätter und der Griffel, der länger als diese ist, der Unterseite an. Die Blüten sind vorweiblich: Die Narbe kann bereits fremden Pollen aufnehmen, wenn die eigenen Staubbeutel der Blüte noch geschlossen sind. Nektar wird am Blütengrund zwischen den Staubfäden in fünf Gruben gebildet, die von Härchen überdeckt sind. Als Besucher stellen sich Hummeln und Bienen ein. Sie berühren mit dem Bauch zuerst die Narbe und tiefer in der Blüte sodann die Staubbeutel. Der Inhalt der oberen Staubbeutel, die demnach für eine Fremdbestäubung kaum in Betracht kommen, soll beim Ausbleiben der Letzteren der spontanen Selbstbestäubung dienen. Sehr bald nach erfolgter Bestäubung welkt die Blüte und der Griffel fällt vom Fruchtknoten ab. Die Frucht ist eine Beere von der Größe einer kleinen schwarzen Kirsche. An ihr ist der große fünfzipfelige Kelch noch erhalten, sodass eine Verwechslung der Giftbeere mit einer essbaren eigentlich ausgeschlossen sein müsste.

Hochgiftige Früchte

Vögel, vor allem Drosseln und Amseln, fressen die Beeren ohne Schaden und verbreiten

Die verlockend aussehenden Früchte der Tollkirsche sind für Menschen hochgiftig.

Die Blüten des Bittersüßen Nachtschattens halten für ihre Gäste nur Pollen bereit.

Blätter und Beeren des Bittersüßen Nachtschattens enthalten giftige Glykoside.

Die Raupe des Totenkopfschwärmers lebt auf Kartoffel, Tabak, Tollkirsche, Bilsenkraut und anderen Nachtschattengewächsen.

Zur Verpuppung graben sich die Raupen des Totenkopfschwärmers bis zu 20 cm tief in das Erdreich ein.

so die Samen. Bei uns Menschen soll schon der Genuss von drei bis vier Beeren zum Tode führen. Bereits wenige Minuten nach dem Verzehr stellt sich eine Erweiterung der Pupillen und Dunkelsehen ein, das bis zum Erblinden führen kann. Dazu kommen Entzündungen im Hals, krampfhaftes Schlingen und Aufhören der Speichelsekretion. Weitere Symptome sind unter anderem Verwirrungszustände und bei stärkerer Dosierung „wahnsinnige" Raserei. Daher der Name Tollkirsche. Aber nicht nur die Früchte enthalten Giftstoffe (Atropin, Hyoszyamin und Scopolamin), sondern auch alle Grünteile und die Wurzel. Bereits 0,2 g der Blätter oder 2 mg reinen Atropins können tödlich sein. Noch im Jahre 1929 erregte der Fall einer Tagelöhnersfrau Aufsehen, die ihren Mann mit dieser verhängnisvollen Frucht ins Jenseits beförderte.

Namenkundliches

Auch der wissenschaftliche Name der Pflanze spielt auf die Giftigkeit an: *Atropa* ist eine Wortwurzel aus dem Griechischen (tropein = wenden) und meint, auf die Mythologie bezogen, die den Lebensfaden abschneidende Schicksalsgöttin. Ja, im Grunde verweist auch das widersprüchliche *belladonna* (= schöne Frau) auf das Gift: Atropin ist ein Alkaloid, das eine Erweiterung der Pupillen be-

wirkt und daher in der Augenheilkunde Verwendung findet. Während der Renaissancezeit wurde vor allem in Italien aus den Beeren ein Schönheitswasser bereitet, um sich damit die Wangen rot zu schminken. Außerdem träufelten sich die Frauen Belladonnasaft in die Augen, um durch erweiterte Pupillen einen glänzend strahlenden Blick zu bekommen und damit begehrenswerter zu erscheinen. Bleibt noch zu erwähnen, dass die Pflanze vor einigen Jahrhunderten auch im Hexenkult genutzt wurde. Der Scopolamingehalt führte bei den „Hexen" zu Träumen und Halluzinationen, wie etwa der Selbsttäuschung, dass sie flögen, nachdem sie sich mit einer Creme, die Belladonna enthielt („Hexenpomade"), eingerieben hatten.

Zu den beerentragenden Nachtschattengewächsen zählen auch Schwarzer und Bittersüßer Nachtschatten (*Solanum nigra* und *S. dulcamara*), ferner Judenkirsche (*Physalis alkekengi*) und Bocksdorn (*Lycium barbarum*).

Der Schwarze Nachtschatten

Der Schwarze Nachtschatten ist ein einjähriges Unkraut, das auf Hackfruchtäckern, in Gärten und auf Schuttplätzen am Rand von Dörfern häufig vorkommt. Nach der klinischen Toxikologie besitzt der Schwarze

Nachtschatten das meiste Solanin-Alkaloid. Die Pflanze hat sich auch in die Geschichte der Naturwissenschaften eingeschrieben: Der Schwarze Nachtschatten lässt sich leicht pfropfen und besitzt eine erstaunliche Regenerationsfähigkeit. Er wurde daher in der Gentechnik beim Studium der so genannten Chimären zum klassischen Material (Chimäre = Pfropfbastard aus Zellen verschiedener Arten). Die weißen Blüten ähneln unverkennbar denen der Kartoffel, mit der die Art nahe verwandt ist. „Schwarz" bezieht sich auf die Farbe der erbsengroßen Beeren, die sich nach der Befruchtung der Blüten entwickeln.

Bienen und Schwebfliegen

Die nektarlosen Blüten sind schräg oder senkrecht nach unten geneigt und schließen sich nachts, vermutlich zum Schutz vor Regen und Kälte. In der Regel sind sie reinweiß; es kommen jedoch auch Blüten vor, deren Kronzipfel an der Spitze einen blauen Fleck aufweisen, von dem oft noch eine schmale blaue Mittellinie bis zum orangegelb gefärbten Schlund verläuft. Möglicherweise handelt es sich hier bereits um ein für Insekten bestimmtes Blütenmal. Bei der Erschütterung des Staubblatt-Kegels durch blütenbesuchende Insekten wird der Pollen aus den an der Spitze aufspringenden Staubbeuteln entleert.

Als Blütenbesucher wurden Bienen (darunter die Pelzbiene *Anthophora quadrimaculata*) und pollenfressende Schwebfliegen, wie die Gemeine Stiftschwebfliege *Sphaerophoria scripta* und die Gemeine Keulenschwebfliege *Syritta pipiens* festgestellt.

Der Bittersüße Nachtschatten

Dieses im Volksmund auch kurz als Bittersüß bezeichnete Nachtschattengewächs findet sich in Au- und Bruchwäldern, sowie in Unkrautbeständen an Ufern und feuchten Schuttplätzen. Der von Juni bis August blühende Bittersüße Nachtschatten (*S. dulcamara*) ist mehrjährig und fast schon ein Strauch, da er verholzt und oft an anderen Gehölzen emporrankt. Er heißt „Bittersüß", weil die Blätter zerkaut zuerst bitter und danach süß schmecken sollen.

Einst Hexen- und Heilpflanze

Der Bittersüße Nachtschatten wird als mäßig giftig eingestuft, ist aber sicher giftiger als der Schwarze Nachtschatten. Im Volksglauben verkörperte er das „Sinnbild der Heimtücke". Wie Tollkirsche und Schwarzer Nachtschatten wurde auch diese Pflanze für Hexensalben verwendet. Der „Nachtschaden" gilt als altes Wort für einen Schadenszauber. – In alten Heilpflanzenbüchern wird die Art als Mittel gegen Geschwülste und Warzen genannt. In Nordamerika eingeschleppt, wurden sowohl Wurzel als Stängel des Bittersüßen Nachtschattens mit vielerlei Anwendungen in der Indianermedizin benutzt, z. B. gegen Krebs, Hautkrankheiten, entzündete Drüsen sowie gegen das Ausbleiben der Periode. Erst im 16. Jahrhundert fand die Pflanze Eingang in die europäische Medizin, als man begann, die Wurzel gegen Gicht, Syphilis und andere Krankheiten sowie als blutreinigendes und harntreibendes Mittel zu verwenden. Wegen der Giftigkeit der Pflanze ist sie jedoch in der heutigen Volksmedizin nicht mehr im Gebrauch.

Nektarlose Pollenblume

Obschon der Bittersüße Nachtschatten unter günstigen Bedingungen bis 3 m Länge erreichen kann, fällt er selbst zur Blütezeit kaum auf, denn die Blüten bleiben klein und stehen locker angeordnet beieinander. Die violetten Kronzipfel haben an ihrer Basis grüne, glänzende Höcker mit weißen Rändern, die wie Nektardrüsen aussehen, aber nichts ausscheiden. Sie werden als „Scheinnektarien" bezeichnet und vermögen Insekten, besonders Fliegen und Schwebfliegen zu täuschen. Tatsächlich wurde beobachtet, dass Fliegen (z. B. die Gemeine Schnauzenschwebfliege *Rhingia rostrata*) zuerst mit dem Rüssel diese grünen Höcker berührten, erst dann die Narben und die pollenliefernde Spitze des Staubblattkegels und auf diese Weise Fremdbestäubung herbeiführten. Auch andere Besucher, wie Bienen, Hummeln, Käfer (z. B. Glanz- und Rüsselkäfer), können in den Blüten nur Pollen fressen oder sammeln. Die auffällig gefärbten Früchte werden oft von Vögeln (z. B. Elstern) verschleppt. Daraus mag sich das gelegentliche Vorkommen der Pflanze auf alten Bäumen, in Fels- und Mauerspalten erklären.

Das Schwarze Bilsenkraut

Das auch als Schlaf- oder Tollkraut, Teufelsbeutel (wegen der Form der Frucht), Saubohne oder Rindswurzel bezeichnete 30–60 cm hohe Schwarze Bilsenkraut (*Hyoscyamus niger*) zählt zu den Nachtschattengewächsen mit Kapselfrüchten. Es blüht von Juni bis Oktober und kommt auf stark stickstoffhaltigen Böden wie Dorfangern, Schuttplätzen, Brachland, Äckern und Viehweiden vor. Vermutlich war das Bilsenkraut ursprünglich nicht in Mitteleuropa heimisch, sondern wurde (schon in der Vorzeit?) eingeschleppt. Heute ist das Schwarze Bilsenkraut fast über ganz Europa verbreitet, aber inzwischen selten geworden und gefährdet.

Der bis zu 12 cm spannende Totenkopfschwärmer fliegt jedes Frühjahr als „Wanderfalter" aus dem Mittelmeerraum bei uns ein.

Der Falter besucht keine Blüten, sondern lebt von Baumsäften und Bienenhonig, weshalb er nachts gerne in Bienenstöcke eindringt.

Das wärme- und stickstoffliebende Schwarze Bilsenkraut ist bei uns sehr selten geworden und findet sich nur noch in der Nähe von Siedlungen und Schuttplätzen.

Die Raupen des Braunen Bären fessen an einer Vielzahl von Futterpflanzen, darunter auch ein Bilsenkraut. Die Raupen schlüpfen im August und überwintern.

Die Variabilität des Braunen Bären ist groß, sodass man kaum Exemplare findet, deren Zeichnung sich bis ins Detail gleicht. Die Falter kommen nachts gerne ans Licht.

Alte Heilpflanze

Das Schwarze Bilsenkraut riecht auffällig und enthält in allen Teilen die schon bei der Tollkirsche angeführten Alkaloide. Die später in Kultur genommene Pflanze war bereits den Babyloniern, Ägyptern, Indern, Persern und Arabern sowie den Griechen und Römern als Heilmittel bekannt. Erste Hinweise finden sich auf sechstausendjährigen sumerischen Tontafeln. Die getrockneten Blätter wurden als Schlaf-, Schmerz- und Betäubungsmittel verwendet. Die hohe Giftigkeit des Schwarzen Bilsenkrautes machte es zum natürlichen Bestandteil von giftigen Getränken, die in jener Zeit oft Verwendung fanden.

Hummeln als Bestäuber

Blütenbiologisch ist das Schwarze Bilsenkraut als eine Hummelblume einzustufen. Scheinen doch die Blüten in ihren Dimensionen diesen Großinsekten bestens angepasst. Die violette Färbung des Kronschlundes kann als Saftmal gedeutet werden, das den Weg zu dem am Grunde des Fruchtknotens abgesonderten Nektar zeigt. Die Staubgefäße werden etwas von der kopfförmigen Narbe überragt, sodass bei Insektenbesuch die Verhältnisse für eine Fremdbestäubung günstig sind. Steht die Narbe anfänglich etwa 7 mm über den Staubbeuteln, gelangen Letztere durch das Wachstum der Blumenkrone allmählich auf die Höhe der Narbe. Damit kann auch Selbstbestäubung stattfinden. Die in den sich vergrößernden Kelch eingeschlossene Frucht ist eine zweifächerige Kapsel mit zahlreichen Samen. An den Samenkapseln frisst die Raupe der Bilsenkraut-Borstfuß-Blasenstirneule (*Heliothis peltigera*); auch die nicht wählerische Raupe des Braunen Bären (*Arctia caja*) wurde schon auf Bilsenkraut gefunden.

Samen als Bierzusatz

Eine Fruchtkapsel des Schwarzen Bilsenkrautes enthält etwa 200 Samen; ein Exemplar mit 50 Fruchtkapseln erzeugt demnach etwa 10 000 Stück. Die nierenförmigen, graubraunen Samen dienten in früheren Jahrhunderten dazu, das (dünne) Bier berauschender zu machen. So bestimmt die Polizeiordnung aus Eichstätt (Oberbayern) vom Jahre 1507, dass die Brauer bei einer Strafe von 5 Gulden keine Bilsensamen und andere „den Kopf tollmachende Stücke oder Kräuter" dem Bier zusetzen sollen. Auch das Kräuterbuch des Tabernaemontanus warnt davor, „mit Bilsensamen und anderen dergleichen schädlichen Dingen das Bier zu stärken". Man äußerte sogar die Vermutung, „dass Massenerkrankungen früherer Zeiten, wie die Tanzwut und Ähnliche, mit einer solchen Bilsenbiervergiftung zusammenhängen".

Die Petunie gelangte schon im 19. Jahrhundert aus Südamerika nach Europa. Durch Kreuzung entstanden zahlreiche Sorten mit vielerlei Blütenfarben und -formen.

Die Früchte der Andenbeere sind eine echte Delikatesse. Wie der Name schon sagt, stammt dieses Nachtschattengewächs aus der südamerikanischen Andenregion.

Die von August bis Oktober blühende Engelstrompete besitzt bis zu 30 cm lange Blütenkelche. Wie die übrigen Arten der Gattung Stechapfel ist sie giftig.

Die langröhrigen Blüten des Tabaks und seiner gärtnerischen Zierformen werden gerne von Schwärmern (Windenschwärmer, Hummelschwärmer und Taubenschwänzchen) besucht.

Die Lampion- oder Laternenblume blüht im Juni/Juli zunächst recht unscheinbar weiß, aber wenn sich die Blütenkelche Ende August zur Fruchtreife leuchtend rot färben, sind sie ein echter Blickfang.

Brennnessel

Brennnesseln kommen fast überall vor an Wegrändern, Böschungen und nassen Ufern ebenso wie auf Ödländereien oder im Halbschatten von Hecken und Waldsäumen. Ursprünglich nur in Auwäldern wachsend, hat die Große Brennnessel – wie die in früher Zeit eingeschleppte Kleine Brennnessel – seit langem auch die stickstoffhaltigen Schutt-, Abfall- und Ruinenplätze im Siedlungsbereich des Menschen erobert. Diese Vielfalt der Wuchsstandorte und ihre jeweils besonderen kleinklimatischen Verhältnisse haben dazu geführt, dass vor allem die Große Brennnessel Nahrungspflanze und Aufenthaltsort von über 100 Insektenarten ist, wovon etwa 30 Arten – darunter einige unserer bekanntesten Tagschmetterlinge – in ihrem Vorkommen mehr oder weniger eng an die Brennnessel und ihre nächsten Verwandten gebunden sind. In der freien Kulturlandschaft wird die einst als Heil- und Nutzpflanze sehr geschätzte Brennnessel jedoch immer seltener oder sie steht an solchen Standorten, wo die Giftschwaden einer chemiegläubigen Landwirtschaft kein Insektenleben mehr aufkommen lassen. Zeitschriften, Broschüren und Merkblätter zum Artenschutz empfehlen daher Gartenbesitzern zu Recht, neben anderen Wildkräutern auch der Brennnessel ein Eckchen zu gönnen. Mit ihren stark im Boden verwurzelten Rhizomen bildet die Große Brennnessel zwar dichte Bestände, die aber keineswegs zu einer unerwünschten Brennnesselwildnis ausarten müssen: Mit Hilfe eingelassener Steinplatten (z. B. Rasenkantensteinen) lässt sich der Expansionsdrang der Brennnesseln wirkungsvoll eindämmen und unter Kontrolle bringen. Auch kann im Juni oder Juli ein Teil der Brennnesseln zurückgeschnitten werden, die nachwachsenden Sprosse locken dann sogar vermehrt Brennnesselgäste an. Für die zunächst kurz vorgestellten Schmetterlinge reichen schon Brennnesselhorste von 1 bis 2 Quadratmeter Größe als Angebot aus. Allerdings darf man nicht erwarten, dass alle Arten, deren Raupen an Brennnesseln leben, die Bestände nun gleichermaßen akzeptieren würden. Zunächst einmal suchen Schmetterlinge zur Eiablage nur windgeschützte Stellen auf, aber selbst dort nimmt nicht jede Art jede Brennnessel an jedem Standort für ihre künftige Nachkommenschaft an.

Wirtspflanze zahlreicher Schmetterlingsarten

Futterpflanze für Tagfalterraupen

Die bekanntesten Beispiele echter „Nesselfalter" finden sich unter den Zackenfaltern: Kleiner Fuchs (*Aglais urticae*), Admiral (*Vanessa atalanta*), Tagpfauenauge (*Inachis io*), Landkärtchen (*Araschnia levana*), C-Falter (*Polygonia c-album*) und Distelfalter (*Cynthia cardui*), obgleich Letzterer mehr Disteln den Vorzug gibt. Die Falter legen ihre Eier mit Vorliebe an die jungen, zarten Blätter und lassen sich dabei von den Brennhaaren nicht abhalten, denn diese vermögen das Chitinskelett der Tiere nicht zu durchdringen. Auch den Raupen scheinen die als Waffe und Fraßschutz gedachten Brennhaare nichts anhaben zu können, sie werden entweder mit den harten Mundwerkzeugen zerkaut, oder am Grunde abgebissen: Werden einige Raupen des Kleinen Fuchses in einem Glasgefäß mit Brennnesselblättern gefüttert, kann man schon bald eine Ansammlung von Brennhaaren auf dem Boden entdecken.

Wie bereits eingangs bemerkt, hat jede Falterart bestimmte Vorlieben. So legt der Kleine Fuchs seine Eier gerne an prallsonnigen und lufttrockenen Stellen im offenen Gelände oder an der Südseite von Gebäuden ab, während das Tagpfauenauge zwar ebenfalls sonnige, aber luftfeuchte Brennnesselstandorte, z. B. neben einem Gartenteich, Bach oder anderen Feuchtstellen, bevorzugt. Das Landkärtchen ist dagegen am ehesten an halbschattigen und relativ luftfeuchten Plätzen, etwa an der Nordseite von Gebäuden oder im Schattensaum von Gehölzen zu erwarten. Schon durch diese unterschiedlichen Standortansprüche, wie auch durch die zeitlich gut getrennten Flugzeiten wird eine zwischenartliche Konkurrenz der Falter weitgehend ausgeschaltet.

Schmetterlingsfreunde gestalten ihre Gärten nicht nur blütenreich, sondern halten auch ein Brennnesselbeet oder eine Brennnesselecke als Entwicklungsort für Falterraupen bereit.

Hinzu kommt, dass von den Weibchen Brennnesseln, an denen bereits Raupen der gleichen oder einer anderen Art fressen, zur Eiablage nicht mehr angeflogen werden. Die Nachkommen von Tagpfauenauge, Kleinem Fuchs und Landkärtchen leben zudem gesellig und benötigen deshalb größere Brennnesselbestände. Anders beim hübschen Admiral, ihm genügen als Raupenplatz einige wenige Brennnesselpflanzen. In sonniger, mäßig feuchter Saumposition, z. B. vor einer Hauswand, an verwachsenen Zäunen, Schuttplätzen und Gräben. Die Eier werden wie bei C-Falter und Distelfalter stets einzeln an die Unterseite von Blättern abgesetzt, während die Eiablage bei Tagpfauenauge und Kleinem Fuchs in Häufchen und beim Landkärtchen in typischen Türmchen erfolgt. Die auch im erwachsenen Zustand recht kleinen Raupen des Landkärtchens leben bis zum letzten Larvenstadium gesellig auf der Blattunterseite, während die viel auffälligeren Raupen von Tagpfauenauge und Kleinem Fuchs sich stets auf der Blattoberseite aufhalten. „Nesselrau-

pen" haben es übrigens nicht nötig, sich vor hungrigen Vogelschnäbeln zu verbergen, da sie mechanisch durch Stacheln und chemisch durch das aufgenommene Brennnesselgift bestens geschützt sind. Die Raupe des C-Falters besitzt darüber hinaus eine vogelkotähnliche Tarntracht. Vom C-Falter weiß man ferner, dass er Brennnesseln nur dann in größerem Umfang mit Eiern belegt, wenn die hauptsächlichen Brennnesselfalter seltener sind. Ansonsten kann er auf Salweide, Hasel, Johannis- und Stachelbeersträucher ausweichen, ähnlich wie der Distelfalter, dessen Raupen auch auf Disteln und Hopfen leben.

<u>Futterpflanze für Nachtfalterraupen</u>
Weit weniger bekannt ist, dass sich auch viele Nachtfalterraupen – wenn auch nicht ausschließlich – von Brennnesseln ernähren, so z. B. einige Bärenspinner, die z. T. ein halbes Dutzend volkstümlicher Namen besitzen (die bekanntesten davon sind jeweils beigefügt): Spanische Fahne oder Schönbär (*Panaxia dominula*), Russischer Bär oder Prachtbär (*Pa-

naxia quadripunctaria*), Rostbär oder Zimtbär (*Phragmatobia fuliginosa*), Rotrandbär oder Rotrand (*Diacrisia sannio*), Stachelbeerbär oder Purpurbär (*Rhyparia purpurata*), Weißer Fleckleibbär oder Nesselbär (*Spilosoma urticae*), Graubär oder Bettlerin (*Cycnia mendica*), Weiße Tigermotte oder Minzenbär (*Spilosoma menthastri*), Gelbe Tigermotte oder Holunderbär (*Spilarctia lubricipeda*), Brauner Bär (*Arctia caja*). Die vier zuletzt genannten Arten sind auch in Gärten und Anlagen zu beobachten.
Vielen Brennnesselliebhabern begegnen wir schließlich noch in der sehr umfangreichen Nachtfalterfamilie der Eulen. Jedoch nur wenige Arten, wie etwa die Grauschwarze Nesseleule (*Abrostola triplasia*), die Nesselhöckereule (*Abrostola trigemina*), die Messingeule (*Plusia chrysitis*), oder die als Nesselschnabeleule bekannte Gelblichbraune Kraut-Zünslereule (*Hypena proboscidalis*) sind in ihrem Raupenstadium auf Brennnesseln oder deren nächsten und weiteren Verwandten (Nesselgewächse, Nesselartige) an-

Einzeln abgelegte Eier des Distelfalters.

Raupen des Distelfalters (Länge bis 28 mm).

Raupe des Admirals (Länge bis 35 mm).

Raupe des Tagpfauenauges (Länge bis 42 mm).

Raupe des Kleinen Fuchses (Länge bis 22 mm).

gewiesen. Die Raupen von rund 20 weiteren Arten fressen – meist nachts – auch auf anderen krautigen Pflanzen und sind nahezu vollständig in Gärten und Parkanlagen zu finden: Ampfereule (*Pharetra rumicis*), Dunkelbraune punktierte Erdeule (*Eugnorisma depuncta*), Gelbliche dunkelrandige Erdeule (*Axylia putris*), Schwarze Garteneule (*Mamestra persicariae*), Gemüseeule (*Mamestra oleracea*), Bocksbarteule (*Amphipyra tragopoginis*), Bräunlichgraue Frühlingseule (*Orthosia gothica*), Grüne Meldeneule (*Trachea atriplicis*), Braune Himbeereule (*Euplexia lucipara*), Braune Achateule (*Phlogophora meticulosa*), Gemeine Staubeule (*Hoplodrina alsines*), Salat-Bodeneule (*Caradrina morpheus*), Rauschbeeren-Silbereule (*Syngrapha interrogationis*), Braune Silberfleck-Höckereule (*Autographa bractea*), Goldenes V (Autographa jota), Ziesteule (*Autographa pulchrina*), Gammaeule (*Autographa gamma*), Bräunlichaschgraue Höckereule (*Trichoplusia ni*), Dunkelbraune Heidelbeer-Spannereule (*Bomolocha crassalis*), Dunkelbraune Kraut-Zünslereule (*Hypena obesalis*), Hopfen-Zünslereule (*Hypena rostralis*).

Auch die Kleinschmetterlinge sind mit einigen Wickler- und Zünslerarten auf Brennnesseln vertreten. Nur die bekanntesten Arten besitzen deutsche Namen: Der Brennnesselzünsler (*Eurrhypara hortulata*) und der Nesselzünsler (*Pleuroptya ruralis*), deren Raupen

in zusammengerollten Brennnesselblättern leben. (Farbige Abbildungen der meisten hier angeführten Schmetterlingsarten finden sich in der Broschüre „Schmetterlinge im Garten und in der Landschaft", Obst- und Gartenbauverlag München.)

Weitere Brennnesselgäste

<u>Vegetarier</u>
Neben einer Vielzahl von Schmetterlingsraupen bieten Brennnesseln noch einer ganzen Reihe größerer oder kleinerer Lebewesen Unterschlupf und Nahrung. Selbst Regenwürmer scheinen eine besondere Vorliebe für Brennnesselblätter zu haben, die sie in den durch das Wurzelgeflecht der Nesseln gut gelockerten Boden ziehen, um sie nach eingetretener Fäulnis zu verzehren. Frische zarte Blätter und Sprosse werden dagegen von einigen Schneckenarten, wie etwa der Gartenbänderschnecke (*Cepaea hortensis*) oder der Gefleckten Schnirkelschnecke (*Helix aspersa*) sehr geschätzt. Rein vegetarisch ernähren sich auch vier auf Brennnesseln vorkommende Rüsselkäfer, unter ihnen der hübsche, metallisch-grün schillernde Brennnesselrüssler (*Phyllobius urticae*). Während die erwachsenen Käfer Blätter fressen, oder sie mit ihrem Rüssel anbohren, um Saft zu trinken, nagen sie als Larven an den Wurzeln ihrer Futterpflanze. In gleicher Weise ernährt sich das

Brennnesselspitzmäuschen (*Apion urticarium*), eine nur etwa 2 mm große Spitzrüsslerart, von den Blättern der Brennnessel, während die Larven im Stängel leben. Brennnesselblüten dienen dagegen zwei Glanzkäferarten (*Brachypterus urticae, B. glaber*) im Larven- und Imaginalstadium als Nahrung. Der sehr prächtige Goldglänzende Blattkäfer (*Diochrysa fastuosa*) findet sich ebenfalls fast überall dort, wo Brennnesseln und Taubnesseln stehen. Flügeldecken und Halsschild der Käfer erstrahlen in schönstem hellrotem bis goldgrünem Glanz. Käfer und Larven ernähren sich rein pflanzlich, Letztere nehmen dabei Schutz bietende Giftstoffe der Pflanze auf, die sie in ihrem Körper einlagern. In den Stängeln von Brennnesseln und anderen krautigen Pflanzen hausen die Larven einer weiteren Käferart, des Nessel- oder Scheckhornbockes (*Agapanthia villosoviridescens*). Bei Gefahr lassen sich die Käfer einfach fallen – ein Schutzverhalten, dessen sich auch die Beerenwanze (*Dolycoris baccarum*) schon bei geringster Störung bedient, während sich die noch scheuere, sehr attraktiv gezeichnete Rote Wanze (*Corizus hyoscyami*) sogleich summend in die Luft erhebt. Die Mehrzahl der vegetarisch auf Brennnesseln lebenden Wanzen gehört den Familien der Bodenwanzen (*Lygaeidae*) und Weichwanzen (*Miridae*) an. Die Larven und erwachsenen Tiere saugen meist an den Blättern, einige aber auch

Die Raupen des Landkärtchens leben anfangs zusammen, vereinzeln sich aber nach der letzten Häutung.

Die Puppen des C-Falters hängen an den Stängeln der Futterpflanze. Die fertigen Falter schlüpfen nach zwei bis drei Wochen.

Der als Weißes C bekannte C-Falter kommt auch in Gärten vor. Er fliegt in zwei Generationen mit überwinternden Faltern.

Der Brennnesselzünsler fliegt von Juni bis August. Seine Raupe lebt im Frühling in versponnenen oder eingerollten Blättern von Brennnesseln, Minze, Ziest u. a. Sie überwintert in einem festen Kokon in der Laubstreu und verpuppt sich im Frühjahr.

Die Achateule fliegt aus dem Mittelmeerraum alljährlich zwischen April und Juli bei uns ein. Ihre Nachkommen fliegen möglicherweise wieder in den Süden zurück. Die Raupen leben auf Brennnessel, Taubnessel und vielen anderen Pflanzen der Krautschicht.

Die Gammaeule (*Autographa gamma*) verdankt ihren Namen dem silbrigweißen Zeichen auf den Vorderflügeln, das wie ein griechisches Gamma aussieht. Aufgrund der Ähnlichkeit des Zeichens mit einer Pistole heißt der Falter auch Pistoleneule. Die Gammaeule gehört zu den ausgesprochenen Wanderfaltern, die aus den Subtropen alljährlich weit nach Norden vordringen. Der tagaktive Falter fliegt in Wäldern, Wiesen, Feldern und blütenreichen Gärten.

Nördlich der Alpen bildet die Gammaeule zwei Generationen im Jahr, die von im Frühjahr eingewanderten Faltern abstammen. Die Eier werden im Mai und August einzeln auf Brennnesseln, Klee, Kohl und vielen anderen Wild- und Kulturpflanzen abgelegt. Die Raupen schlüpfen nach rund zwei Wochen und können den ganzen Sommer und Herbst hindurch gefunden werden. Sie verpuppen sich in weißlichen Kokons zwischen Blättern.

Die Nessel-Höckereule (*Abrostola triplasia*) fliegt in zwei Generationen von Mai bis September in lockeren Wäldern, feuchten Tälern sowie auf Brachland und Ruderalflächen in der Umgebung von Städten. Die Eier werden im Juli einzeln an Brennnesseln abgelegt und schlüpfen nach rund einer Woche. Die tagaktiven Raupen verpuppen sich in Kokons zwischen Falllaub. Die Falter schlüpfen im Mai oder Juni des folgenden Jahres.

Die Silberpunkt-Höckereule oder Ziesteule (*Autographa pulchrina*) ist inselartig in Europa verbreitet. Sie fliegt von Juni bis August in einer Generation auf sonnigen Hängen, an Waldrändern, in Wiesentälern und Gärten. Die Falter sind sehr variabel und ähneln bisweilen sehr der Jota-Goldeule. Die Raupen leben auf Brennnessel, Taubnessel, Ziest, Löwenzahn und anderen Kräutern. Sie überwintern in der dritten bis vierten Entwicklungsphase.

an den Blütenständen der Brennnessel. Als ausgesprochene Pflanzensauger betätigen sich an Brennnesseln ferner 9 Arten von Zwergzikaden (*Cicadellidae*) und vier Arten von Schaumzikaden (*Cercopidae*), darunter die schwarz-rot gezeichnete Blutzikade (*Cercopis vulnerata*) und die mehr lederfarbene, sehr variabel gemusterte Wiesenschaumzikade (*Philaenus spumarius*). Ebenfalls Brennnesselsaft-Trinker sind die sich mit Vorliebe an den Stängeln festsaugende Nesselröhrenschildlaus (*Orthezia urticae*), der Brennnesselblattfloh (*Trioza urticae*), sowie acht Blattlausarten, die z. T. nur auf Brennnesselgewächsen, teilweise aber auch auf Kulturpflanzen vorkommen: Kleine Brennnesselblattlaus (*Aphis urticata*), Große Brennnesselblattlaus (*Microlophium carnosum*), Schwarze Bohnenlaus (*Aphis fabae*), Hopfenblattlaus (*Phorodon humuli*) und Grüne Pfirsichblattlaus (*Myzus persicae*). Mit zu den kleinsten Blatt- und Blütensaugern zählt ferner der Brennnessel-Blasenfuß (*Thrips urticae*) als einziger Vertreter der Ordnung der Fransenflügler (*Thysanoptera*). Seltsame, geschwollene Auswüchse an der Unterseite des Blattansatzes sind das Werk der Brennnessel-Gallmücke (*Dasyneura urticae*) bzw. ihrer winzigen Larven, die sich bis zur Verpuppung darin aufhalten. Im Innern der Blätter und Stängel leben schließlich noch die Larven mehrerer Minierfliegenarten (*Agromyzidae*), die auf den ersten Blick wie Miniaturausgaben von Stubenfliegen aussehen.

Jäger und Schmarotzer

Ebenso vielgestaltig wie die im vorangegangenen Kapitel kurz vorgestellten Vegetarier präsentieren sich die auf Brennnesseln schon mit bloßem Auge zu entdeckenden Jäger und Schmarotzer. Zwischen hohen, kräftigen Brennnesselstängeln legt die in fast allen Lebensräumen vertretene Gartenkreuzspinne (*Araneus diadematus*) ihre großen kreisförmigen Radnetze an, die zahllosen Fliegen, fliegenden Blattläusen und anderen Kleininsekten zum Verhängnis werden. Hier lässt sich bisweilen die völlig harmlose Gemeine Skorpionfliege (*Panorpa communis*) sehen, die sich mit den Überresten einer Spinnenmahlzeit begnügt, manchmal aber auch frisch ins Netz gegangene Beute entwendet. Keine Netze legen zwei weitere Gäste auf Brennnesseln an, die Heideraubspinne (*Pisaura mirabilis*) und die Braune Krabbenspinne (*Diaea dorsata*): Völlig regungslos verharren sie auf den Nesselblättern in Lauerstellung, um ein vorbeikommendes Opfer – z. B. einen Brennnesselrüssler – blitzschnell zu überwältigen. Zu ihrer Beute zählt u. a. auch die Gelbe Dung- oder Mistfliege (*Scatophaga stercoraria*); ihre Larven leben von pflanzlichen und bakteriellen Bestandteilen des Dungs, während die Fliegen – ebenfalls auf Brennnesselblättern lauernd – Jagd auf andere Insekten machen. Von den räuberisch lebenden Käfern verdienen die Kurzflügel- oder Raubkäfer (*Staphylinidae*) besondere Erwähnung, da sie mit wenigen Ausnahmen wichtige Schädlingsvertilger sind. Ihren Namen haben sie von den verkürzten Flügeldecken, die den Hinterleib auf zwei Drittel der Länge unbedeckt lassen. Darunter liegen die wie ein Briefbogen längs und quer gefalteten Flügel. Mit den Raubkäfern sehr nahe verwandt sind die im Volksmund als Soldaten- oder Franzosenkäfer bezeichneten Weichkäfer (*Cantharidae*). Die häufigsten Arten sind der auf Doldenblütlern, aber auch Brennnesseln oft zahlreich auftretende Gemeine Fliegenkäfer (*Rhagonycha fulva*) und der Gemeine Weichkäfer (*Cantharis fusca*); während die Käfer auf Blüten und Blättern nach Insekten jagen, ernähren sich ihre Larven von Schnecken, Raupen und Insekten im oder am Boden. Ein weiterer räuberisch lebender Gast in Brennnesselbeständen ist der Scheunenkäfer (*Demetrias atricapillus*) aus der Familie der Laufkäfer. Diese nicht seltenen Käfer sind auffällig gelbrot gefärbt, halten sich in der Bodenstreu auf

Garten-Bänderschnecke: der verbreiterte Mundsaum hat weiße Ränder und eine weiße Lippe, von außen hellgelb.

Hain-Bänderschnecke: der verbreiterte Mundsaum des Gehäuses hat innen und außen rotbraune Ränder.

Der Zweipunkt-Marienkäfer verzehrt sieben Blattlausarten.

Vom Zweipunkt-Marienkäfer gibt es 150 Farbvarianten.

und kommen auch in Scheunen vor. Die Blattlauskolonien an Brennnesseln sind ein gefundenes Fressen für Blumenwanzen (*Anthocoridae*), Schwebfliegenlarven (*Syrphidae*), räuberisch oder parasitisch lebender Gallmücken (*Cecidomyiidae*), Blattlauswespen (*Aphidiidae*), Florfliegen (*Chrysopidae*), Weichkäfer (*Cantharidae*) und mehrere Marienkäferarten: Zweipunkt (*Adalia bipunctata*), Siebenpunkt (*Coccinella septempunctata*), Zehnpunkt (*Adalia 10-punctata*), Elfpunkt (*Coccinella 11-punctata*), Vierzehnpunkt (*Propylea 14-punctata*). Aus Untersuchungen ist bekannt, dass das frühzeitige Blattlausangebot auf Brennnesseln eine wichtige Starthilfe für das Erstarken der ersten Generation verschiedener Marienkäferarten darstellt, die später zur Blattlausdezimierung auf Feldkulturen überwechseln. Als Zukost verzehren diese räuberisch lebenden Glückskäfer gerne den Pollen der Nesselblüten. Noch mehr können sich Ohrwürmer (*Forficula auricularia*) für die kätzchenförmig oder kugelig angeordneten Blütenstände der Brennnessel begeistern. Obwohl sie sich am liebsten im Boden oder unter Blättern versteckt halten, werden sie von den begehrten Brennnesselblüten bis in die obersten Stockwerke des Brennnesselwaldes gelockt. Daneben betätigen sie sich noch als überaus eifrige Blattlausvertilger. Gemischtköstler ist auch die Gemeine Strauchschrecke (*Pholidoptera griseoaptera*),

die neben Brennnesselblättern ebenfalls Blattläuse verzehrt. Dickkopf- oder Augenfliegen (*Pipunculidae*) leben in ihrem Larvenstadium in den Larven von Zwergzikaden, sofern deren Eier nicht vorher von Erzwespen (*Mymaridae*) parasitiert wurden. Letztere gehören zu den kleinsten Insekten überhaupt, die nur eine Länge von 0,2 mm erreichen. Erz- und Zehrwespen (*Torymidae, Platygasteridae*) treten auch als natürliche Feinde der Brennnessel-Gallmücke auf, deren Larven sie parasitieren. Parasitisch lebenden Gegenspielern wie Raupenfliegen (*Tachinidae*) und Brackwespen (*Braconidae*) fallen schließlich auch viele der im vorangegangenen Kapitel aufgeführten Falterraupen zum Opfer.

Brennnessel und Mensch

Wohl jeder kennt, zumindest aus Kindheitstagen, die unangenehmen Eigenschaften der Brennnessel. Schon bei der leisesten Berührung brechen die Köpfchen der Brennhaare ab, wodurch eine schräge, nadelscharfe Spitze entsteht, die wie der Giftzahn einer Schlange oder die Einstichkanüle des Arztes in die Haut dringt. Das in die Wunde fließende Nesselgift ist so wirksam, dass noch der zehnte Teil eines tausendstel Gramms (!) eine deutliche Quaddel, d. h. eine lokale Schwellung und kleine Entzündung hervorruft. Die volkstümlichen Bezeichnungen Jucknessel,

Sengnessel oder Eiternessel haben hier ihren Ursprung. Der Name Donnernessel wurzelt dagegen in der abergläubischen Vorstellung, dass die Brennnessel dem Donnergott Donar gehöre. So sollte ein Bund Brennnesseln – bei Gewitter auf einen Bottichrand gelegt – das Sauerwerden von Bier verhindern. Auch achtete man streng darauf, am Gründonnerstag nur Nesselgemüse zu essen, das später durch Spinat ersetzt wurde. Schließlich war man – sogar noch in unserem Jahrhundert – der Meinung, dass Brennnesseln nur an Orten mit erhöhter Erdstrahlung vorkommen. Eben diese seien die – teilweise sogar eng begrenzten – Gebiete, in denen sich Blitzeinschläge häuften. Weit mehr Allgemeingut sind dagegen viele, inzwischen einwandfrei erwiesene Vorzüge der Brennnessel: Als Heil-, Gemüse- und Futterpflanze wird sie seit altersher ebenso geschätzt, wie als Kompost-, Jauche- oder Zeigerpflanze. Nur als Faserpflanze ist die Brennnessel bedeutungslos geworden, dafür werden ihre Blätter heute technisch zu reinem Chlorophyll verarbeitet, das als Zusatz in kosmetischen Präparaten und Seifen dient.

<u>Heilpflanze</u>
Die Große Brennnessel wird bereits in den medizinischen Werken der berühmten Schriftsteller des Altertums erwähnt und manche mittelalterliche Kräuterbücher nennen sie sogar an erster Stelle. Früher hat man sich bei

127

Der Siebenpunkt-Marienkäfer verzehrt acht Blattlausarten.

Eine Marienkäferlarve frisst in ihrer Entwicklung 200–600 Blattläuse.

rheumatischen Erkrankungen häufig mit frischen Brennnesseln gepeitscht, um Hautreize zu erhalten und die Durchblutung zu fördern. Wegen ihres Reichtums an organischen Säuren, Gerbstoffen, Vitaminen (C, H, K, Provitamin A) und Mineralstoffen haben Brennnesselsaft und Brennnesseltee auch in der neuzeitlichen Volksheilkunde einen großen Anwendungsbereich: Sie dienen zur Heilung der Harnwege, der Atmungsorgane, bei Magen- und Darmkatarrhen und bei der Nebenbehandlung von Zuckerkrankheit, Rheuma und Gicht. Sie unterstützen den Stoffwechsel, die Tätigkeit innersekretorischer Drüsen und die Bildung roter Blutkörperchen. Eine verdünnte Tinktur wird als Mittel gegen Schuppen und Haarausfall hoch gepriesen.

Das Lob der Brennnessel wäre nicht vollständig, würde man nicht die Verwendung der Samen erwähnen. In der Volksmedizin wurden sie schon immer als Tonikum für ältere Leute geschätzt. Untersuchungen des fetten Öls der Samen (über 30 %!) haben ergeben, dass darin Tokopherol (Vitamin E) und andere stimulierende Substanzen enthalten sind. Man kann die Samen teelöffelweise essen oder mit Wein ansetzen.

Gemüsepflanze

Einst nur als Notgemüse und Fastenspeise verzehrt, wurde die Brennnessel von Feinschmeckern, Gesundheits- und Hobbykö-

chen für unsere Küchen wieder neu entdeckt. Reich an Vitaminen, Mineral- und Faserstoffen werden in erster Linie die im zeitigen Frühjahr sprießenden Triebe verwendet. Allein mit gewürfelten Zwiebeln gedünstet und in Butter geschwenkt, oder als Zusatz zu gekauftem Tiefkühlspinat geben sie diesen Gerichten einen so herzhaften Geschmack, dass sich sogar Kinder dafür begeistern können. Abgebrüht und fein zerhackt oder in viel Öl mariniert können junge Brennnesselblätter aber auch Salaten, Suppen, Eintöpfen, Aufläufen, Spätzle, Eierspeisen oder Weichkäse beigegeben werden. In manchen Gegenden Bayerns werden Brennnesselgerichte (darunter auch „Nesselknödel") noch heute gerne als Fastenspeise verzehrt.

Futterpflanze

Wegen ihres Gehaltes an Eisen, Eiweiß, Natrium und Kalk sind Brennnesseln auch ein gesundes und kräftiges Zusatzfutter für Pferde, Rinder, Schafe, Schweine und Geflügel (vgl. die Bezeichnungen Saunessel, Puternessel, Gänsgras). Aus diesem Grunde wurden Brennnesseln in früheren Jahrhunderten in Schweden und Norwegen sogar feldmäßig angebaut. Pferden gab man Brennnesseln, damit ihr Fell glänzte und 10–20 g getrocknete Brennnesseln pro Großtier und Tag sollten Erkrankungen des Euters und der Klauen bei Kühen vorbeugen. Nicht frisch, sondern nach

ein paar Stunden Lagerung verfüttert, können Brennnesseln ferner die Milchleistung wesentlich steigern. Vielerorts werden Brennnesseln noch heute Gänsen, Enten, Puten und Hühnern verabreicht. Zerhackt und mit Mehl bestäubt oder unter das übrige Futter gemischt, bewirken sie eine allgemeine Kräftigung der Tiere, besonders der Küken, sowie ein früheres und häufigeres Legen.

Faserpflanze

Aus den bis zu 30 cm langen Bastfasern der Brennnessel (sie übertreffen die des Flachses noch an Festigkeit und Geschmeidigkeit) hat man früher, besonders in Holland, ein Garn und ein leinwandähnliches Gewebe, das Nesseltuch oder Nesselzeug hergestellt, das meist ungefärbt zu Kleidungsstücken und Schiffssegeln verarbeitet wurde. Ebenfalls aus Nesselfasern gefertigte Schiffstaue sollen besonders fest und zäh gewesen sein. Bis etwa 1720 wurde die Große Brennnessel als „Hanfnessel" angebaut und 1723 gab es noch eine Nesselmanufaktur in Leipzig. Heute sind Nesselgarne durch Baumwolle völlig verdrängt worden, doch dienten sie noch in den beiden Weltkriegen als Baumwollersatz. In neuerer Zeit hat man die Nesselindustrie wieder zu beleben versucht, doch empfehlen sich dazu die bastreicheren japanischen und chinesischen Nesseln mehr als die einheimischen.

Der 22-Punkt-Marienkäfer frisst Mehltaupilze.

Jauchepflanze

Größere Bedeutung wird der Brennnessel heute dagegen als Lieferant einer besonders nährstoffreichen, aus Brennnesselschnitt und Regenwasser hergestellten Pflanzenjauche zugemessen. Nach erfolgter Gärung ist sie ein vorzügliches Mittel zur Stärkung zurückgebliebener Pflanzen. Sie gleicht einseitige Nährstoffverhältnisse im Boden aus und trägt wesentlich zu einer gesteigerten Chlorophyll-

bildung bei. Im Garten bringt man diesen Wundersaft am besten nach Regentagen auf den Wurzelbereich, nicht auf die Blätter der Pflanzen. Zur biologischen Blattlausbekämpfung eignet sich frische, höchstens 3–5 Tage alte Jauche, mit der man in entsprechender Verdünnung (1:5 bis 1:10) die befallenen Pflanzen mit feiner Brause übersprüht.

Kompostpflanze

Brennnesseln können auch als Mähgut entscheidend zur Verbesserung des Bodens beitragen. Junge, gehackte Brennnesseln zwischen Gartenabfälle gemischt und zu Haufen aufgesetzt, lassen Kompost schneller reifen und machen ihn wertvoller. Auch im biologisch-dynamischen Landbau bildet die Brennnessel das Zentralpräparat bei der Kompostierung. Ihr ist es zu einem guten Teil zu verdanken, dass die Umsetzung, vor allem bei den stickstoffhaltigen Substanzen in der rechten Art, d. h. in einer milden, beschleunigten Verrottung vor sich geht. Diese Aufgaben erfüllen Brennnesseln auch, wenn man sie in größeren Mengen dem Mist, der Jauche oder anderen organischen Abfällen zugibt.

Zeigerpflanze

Als Stickstoffanzeiger kam die Brennnessel einst nur in der Nähe menschlicher Siedlungen vor. Der Grund: Brennnesseln lieben

zum einen Humus und zum anderen einen mit Harnsäure angereicherten Boden. Beides ist dort, wo Menschen leben und Haustiere gehalten werden, reichlich vorhanden (vgl. die Bezeichnung Hüttennessel). Wenn somit Brennnesseln in freier Natur oder im Wald auftraten, wiesen sie mit Sicherheit auf vorgeschichtliche oder mittelalterliche Siedlungen hin. So ließ sich – um nur ein Beispiel zu nennen – der Standort mehrerer im Dreißigjährigen Krieg völlig zerstörter Einödhöfe des Schwäbischen Jura nach langer, aber vergeblicher Suche von Gebäuderesten und Brunnenstuben nur noch anhand von Brennnesselkolonien nachträglich ermitteln.

Dämonenpflanze

Vor Brennnesseln hatten die Menschen früherer Zeiten gehörigen Respekt. Den heftig brennenden Schmerz, der schon bei geringster Berührung auf der Haut erzeugt wurde, konnten sie sich nicht erklären. Die Brennnessel galt daher als etwas Dämonisches und wurde zur Abwehr böser Geister benutzt. Pflanzenastrologisch war das zähe, vitale Kraut mit den gesägten Blättern dem Kriegsgott Mars zugeordnet. Dem germanischen Gott Donar geweiht, schützte die Brennnessel vor Blitz und Gewitter. Auch hielt man die Nesselbüsche für den Aufenthaltsort der Seelen Verstorbener.

Die Gartenkreuzspinne, eine unserer größten Spinnen, errichtet ihr Radnetz auch am Rand von Brennnesselhecken.

Die Heideraub- oder Listspinne, hier mit Eikokon, sonnt sich gerne mit ausgestreckten Beinen auf den Blättern der Brennnessel.

Faulbaum

Zeitweise feuchte bis nasse Böden in lichten Laub- und Mischwäldern, Auwäldern, Erlenbrüchen und absterbenden Mooren bilden den natürlichen Standort des Faulbaums (*Rhamnus frangula*). Sein deutscher Name wie auch die volkstümlichen Bezeichnungen Stinkbaum, Stinkbeer oder Stinker rühren vom fauligen Geruch der Rinde dieses meist 1–5 m hohen Strauches her. Dazu kommen noch zahlreiche weitere regional gebräuchliche Namen wie Scheißbeer, Hundsbeer, Wolfsbeer, Bocksbeer, Vogelbeer (weitere Namen s. u.). In Gärten und Parkanlagen trifft man den Faulbaum selten an, doch wird der industrie- und verbissfeste Strauch gerne bei der Bepflanzung von Ufern, Gräben und Überschwemmungsbereichen verwendet, wie auch zur Rekultivierung von Abbauflächen und zur Anlage von Vogelschutzgehölzen, Hecken usw.

Nektar für viele Gäste

Die recht unscheinbaren, grünlich-weißen Blüten des Faulbaumes werden über einen langen Zeitraum hinweg gebildet, sodass nicht selten Blüten und reife Früchte am selben Zweig zu sehen sind. Die zwittrigen Blüten haben fünf Kronblätter, beim nahe verwandten Kreuzdorn sind es vier. Kelch- und Staubblätter stehen am Rande eines Achsenbechers, in dessen Mitte sich der oberständige Fruchtknoten befindet. Das Nektar absondernde Drüsengewebe kleidet die ganze Innenseite des Achsenbechers aus. Zwar fallen die kleinen Blüten nur wenig ins Auge, doch bilden die in den becherartigen Blüten leicht zugänglichen Nektarien eine willkommene Nahrungsgrundlage für zahlreiche, auch kurzrüsselige Insekten. Hegi (1925) berichtet von 300 Insektenarten (vor allem zahlreiche Bienen, aber auch Wespen, Schlupfwespen, Fliegen, Käfer), die innerhalb von 14 Tagen als Blütengäste beobachtet worden seien.

Bienen als wichtigste Bestäuber

Wenn die Staubgefäße aufspringen, sind die Narbenlappen der zwittrigen Blüten noch wenig entwickelt und wahrscheinlich noch nicht empfängnisfähig. Nach dem Verblühen der Staubgefäße sind sie etwa viermal so groß wie zu Beginn der Blütezeit. Die Blüten sind also vormännlich. Insekten, welche den Kopf oder den Rüssel in die Blüte stecken, um Nektar zu saugen, bewirken meist Fremdbestäubung, indem sie mit der einen Körperhälfte die Staubbeutel, mit der anderen die Narbe berühren. Bei ausbleibendem Insektenbesuch kann auch Selbstbestäubung erfolgen, indem die verblühenden Staubgefäße Pollen auf die entwickelten Narben fallen lassen.

Honigbienen sammeln an Faulbaum und Kreuzdorn vor allem Nektar. Die mittlere tägliche Nektarsekretion je Blüte wird für den Faulbaum mit 1,8 mg beziffert, mit einer Zuckerkonzentration von 44 %. Die Nektarproduktion wird auf 15–30 kg je Hektar ge-

Unscheinbar: Die Blüten des Kreuzdorns.

Vogelnahrung: Die Früchte des Faulbaums.

Gut getarnt: Die Raupe des Zitronenfalters.

Etwa vier Wochen nach dem Schlüpfen verpuppen sich die Raupen.

Der Zitronenfalter fliegt vom Juli bis zum nächsten Frühjahr.

schätzt (Maurizio/Schaper 1994). Die ersten Blüten erscheinen im Mai, eine zweite Blütenentfaltung erfolgt nach einer kurzen Ruhepause im August. Der Blütenansatz kann besonders auf feuchten, wasserundurchlässigen Stellen oder in feuchten Jahren noch üppiger sein als im Juni. Der Faulbaum ist sowohl in der Frühtracht (1. Mai bis 20. Mai) wie in der Frühsommertracht (20. Mai bis 15. Juni) unserer Honigbienen vertreten.

Futterpflanze für Falterraupen

Die nektarreichen Faulbaumblüten werden auch von einigen Falterarten aufgesucht: Kleiner Eisvogel, Großes Ochsenauge, Brauner Waldvogel, Braungebändertes Ochsenauge, Blauer Eichenzipfelfalter und Faulbaumbläuling. Für den vielfach bis sehr zahlreich beobachteten Faulbaumbläuling ist das Nektarangebot lokal oder zeitweise von großer Bedeutung. Den Weibchen der ersten Generation dient der Faulbaum zugleich als wichtige Raupenfutterpflanze.

Noch enger, ja ausschließlich sind die Raupen des Zitronenfalters an den Faulbaum und Kreuzdorn gebunden. Die Eier werden im Mai einzeln auf die Blätter oder jungen Triebe gelegt und schlüpfen nach etwa 10 Tagen. Die Raupe frisst etwa einen Monat lang. Sie ruht an der Mittelrippe des Blattes und ist durch ihre mattgrüne Tarnfarbe nur schwer zu

erkennen. Die Verpuppung erfolgt im Juli an den Zweigen der Futterpflanze. Die Falter schlüpfen nach etwa 14 Tagen. Sie fliegen einige Wochen, dann legen sie eine Sommerruhe-Pause ein. Nach einer zweiten Flugzeit fallen die Falter in Winterstarre, wobei sie ganz frei an einem Zweig hängen. Paarung und Eiablage erfolgen erst im nächsten Frühjahr. Das zitronengelbe Männchen kennt jeder, das grünlichweiße Weibchen wird dagegen oft für einen Weißling gehalten.

Früchte als Vogelnahrung

Nach der Bestäubung löst sich der obere Teil des Blütenbechers mit dem Kelch ringförmig ab, der untere Abschnitt bleibt bis zur Fruchtreife erhalten. Die anfangs grünen, später roten und zur Reife schwarzvioletten Früchte sind keine Beeren, sondern zwei- bis dreisamige Steinfrüchte. Im Herbst sind an einem Strauch oft alle Reifestadien gleichzeitig zu beobachten. Die etwa erbsengroßen Früchte werden von Vögeln verzehrt, die so für die Verbreitung der Pflanzen sorgen. Bis zu drei Dutzend Vogelarten wurden als Kostgänger des Faulbaums (beim Kreuzdorn sind es nur halb so viele) festgestellt, darunter Rotkehlchen, Grauschnäpper, Gartenrotschwanz, Gartengrasmücke, Gelbspötter, Sumpfrohrsänger, Weißsterniges Blaukehlchen sowie verschiedene Drosselarten.

Einst Heil- und Nutzpflanze

Der Faulbaum hat in der Vergangenheit gleich mehrfache Verwendung gefunden. Das Holz diente zu Drechslerarbeiten, zur Herstellung von Holznägeln für Schuhe sowie von Hähnen und Zapfen („Zapfenholz"). Die Verkohlung des Holzes aus eigens angelegten Faulbaumkulturen ergab eine aschenarme Kohle, die zur Herstellung von Schießpulver geeignet war („Pulverholz"). In der Volksheilkunde galt Faulbaumrinde als wurmtreibendes Mittel (heute pharmakologisch widerlegt), darüber hinaus bildete sie einen Hauptbestandteil von Alpenkräuter-, Blutreinigungs- und Entfettungstees. Auch sollte Faulbaumrinde bei Leber- und Gallenleiden und, in Apfelmost gesotten, gegen Arterienverkalkung helfen. Sogar Sebastian Kneipp empfahl einen Absud von Rinde und Beeren sowie Faulbaumwein als wirksames Abführmittel bei chronischer Verstopfung. Äußerlich angewandt diente ein Rindensud mit Wein und Essig gegen „faul Zahnfleisch und wider die Krätz und Räudigkeit des Leibes". Als dann das rauchlose Pulver aufkam, geriet die ehedem betriebene Kultur des Faulbaumes und dessen Heilwirkung weitgehend in Vergessenheit. Dafür wurden Rinde, Blätter und Früchte mit allerlei Zusätzen zunehmend zur Herstellung verschiedener gelber Farben verwendet.

Efeu

Er bildet in der heimischen Flora den Übergang von den Herbst- zu den Winterblumen: Der Efeu (*Hedera helix*), der seine Blütendolden im September und Oktober entfaltet und mit immergrünen, schön geformten Blättern kahle Bäume, Gräber, Mauern und Ruinen auch im Winter schmückt, seine grünen Beeren dem Frost anvertraut, bis sie im nächsten Frühjahr Farbe gewinnen und reifen. Neben Hasel und Holunder ist der Efeu wohl eines der bekanntesten Laubgewächse unserer Wälder, aber auch des Siedlungsbereiches. Zudem ist er der einzige immergrüne, kletternde Strauch unserer Breiten. Ja, er ist sogar der einzige europäische Vertreter einer vorwiegend in den Tropen verbreiteten Pflanzenfamilie, die man nach den in unseren Gewächshäusern und Gärten als exotische Blattpflanzen so sehr geschätzten Aralien als Araliengewächse (*Araliaceen*) bezeichnet. Die Gattung *Hedera* umfasst 15 Arten.

Zweierlei Wurzeln – zweierlei Blätter

Der Efeu ist eine kletternde Holzpflanze, die – falls sie keine Stütze findet – sich auch auf dem Boden ausbreitet und dann oft große, grüne Teppiche bildet. Die Blätter sind langgestielt, zweireihig angeordnet und handförmig gelappt. Bei genauem Hinsehen entdeckt man, wie die Lappen des einen Blattes in die Buchten der benachbarten Blätter eingreifen, sodass ein zierliches Mosaik entsteht. In dieser Anordnung raubt kein Blatt dem anderen das lebensnotwendige Sonnenlicht, vielmehr wird die gesamte spärlich beleuchtete Fläche von der Pflanze aufs vollkommenste ausgenutzt. In extrem schattigen Lagen bildet der Efeu nur Kriechsprosse und kommt nie zum Blühen.

Sobald der dem Boden zunächst aufliegende Efeu jedoch einen Baumstamm erreicht, klettert er daran empor, dem Licht entgegen. Hierzu wird er durch zahlreiche kleine Wurzeln befähigt, die dem Licht fliehen und sich stets dem Stamme zuwenden. Sie schmiegen sich in alle Unebenheiten der Unterlage an, sodass die Pflanze wie mit Tausenden von Fingern festgeheftet wird. Da diese in Gruppen angeordneten Klammer- oder Haftwurzeln jedoch nicht in den Baumstamm eindringen und ihm auch keine Nahrung entziehen, ist der Efeu kein Schmarotzer und „Baumwürger", wie etwa die Flachsseide. Er entnimmt vielmehr wie die meisten Pflanzen seine Nahrung dem Boden durch weit längere Saugwurzeln.

Hat der Efeu eine gewisse Höhe erklommen, oder wenn sich seine allseitig vom Licht umfluteten Äste vom Stamme abwenden, nimmt er ein ganz anderes Aussehen an: Die Triebe sind nach allen Seiten hin verzweigt und bilden keine Kletterwurzeln mehr. Die Blätter ordnen sich rings um die Stängel und haben nur noch kurze Stiele. Statt der für die Kriech- und Klettersprosse charakteristischen fünflappigen Form besitzen die Blätter der Blütensprosse einen eiförmigen Umriss. Diese als „Lichttriebe" bezeichneten Zweige sind allein blühreif.

Der Efeu blüht erst nach 8 bis 10 Jahren.

Der Siebenpunkt hält sich bei seinem Pollenmahl sehr lange in den Efeublüten auf.

Gemeine und Deutsche Wespe zählen zu den häufigsten Gästen.

Goldwespen sind als Brutschmarotzer nur am Nektar interessiert.

Ein Spätblüher

Erst im Alter von acht bis zehn Jahren wird der Efeu „mannbar" und blüht. Die unscheinbaren Blüten stehen zu vielen in kleinen halbkugeligen Dolden, die ihrerseits kurz gestielt sind und eine Traube bilden. Die Blütenknospen erscheinen gegen Ende des Sommers und blühen in den Monaten August bis November unscheinbar grünlich gelb, wobei zuerst die männlichen Staubblätter einer Blüte reifen. Die zwittrigen Blüten besitzen einen kurzen Kelch, fünf Kronblätter und ebenso viele Staubblätter und Griffel, Letztere meist bis zur Spitze verwachsen. Das scheibenförmige, 1 mm dicke und 4 mm breite Nektarium bildet eine flache, an der Oberfläche gewellte Pyramide über dem Fruchtknoten, die an der Spitze in den Griffel übergeht. Der reichlich abgesonderte Nektar wird offen dargeboten und ist allen Insekten, also auch kurzrüsseligen, zugänglich. Diese werden von einem weithin wahrnehmbaren, widerlich-süßen Duft angezogen. Die durch Fremd- oder Selbstbestäubung entstehenden runden, blauschwarzen Beerenfrüchte reifen vom Februar bis April des folgenden Jahres. Sie sind für den Menschen giftig, nicht aber für Vögel (Amsel, Misteldrossel, Rotkehlchen, Grasmücken, Sprosser...). Insgesamt sind es 14 Vogelarten, die für die notwendige Verbreitung der Samen sorgen.

Schwebfliegen

Blütenökologisch zählt der Efeu sowohl zu den „Wespenblumen" als auch zu den „Fliegenblumen". Unter den Schwebfliegen finden sich vor allem drei häufige Arten der Gattung *Eristalis* auf den Efeublüten ein: Die als Mistbiene bekannte Scheinbienen-Keilfleckschwebfliege (*E. tenax*), die Gemeine Keilfleckschwebfliege (*E. pertinax*) und die Kleine Bienenschwebfliege (*E. arbustorum*). Alle drei Arten besuchen eine Vielzahl von Blüten und nehmen sowohl Nektar als auch Blütenstaub auf.

Wespen

Von den Sozialen Faltenwespen sind Deutsche und Gemeine Wespe regelmäßig und sehr zahlreich vertreten. Der Grund: Die Flugzeit beider Arten erstreckt sich bis Ende Oktober, bei der Deutschen Wespe reicht sie zum Teil bis Ende November. Die Volksstärke beider Arten reicht von 1000 bis 10 000 und mehr Tieren. Beide Arten nisten unterirdisch in alten Mäuse- und Maulwurfsnestern, seltener in dunklen oberirdischen Hohlräumen. Deutsche und Gemeine Wespe sind die zwei sattsam bekannten Lästlinge an hochsommerlichen Kaffeetafeln und Obstständen, in Gartenwirtschaften und Konditoreien. Auch Hornissen lassen sich auf Efeublüten blicken, um

Nektar zu trinken, vor allem aber um Wespen zu erbeuten. Sie werden gleich an Ort und Stelle zerlegt, d. h. von Kopf, Flügeln, Beinen und Hinterleib befreit.

Honigbienen

Die zahlreichen kleinen Blüten des Efeus sind reich an Nektar und wertvollem, stickstoffreichem Pollen. Durch ihre bis in den Oktober reichende Blütezeit leisten sie einen wichtigen Beitrag zur so genannten „Herbstaufbautracht" (15. Juli bis 15. Oktober) unserer Honigbienen. Vom Efeu heimkehrende Bienen sind unschwer an ihren gelblichgrauen Pollenhöschen zu erkennen. Daneben landen auf den Anflugbrettern der Stöcke auch Trachtbienen mit größerem Hinterleib. Sie haben Efeunektar gesammelt. Er enthält etwa 15 % Zucker, der zu über 80 % aus Traubenzucker besteht. Die Nektarabsonderung des Efeus ist so stark, dass wir manchmal auskristallisierten Zucker in den Blüten vorfinden. Imker können den Efeu leicht mit Stecklingen auf schattigen Plätzen in der Nähe ihres Bienenhauses ansiedeln. Während sich aus Kriechsprossen schnell bewurzelte Pflanzen ziehen lassen, gelingt es nur schwer Blütensprosse zu bewurzeln. Die daraus hervorgehenden Pflanzen wachsen zu mehr oder weniger aufrechten Sträuchern, bilden jedoch niemals wieder Kriechsprosse.

Goldfliegen besuchen gerne Blüten, aber auch Dung und Aas.

Der Nektar ist auch für einen kurzen Fliegenrüssel gut erreichbar.

Schmetterlinge

Dem so verlockenden Nektarangebot können auch drei Tagfalterarten nicht widerstehen: Admiral, Tagpfauenauge und C-Falter. Die Raupen dieser häufigen Arten leben auf der Brennnessel. Der Admiral ist ein ausgesprochener Wanderfalter (s. Kapitel Apfel und Birne), der in jedem Frühjahr aus dem Mittelmeerraum bei uns einfliegt. Seine sich mit Efeu-Nektar stärkenden Nachkommen ziehen im Herbst wieder in den Süden. Das Gleiche trifft für das ebenfalls an Efeu beobachtete Taubenschwänzchen zu. Auch für das Tagpfauenauge ist das Nektarangebot der Efeublüten zeitweise oder lokal von großer Bedeutung. Gelegentliche Beobachtungen von Tagpfauenaugen über dem Meer oder im Hochgebirge belegen, dass auch diese Falterart aus seinem Verbreitungsgebiet heraus Wanderungen unternimmt.

Alte Heil- und Kultpflanze

Der Efeu ist wegen seiner stark antiseptischen Eigenschaft seit altersher auch als Heilpflanze bekannt und wurde früher gegen die Pest eingesetzt. Blätter in Essig eingeweicht, sollten in 8–10 Tagen die Krätze heilen. Ein aus frischen Blättern hergestellter Breiumschlag wurde äußerlich gegen Geschwüre und schlecht heilende Wunden verwendet. Eine

Die Gattung der Keilfleckschwebfliegen (Tenax) ist auf Efeublüten gleich mit mehreren Arten vertreten. Sie sind auf vielen Blüten und in nahezu allen Biotopen anzutreffen und werden oft für Honigbienen gehalten.

ebenfalls aus Blättern gewonnene Salbe sollte geschwollenen Füßen Erleichterung bringen und gegen Hühneraugen helfen. Die moderne Phytotherapie empfiehlt Efeublätter – als Tee oder zu Fertigpräparaten verarbeitet – bei Atemwegserkrankungen, chronischem Katarrh, Bronchitis und Keuchhusten.

Im alten Ägypten galt der Efeu als die Pflanze des Vegetationsgottes Osiris, im antiken Griechenland war er mit der Weinrebe dem Dyonisos geweiht. Er und sein Gefolge schmückten sich bei ihren Trinkgelagen mit Kränzen aus Efeu. Entgegen der dyonisischen Maß- und Haltlosigkeit besaß der Efeu noch einen weiteren Symbolwert: Weil er sich nur dann zu voller Größe entfalten kann, wenn ihm eine andere Pflanze die notwendige Stütze bietet, wurde er zum Sinnbild der Freundschaft und Treue. Ein Brautpaar erhielt daher im alten Griechenland stets einen Efeuzweig. Efeublätter waren auf Altären, Bildsäulen und Trinkgefäßen kein seltener Schmuck. Wie so manches andere immergrüne Gehölz stand auch der Efeu für ewiges Leben. So betteten die ersten Christen ihre Verstorbenen auf Efeu, Andersgläubige dagegen auf Zypressenzweige. Heute schätzt man die Pflanze zwar als pflegeleichten, immergrünen Grabschmuck, vom ursprünglichen Efeukult mit seinem reichen Symbolgehalt ist jedoch so gut wie nichts übrig geblieben.

Rotbuche

Die Rotbuche ist der am weitesten verbreitete, bestandsbildende Laubbaum Mitteleuropas und bestreitet in Deutschland die Hälfte aller Laubwälder. Die bis zu 45 m hohe Buche zählt aber auch zu den anmutigsten und erhabensten Baumgestalten: „So wenig ein andrer Baum unsrer Wälder der Eiche an Macht und Stärke gleichkommt, an Schönheit wird sie doch von der Rotbuche übertroffen. Wir halten sie sogar für den schönsten Baum des Laubwaldes … Die hohen, glatten, silbergrauen Stämme alter Bäume gleichen schlanken Säulen, die auf mächtigen Spitzbogen das grüne Laubdach tragen. Wenn wir in eine solche ‚Säulenhalle' eintreten, dann durchrieseln uns heilige Schauer wie in jenen himmelan strebenden gotischen Domen, deren Urbild im Buchenwalde zu suchen ist"

Die 25–30 m hohe Rotbuche oder Gemeine Buche bevorzugt ein mildes, feuchtes Klima. In Tieflagen bildet sie oft Reinbestände.

(Otto Schmeil, 1911). Unsere Vorfahren stellten aus Buchenstäben ihre Schriftzeichen, die „Runen" her. Die Bezeichnungen Buchstabe und Buch gehen somit auf die Buche zurück. Ihr schweres und hartes Holz wird zu Möbeln, Fässern und Parkettböden verarbeitet sowie als Geräte-, Bau- und Brennholz verwendet. Noch umfassender ist jedoch die ökologische Bedeutung der Buche als Wald- oder Parkbaum.

Sauerstoff für Mensch und Tier

Wissenschaftler haben errechnet, dass die rund 800 000 Blätter einer 100-jährigen Buche durch ihre Assimilationstätigkeit stündlich etwa 1,71 kg Sauerstoff liefern. Ihre Tagesproduktion entspricht etwa dem Sauerstoffbedarf von 64 Menschen. Oder: 150 m≈ ihrer Blattfläche produzieren in einer Vegetationsperiode den jährlichen Sauerstoffbedarf eines Menschen. Ferner können die großen Blattmassen bei einer Filterleistung von bis zu 70 % jährlich eine Tonne Staub binden. Für die Buche selbst bilden die Blätter eine Art „Sparbüchse": Der größte Teil des Nährstoffkapitals eines Baumes lagert im Sommer in den Blättern und fällt im Herbst zu Boden. Bei der Buche sind dies 85 % ihres Calcium-, 67 % ihres Kalium-, 77 % ihres Phosphor- und 80 % ihres Stickstoffbedarfes. Umgerechnet fallen auf einen Hektar Buchenwald jeden Herbst 150 kg Nährstoffe und bilden am Boden so ein Nährstoff-Konto aus Laubstreu. Buchenlaub zersetzt sich gut und ergibt ein leichtes Substrat. Auf nährstoffreichen Böden, zumal auf kalkhaltigem Untergrund weisen Buchenwälder eine artenreiche Kraut- und Strauchschicht auf. Wegen ihres reichen Laubfalles und der intensiven Durchwurzelung auch tieferer Bodenschichten ist die Buche eine boden- und bestandspflegende Baumart und wird deshalb auch „Mutter des Waldes" genannt.

Pollen und Honigtau für Bienen

Buchen zählen zu den getrennt geschlechtlich einhäusigen Bäumen. Die Staubblätter bilden langgestreckte, hängende Blütenbüschel, während die Stempelblüten aufrecht stehen. Je zwei sind von einer gemeinsamen Hülle umgeben, aus der sich der stachelige Fruchtbecher bildet. Obwohl Buchen ausschließlich vom Wind bestäubt werden, wird ihr Pollen von Honigbienen eifrig gesammelt und in mittelgroßen, hellgelben (bei der Blutbuche rötlichen) Höschen eingetragen. „Die Pollenproduktion eines reinen, etwa 120 Jahre alten Buchenbestandes wird auf 2045 Millionen je Hektar geschätzt … Je nach Lage des Bienenstandes (Waldnähe) kann der Anteil der eingetragenen Buchen-Pollenhöschen in guten Buchenblütejahren bis zu 20 % der Gesamtpollenernte betragen. Oft findet man in solchen Jahren in den Bienenvölkern Waben, deren ganzer Pollenkranz einheitlich aus Buchenpollen besteht" (Maurizio/Schaper 1994). Auf Buchen kommen auch zwei Honigtauerzeuger vor, die Buchenrindenlaus (*Schizodryobius pallipes*) und die Wollige Buchenzierlaus (*Phyllaphys fagi*). Ausgedehnte Buchenwälder liefern in manchen Jahren im Herbst oft mehr als die Hälfte allen Honigtaus.

Bucheckern sind glänzend braune, einsamige Nüsschen. Sie stecken zu zweien bis zur Reife in einer verholzten Fruchthülle.

Die groteske Raupe des Buchenspinners ahmt mit ihren langen Beinen die Gestalt einer Ameise nach.

Die Raupe des Nagelflecks ernährt sich von jüngeren Buchenblättern. Die Falter fliegen von Mitte April bis Mai.

Raupenfutterpflanze für Schmetterlinge

Bis zu 5000 Insektenarten wurden als Bewohner des heimischen Buchenwaldes ermittelt, darunter 24 Groß- und 16 Kleinschmetterlinge. Als typische Falter des Buchenwaldes seien genannt: Nagelfleck (*Aglia tau*), Buchenspinner (*Stauropus fagi*), Pergamentspinner (*Harpyia milhauseri*), Buchensichelspinner (*Drepana cultraria*), Buchenrotschwanz (*Dasychira pudibunda*). Hinzu kommen noch ein halbes Dutzend Spannerarten, darunter Buchenfrostspanner (*Operophtera fagata*) und Grünes Blatt (*Geometra papilionaria*). Auch die Familie der Eulen ist mit mehreren Arten vertreten: Sphinxeule (*Brachionycha sphinx*), Satelliteule (*Euspilia transversa*), Buchenkahneule (*Hylophila prasinana*), Haseleule (*Colocasia coryli*). Von den Tagfaltern lebt die Raupe des Nierenflecks (*Thecla betulae*), einer stark gefährdeten Bläulingsart, auf Buchen.

Entwicklungsort für Käferlarven

Abgestorbenes Buchenholz (Äste, Stämme, Stubben) in verschiedenen Zersetzungspha-

In alten, amorphen Buchenstöcken verpuppt sich gerne die Larve des Gold-Rosenkäfers.

Der tag- und nachtaktive Lederlaufkäfer ist eine Charakterart der Buchenwaldgesellschaften.

Der Bergfink aus dem hohen Norden verzehrt im Winter mit Vorliebe die ölhaltigen Bucheckern. Er taucht vor allem dort in Schwärmen auf, wo ihn eine reiche Buchenmast erwartet.

sen stellt für die Larven holzbewohnender Käferarten einen wichtigen Lebensraum dar. An erster Stelle stehen die Bockkäfer: Alpenbock (*Rosalia alpina*), Gefleckter Schmalbock (*Strangalia maculata*), Echter Widderbock (*Clytus arietis*), Splintbock (*Leiopus nebulosus*) … Ebenfalls Totholzbewohner sind die Larven des Kopfhornschröters (*Sinodendron cylindricum*) und des Balkenschröters (*Dorcus parallelopipedus*). Im Mulm abgestorbener Buchen leben die Larven des Gemeinen Rosenkäfers (*Cetonia aurata*) und des Gebänderten Pinselkäfers (*Trichius fasciatus*), zwei Arten, die sich auch im Siedlungsbereich blicken lassen. Im Holz gefällter Stämme hausen die Larven des Buchennutzholz-Borkenkäfers (*Xyloterus domesticus*).

Nahrhafte Bucheckern für Vögel und Säugetiere

Die Früchte der Rotbuche reifen im September und Oktober, aber nur alle 5–10 Jahre in großen Mengen. Dann ist der Boden unter den mächtigen Bäumen ganz mit ihnen bedeckt und viele Waldtiere finden sich als Kostgänger ein: Mäuse, Bilche und Eichhörnchen verzehren, sammeln und verbreiten die Früchte, Rot- und Damhirsche, Rehe und Wildschweine mästen sich an ihnen für die harte Winterzeit. Auch Häher, Spechte, Tauben und ein Heer von Kleinvögeln wie Meisen, Finken, Kleiber, Kernbeißer u. a. nutzen den reich gedeckten Tisch. Im Winter fallen große Schwärme von Bergfinken in Buchenwälder ein. Das Brutgebiet dieses nahen Verwandten des heimischen Buchfinks bildet die nördliche Waldzone von Norwegen bis Ostasien. Bergfinken sind die ausgeprägtesten Zugvögel unter den Finken. Als „Invasionsvögel" treten sie stets in großen Scharen auf, wobei schon Schwärme von 200 m Breite und 4 m Höhe beobachtet wurden. Besonders häufig scheinen Bergfinken in manchen Jahren in der Schweiz zu überwintern. Im Winter 1951/52 schätzte man ihre Zahl auf 100 Millionen. In einer Stunde passierten rund 36 Millionen Bergfinken den überraschten Beobachter. Die Schlafkonzentrationen schätzte man auf 11 bis 70 Millionen Vögel.

Der Schwarzspecht, Vogel des Jahres 1981, ist unsere größte heimische Spechtart.

Nicht für Bucheckern, sondern für den Baum selbst interessiert sich der Schwarzspecht. In den tieferen und mittleren Lagen ist die Buche der bevorzugte, ja weitgehend einzige Höhlenbaum dieser Spechtart. Nur er kann mit seinem sehr kräftigen Meißelschnabel das harte Buchenholz bearbeiten. Dohle, Hohltaube, Raufußkauz, Waldkauz, Marder, Bilche, Fledermäuse und Bienen nutzen die geräumigen Höhlen als Nachmieter. Der Schwarzspecht ist Quartierbereiter für insgesamt 30 Folgearten!

Eiche

„Der Eichbaum ist der König und Fürst im deutschen Laubwald, den die Scharen anderer Bäume gleich Vasallen umstehen, mancher von ihnen ein hochragender, stolzer Recke, ein vornehmer Held, aber keiner mit der Krone geschmückt, die Geschichte, Tradition, Sage und Märchen dem alten Baumfürsten verliehen haben. Vor allem ist es die Lebenskraft, welche die Eiche nur mit der Linde teilt und die sie so hoch über ihre Kameraden im Wald hinaushebt. Die einen zählen nach Jahrzehnten, die andern nach Jahrhunderten, die Eichen nach Jahrtausenden und während Völker vergangen sind und ihre Geschichte vergessen wurde, Länder andere Namen und Grenzen erhielten, die Gedanken der Menschen sich änderten, steht der stolze Baum wie ein Mahner aus längst vergangenen Tagen und blickt mit grünem Haupt weit hinaus ins Land.“

Mit diesen Worten beschreiben Carus Sterne und Aglaia von Enderes die mächtige, für uns so erhaben und majestätisch erscheinende Baumgestalt der Eiche. Als Sinnbild trotziger Kraft können Eichen ein Alter von 1000 und mehr Jahren sowie eine Höhe von etwa 40 m erreichen. Die Eiche tritt bei uns, abgesehen von der nur an wenigen Orten Süddeutschlands anzutreffenden Flaumeiche (*Quercus pubescens*), in zwei Arten auf:

Stiel- und Traubeneiche

Die Stiel- oder Sommereiche (*Quercus robur*) ist von allen europäischen Eichen am weitesten verbreitet. Sie ist an den langgestielten Früchten und den kurzgestielten Blättern leicht zu erkennen. Die Stieleiche verlangt einen tiefgründigen Boden, der etwas feucht sein darf und gedeiht daher besonders gut in den Auwäldern der Flussniederungen, kommt aber auch in Misch- und Laubwäldern bis in 1000 m Höhe vor.

Die Trauben- oder Wintereiche (*Quercus pe-traea*) entfaltet ihr Laub etwas später als die Stieleiche und hat kurze Frucht-, aber lange Blattstiele. Die Traubeneiche meidet Staunässe und hohen Grundwasserstand, sie bewohnt vorwiegend Hügel- und Bergland bis in die mittleren Gebirgslagen („Steineiche“). – Als Steineiche wird auch eine waldbildende Art (*Quercus ilex*) des Mittelmeerraumes bezeichnet. Sie wird in warmen Gebieten oft als Zierbaum angepflanzt, ihre Blätter ähneln denen der Stechpalme.

Orts- und Familiennamen

Obwohl heute der Anteil der Eichen an der Gesamtwaldfläche in den alten Bundesländern rund 9 % und in den neuen Bundesländern nur etwa 5 % beträgt, sind die mit der Eiche zusammengesetzten Orts- oder Flurnamen doch sehr zahlreich: Eichbühl, Eichhof, Eichholdern, Eichwald, Eichenmoos, Eichstätt, Eichberg, Eichenwies, Eichenloch u. v. a. Ferner begegnet uns der Baum in der Benennung von Wallfahrtsorten; es sei nur an

Am weitesten verbreitet: die Stieleiche.

Die Knospen sind kurz und stumpf.

Männliche Blütenkätzchen der Stieleiche.

Auch in Gebirgslagen: die Traubeneiche.

Typischer Fruchtstand der Traubeneiche.

Auf Eichen: 125 verschiedene Blattgallen.

das bekannte Maria-Eich erinnert (Planegg bei München). Die Anwohner von Eichenbeständen sind die Eichinger, Eigner, Aichner, Eichmeier... Eichen finden sich mehrfach in Familien- oder Stadtwappen (z. B. Eichstätt). In friesischen Wappen symbolisieren Eicheln stets den Waldbesitz, während Kleeblätter den Wiesenbesitz andeuten.

Eichen sind Windblütler

Stiel- und Traubeneichen blühen das erste Mal mit etwa 50 Jahren, im dichten Waldbestand 30 Jahre später. Eichen sind einhäusig, d. h. männliche und weibliche Blüten finden sich auf demselben Baum, jedoch in getrennten Blütenständen. Sie erscheinen gleichzeitig mit dem Laubausschlag und sind wie die Blüten der Hasel in allen Stücken der Bestäubung durch den Wind angepasst. Die männlichen Staubblüten, die eine einfache, mehrblättrige Blütenhülle besitzen, bilden lockere, fadenförmige, etwa 6 cm lange, hängende Kätzchen. Die Stempelblüten mit dreilappi-

ger, roter Narbe finden sich einzeln oder zu mehreren gehäuft im Spitzenbereich der Jungtriebe. Die Stempelblüten der Stieleiche sitzen an Stielen, die sich bis zur Fruchtreife bedeutend verlängern. Der Fruchtknoten ist von einer rauen Hülle umgeben, die aus zahlreichen sehr kleinen Blättern besteht. Aus ihm entwickelt sich der Fruchtbecher, das so genannte Näpfchen, das den unteren Teil der Eichel umgibt.

Pollen für Honig und Wildbienen

Als Windblütler besitzen die Eichen keine Nektarien. Sie liefern den Bienen nur Blütenstaub und in der Haupttrachtzeit bis Ende Juni auch Blatthonig.

„Die Pollenproduktion der Traubeneiche wird auf 5000 Pollenkörner je Staubblatt, 41 000 je Blüte und 550 000 je Blütenstand geschätzt. Man rechnet mit 3400–3600 Millionen Pollenkörnern pro ha reinen Eichenwaldes. Eichenpollen wird von den Bienen in großen, gelb-grünen Höschen eingetragen

(mittleres Höschengewicht 8,4 mg). Die Tracht erfolgt hauptsächlich am Vormittag, über 50 % der Eichenhöschen werden vor 10 Uhr, rund 80 % bis 12 Uhr eingetragen. Der Anteil des Eichenpollens an der Gesamternte hängt weitgehend von der Lage des Bienenstandes ab" (Maurizio/Schaper 1994).

Auch acht Sandbienenarten (*Andrena spec.*) sowie die Rote und die Gehörnte Mauerbiene (*Osmia rufa, O. cornuta*) tragen Eichenpollen in ihre Brutzellen ein (Westrich 1990). Die beiden zuletzt genannten Arten kommen auch in Dörfern und Städten vor, wo sie angebotene Nisthilfen gerne und regelmäßig besiedeln.

Lebensraum zahlreicher Insektenarten

Kein anderer Baum bei uns beherbergt so viel Gäste wie die Eiche. Viele von ihnen sind auf sie angewiesen oder von anderen Bewohnern abhängig. Die rissige Rinde dient vielen Tieren als Unterschlupf, in größeren Höhlen hausen Baummarder, Bilche, Fledermäuse,

Die Raupe des Großen Kahnspinners lebt auf Eichen und verpuppt sich in einem grünlich-gelben, festen Kokon.

Der Eichenkahnspinner oder Große Kahnspinner ist eine wärmeliebende Art der Baumsteppen, Laub- und Mischwälder.

Die Raupe des Großen Asselspinners lebt auf Eichen. Sie überwintert in einem Kokon und verpuppt sich im Frühjahr.

Der Eichenspinner oder Quittenvogel ist in ganz Europa verbreitet, aber nirgends sehr zahlreich. Seine Flugzeit erstreckt sich von Juni bis August. Die Raupen des Falters leben auf Eichen und verpuppen sich im Gras in einem festen Kokon aus groben Fasern.

Die Seladoneule ist durch die flechtenartige Zeichnung ihrer Vorderflügel bestens getarnt. Ihre Flugzeit erstreckt sich von Mai bis August. Die Futterpflanzen der bunten Raupe sind Eiche und Birke. Die Verpuppung erfolgt in einem festen Gespinst am Boden.

Spechte und Hohltauben. In der ausladenden Krone errichten Kleinvögel ihre Nester. Riesig ist das Heer der Insekten: Nach einer in Großbritannien durchgeführten Untersuchung leben auf Eichen 106 Großschmetterlings- und 81 Kleinschmetterlingsarten, 50 Käferarten, 37 Wanzenarten und 10 Gleichfüglerarten. In allen Stockwerken der Eiche haben sich Insektenarten eingenischt, wovon aus Raumgründen nur eine kleine Auswahl geboten werden kann (nach Brauns 1964):

An Wurzeln:
Feldmaikäfer, Schnellkäfer, Grünrüssler, Mittlerer schwarzer Rüsselkäfer.

Stammregion:
Auf der Rinde: Eichenschrecke, Eichenrindenminiermotte. Unter der Rinde: Grüner Prachtkäfer, Eichenwidderbock, Veränderlicher Scheibenbock, Roter Scheibenbock, Schrotbock, Großer schwarzer Eschenbastkäfer, Eichensplintkäfer. Im Holz: Eichenholzwespe, Rossameise, Hirschkäfer, Großer Eichenbock, Eichenwidderbock, Eichennutzholzborkenkäfer, Eichenholzbohrer, Eichenkernkäfer, Weidenbohrer.

Kronenbereich:
An Ästen und Zweigen: Hornisse, Scheckiger Pochkäfer, Eichenzweigstecher. An Knospen und Trieben: Rossameise, Rehschröter, Eichenweichkäfer, Gallwespen. An Blättern: Blattschneiderbiene, Feldmaikäfer, Walker, Gartenlaubkäfer, Eichenspringrüssler, Grüner Eichenwickler, Ringelspinner, Eichenspinner, Nagelfleck, Buchenspinner, Mondvogel, Eichenprozessionsspinner, Großer Frostspanner, Großer Birkenspanner, Eichenkarmin, Buchenkahneule, Ahorneule, Goldafter, Schlehenspinner, Nonne, Schwammspinner, Baumweißling, Roter Eichenkugelrüssler, Eichenminiermotte, Blattgallen.

Oben: Der Eichelbohrer ist einer von 11 mitteleuropäischen Arten. Die meisten leben an Eichen, wo ihre Larven die jungen Früchte ausfressen.

Unten: Die Gelbe Raubfliege benutzt gerne besonnte Eichenstämme an Waldrändern und -wegen als Sitzwarte.

Raupenfeind Nr. 1: der Kuckuck

In einem artenreichen Mischwald werden Schadinsekten von zahlreichen natürlichen Gegenspielern (Schlupfwespen, Laufkäfer, Ameisen, Spechte, Meisen, Kleiber, Stare) in Schach gehalten. Mit an erster Stelle muss hier der Kuckuck genannt werden: 100 Raupen an einem Tag zu vertilgen kostet ihm keine sonderliche Anstrengung. Dabei lässt er sich auch von langhaarigen Raupen (z.B. von Kiefern- und Prozessionsspinnern) nicht abschrecken, die von den übrigen Vögeln gemieden werden. Im Magen eines Kuckucks fand man 173 Raupen des Ringelspinners, 98 Raupen des Goldafters, 63 Raupen des Schlehenspinners, 52 Raupen der Fichtengespinst-Blattwespe sowie 12 Maikäfer. Von Raupenfraß stark heimgesuchte Waldgebiete bilden geradezu einen Sammelplatz für Kuckucke aus nah und fern. Man hat errechnet, dass 100 Kuckucke innerhalb von 14 Tagen rund 2,8 Millionen Raupen verzehren können.

Eichelhäher – Eichelsäer

Wie bereits sein Name andeutet, hat der Eichelhäher einen ganz besonderen Bezug zum gleichnamigen Laubbaum. Eichelhäher ernähren sich sehr vielseitig, doch überwiegen Samen und Früchte. Im Spätsommer und Herbst sammeln sie als Wintervorrat neben Bucheckern, Wal- und Haselnüssen vor allem Eicheln. Bis zu 12 Eicheln können im dehnbaren Kehlsack aufgenommen und transportiert werden.

Durch ihre allherbstlichen Sammelaktionen haben Häher gleichsam als „Gärtner wider Willen" jahrtausendelang vor jeglicher Forstwirtschaft wesentlich zur Verbreitung der Eiche beigetragen. Besonders im Gebirge hängt deren Fortbestand in erster Linie vom Fleiß der Häher ab. Beim Vergraben der Eicheln geht der Vogel wie ein Kleingärtner vor, der Bohnen sät: Er sticht erst ein Loch in den weichen Waldboden, würgt eine Eichel hervor und ebnet das Loch wieder mit Erde. Von englischen Forstleuten wird berichtet, dass 30 bis 40 Eichelhäher allein während des Monats Oktober in einem Revier schätzungsweise 200 000 Eicheln versteckten, während ein Autor aus der Westslowakei glaubhaft versichert, dass von einem 2277 ha großen Bestand 25-jähriger Eichen 455 ha ausschließlich durch Hähersaat entstanden sind. Zwei Beispiele aus Deutschland: Der langjährige Chef des niedersächsischen Forstamtes Gartow ließ ganze Wagenladungen von Eicheln in den Wald kippen und erfolgreich von Hähern verbreiten. Und in einem kleinen Wäldchen am Vogelsberg wurden 65 Eichelhäher beobachtet, die täglich vom Morgengrauen bis zum Sonnenuntergang damit beschäftigt waren, ihren Wintervorrat zu beschaffen.

Jeder einzelne Vogel hat in dieser Zeit 10 000 Eicheln gesammelt und zu einem 4 km entfernten Fichtenwald getragen. Zwar können sich Eichelhäher zahlreiche Verstecke ohne irgendwelche Markierungen über Monate hinweg merken – dennoch werden viele der vergrabenen Eicheln vergessen.

Eichelmast für Schweine

Die nahrhaften Samen der Eiche enthalten bis 38 % Stärke, 7 % Zucker, bis 15 % fettes Öl und 6 % Eiweiß. Eicheln werden nicht nur von Hähern, Eichhörnchen, Hamstern und Mäusen verzehrt, für Wild- und Hausschweine bilden sie geradezu einen Leckerbissen. Schon im Mittelalter wurden Eichen künstlich gepflanzt, denn die schon von den Kelten praktizierte Waldmast bildete lange Zeit die wesentliche Art der Schweinehaltung. „Auf den Eichen wachsen die besten Schinken": Bei Eichelkost lieferten die Schweine kerniges Fleisch und festen Speck, wohingegen Geräuchertes aus Buchenmast tranig schmeckte. Damals wurde der Wald nicht nach seinem Holzvorrat bewertet, sondern nach der Zahl der Schweine, die man darin mästen konnte. „Das so genannte Dechelgeld, als Pachtpreis für den Schweineeintrieb, war für den Grundherrn ein willkommener Erlös. Dass es sich bei dieser Art der Waldnutzung nicht nur um ein paar einzelne Schweine gehandelt hat,

Die Larven des Kleinen Heldbockes entwickeln sich in Eichen.

In Eichenstubben leben die Larven des Bissigen Zangenbockes.

In den morschen Eichen-Stümpfen leben die bis zu 11 cm langen Larven des Hirschkäfers. Sie sind erst nach 5–7 Jahren ausgewachsen. Die Puppe, der die Kiefernzangen unten anliegen, ist eine typische „freie" Puppe, an der man die frei abstehenden Fühler, Beine und Flügel deutlich erkennen kann.

Nur die Hirschkäfer-Männchen besitzen die großen, geweihartigen Oberkiefer. Sie werden nur bei den Paarungskämpfen der Männchen eingesetzt. Kleine Männchen haben nur kleine, säbelförmige Zangen, große Männchen überdimensional große „Geweihe". Diese Unterschiede sind von der Ernährung der Larven abhängig.

Die Weibchen sind zwar kräftig gebaut, aber mit 4 cm Länge viel kleiner als die Männchen, die mit Geweih bis zu 8 cm messen können. Beide Geschlechter ernähren sich von Baumsäften, die sie mit der pinselförmigen Unterlippe aufsaugen. Durch das Entfernen von Wurzelstöcken ist der Bestand der Käfer stark zurückgegangen.

die man so nebenbei auch einmal in den Wald trieb, zeigt das Beispiel des etwa 60 Quadratkilometer großen Lushardwaldes bei Bruchsal, in den in guten Mastjahren bis zu 20 000 Schweine eingetrieben worden sein sollen. Der Bischof von Speyer nahm als Grundeigentümer die stattliche Summe von 10 000 Gulden Dechelgeld dafür ein. Erst mit der Einführung der Kartoffel gab man die Waldmast auf" (Lohmann 1985).

Holz von höchster Qualität

Eichen liefern ein erstklassiges, außerordentlich dauerhaftes Holz, das sich durch eine große Festigkeit und Elastizität auszeichnet, die von keiner anderen Baumart übertroffen wird. Da es reich an Gerbstoffen ist, vermag es – wie alte Pfahlbauten und Brückenanlagen zeigen – der Fäulnis selbst unter Wasser jahrtausendelang zu widerstehen. Es wurde daher vielfach bei Erd- und Wasserbauten, ferner zu Eisenbahnschwellen und vor allem zum Schiffsbau verwendet: Den Engländern galt die Eiche als „father for ships" und man schätzt, dass im legendären britischen Eichenwald des 18. Jahrhunderts etwa 500 000 Eichenstämme eigens für Schiffsbauzwecke gefällt wurden. Diese Zahl dürfte kaum zu hoch gegriffen sein: Benötigte man doch zum Bau eines einzigen Linienschiffes etwa 2000 große Eichen und für eine Fregatte 1200. Besonders in der Zeit von 1500 bis 1750 sind ausgedehnte Eichenwälder vernichtet worden. Heutzutage wird Eichenholz für Möbel, Parkettböden, Treppen, Fensterrahmen, Wagenräder, Vertäfelungen, Spielgeräte und für Böttcherarbeiten verwendet. Die Hersteller von Whisky- und Sherryfässern beispielsweise können auf Eichenholz noch immer nicht verzichten. Besondere Berühmtheit hat die „Moor- oder Wassereiche" erlangt. Es handelt sich dabei um Eichenholz, das viele Jahre im Wasser oder Moorboden unter Luftabschluss

Oben: Das junge, zarte Laub der Eiche ist für die auf Wiesen und Feldern geschlüpften Maikäfer geradezu eine Delikatesse.

Unten: Die Larven des Nashornkäfers entwickelten sich früher in der Eichenlohe von Gerbereien, heute auch in Komposthaufen.

Oben rechts: Der Kuckuck verzehrt als Insektenfresser zahlreiche Schmetterlingsraupen, darunter auch behaarte, die von anderen Vögeln nicht angenommen werden.

Oben links: Der Pirol bewohnt Laub- und Eichenmischwälder. Er ist ein spätheimkehrender Langstreckenzieher, dessen Winterquartier im äquatorialen Afrika liegt.

Unten: Der Gartenbaumläufer (links) klettert bevorzugt an Bäumen mit tiefer Rinde (z. B. Eichen). Der Kleiber (rechts) bewohnt auch Parks und Gärten mit alten Baumbeständen.

Die überall häufige Waldmaus trägt auch Eicheln in ihr Winter-Vorratslager.

Eichenkakao; beide wurden besonders an schwächliche Kinder verabreicht.

Baum der Götter

Eichen nehmen in der Kulturgeschichte verschiedenster Völker (Hethiter, Perser, Griechen, Römer) als heilige Bäume einen besonderen Platz ein. Die Germanen verehrten die alten, reckenhaften Bäume und weihten sie dem Donner- und Fruchtbarkeitsgott Donar. Der heilige Bonifatius, der „Apostel der Deutschen" fällte im Jahr 723 bekanntlich – von Donar ungestraft – die Göttereiche bei Geismar. Die Fällung der Irminsul, eine besonders heilige langschaftige Eiche, brach zugleich den Widerstand der Sachsen gegen die Christianisierungsversuche im frühen Mittelalter. Wie die Walnussbäume waren die Eichen bei den Griechen und Römern dem Blitze schleudernden Zeus bzw. Jupiter heilig, ebenso den Kelten. Sie verehrten die Eiche als göttlichen Baum. Aus dem keltischen Namen „dair" für Eiche ist auch das Wort Druide (= keltischer Priester) hervorgegangen. Heilige Haine bestanden häufig aus Eichen von besonderer Stärke. Das wichtigste antike Orakel neben Delphi, das des Zeus von Dodona, lag in einem Eichenhain. Die Priesterin verkündete ihre schicksalsträchtigen Weissagungen unter einer riesigen Eiche, welche die Gegenwart des Gottes verbürgte. Sie orakelte aus dem Rauschen ihrer Blätter und später auch aus einer Quelle. Auch die Römer sahen die Eiche als Verkörperung Jupiters oder wenigstens als seinen Sitz an. Sie glaubten, dass Jupiter als neugeborenes Kind unter einer Eiche Schutz gefunden hätte. Und die erste Nahrung der Menschheit soll sowohl in der griechischen wie der römischen Mythologie die Eichel gewesen sein. – Auch im alten Testament taucht die Eiche als eine Art Orakelbaum auf. Unter der Stätte von Sichem oder der von Mamre, beide von heiligen Eichen bestanden, offenbarte sich der Herr dem Abraham. Man liest auch in der Bibel, dass Abraham die drei Engel unter einer Eiche empfing und bewirtete. Immer wieder errichteten Patriarchen des jüdischen Volkes steinerne Altäre unter diesen Baumheiligtümern (Gen 18; Richter 9,6; Judith 3,8). Dort wurden Opfertiere geschlachtet und Königswürden verliehen (nach Laudert 1999).

lag. Es saugt sich mit Wasser voll, dunkelt stark nach und ist im Möbelbau hochbegehrt. Die wiederentdeckten Eichenpfähle einer alten römischen Heerstraßenbrücke waren so gut erhalten, dass eine Berliner Pianofortefabrik daraus einige Klaviere fertigte, für die sich so honorige Käufer wie Kaiser Wilhelm und der damalige Zar von Russland fanden (nach Laudert 1999).

Heilende Kräfte

Schon 400 v. Chr. verwendete Hippokrates die Wurzeln der Eiche in Wasser oder Wein gekocht als Brei gegen Brandwunden. In der Rinde, aber auch in den Blättern und Früchten sind Gerbstoffe eingelagert. Es sind organische Substanzen, die wegen ihrer fäulnisresistenten Wirkung zur Umwandlung von tierischer Haut in Leder benutzt werden. In der Heilkunde wirken sie zusammenziehend und gleichzeitig antiseptisch, weshalb vor allem die Rinde junger Bäume in der Volksmedizin regelmäßig verwendet wird: äußerlich als blutstillendes Mittel, gegen Frostbeulen, Verbrennungen, Hämorrhoiden, Venenentzündungen, Ekzemen und anderen Hautkrankheiten, als Gurgelwasser bei Zahnfleisch- und Halsentzündungen sowie bei geschwollenen Mandeln und Angina; innerlich gegen Erkrankungen der Magen- und Darmschleimhaut sowie gegen Durchfall und Ruhr. Eichengallen, die bis zu 70 % Gerbstoff enthalten, bilden den Rohstoff für die Gewinnung reinen Gerbstoffs, des Tannins. Medizinisch wird es als Gegenmittel bei Vergiftungen durch eine Überdosis mancher Arzneimittel und Vergiftungen durch Alkaloide und Schwermetalle eingesetzt. Schon in den alten Kräuterverzeichnissen wurden Gallen als „gut um Blutungen aller Art zu stillen" erwähnt. Noch im 17. Jahrhundert benutzten Frauen die Gallen, um sich damit die Haare schwarz zu färben. Die stärkereichen Eicheln lieferten früher, geröstet und gemahlen, den so genannten Eichelkaffee sowie mit Zucker und Kakao den

Waldkiefer

Die auch als Gemeine Kiefer, Föhre, Forche, Forle, Führe, Weiß- oder Rotföhre bekannte Waldkiefer hat unter allen heimischen Baumarten das größte Verbreitungsgebiet. Man findet sie weit im nordasiatischen Raum ebenso wie im hohen Norden und in den Alpen. An günstigen Standorten können Kiefern bei fast 50 m Höhe ein Alter von bis zu 600 Jahren erreichen. Nach der letzten Eiszeit, etwa vor 10 000 Jahren, bedeckte sie zusammen mit der Birke riesige Landstriche Mitteleuropas. Später wurde sie durch Laubhölzer stark zurückgedrängt und blieb auf gewisse Gebiete begrenzt. Der erneute Siegeszug der Föhre begann mit dem ausgehenden Mittelalter, als man anfing, sie (ähnlich wie später auch die Fichte) systematisch auf inzwischen verödeten und herabgewirtschafteten Böden zu pflanzen. Sowohl Siedlungsnamen wie Forchheim und Kiefersfelden als auch Familiennamen wie Kienle und Kienast leiten sich von dem Baum ab.

Auch auf Sandböden

Obwohl die Kiefer auf den meisten Bodenarten gedeiht, treffen wir sie doch vorwiegend auf Sandböden an. So ist die Kiefer z. B. für den „märkischen Boden" des Grunewaldes bei Berlin kennzeichnend. Mit ihrem mächtigen Wurzelgeflecht durchzieht die Kiefer eine große Erdmasse, sodass sie selbst dem unfruchtbarsten Boden noch genügend Wasser und Nährstoffe zu entnehmen vermag. Sie besitzt eine kräftige Pfahlwurzel und rund 12-mal so viel Wurzelfasern als die Fichte. Schon die 3000 Wurzelfasern eines 6 Monate alten Kiefernpflänzchens erreichen eine Gesamtlänge von etwa 10 m und ältere Bäume klammern sich wie mit Tausenden von Armen im Untergrund fest. Etwa 50 verschiedene Bodenpilze, darunter auch Speisepilze wie Pfifferling und Reizker, bilden mit den Kiefernwurzeln eine Lebensgemeinschaft (Pilz-Wurzel-Symbiose oder Mykorrhiza). Die Pilze führen dem Baum Nährstoffe zu und schützen ihn vor Wurzelinfektionen. Der Baum versorgt die blattgrünlosen Pilze dafür mit Kohlenhydraten. Die Waldkiefer kommt mit natürlichen wie künstlichen Rohböden zurecht und gilt deshalb in der Forstwirtschaft als „Pionierbaumart".

Ein Windblütler

Blütenbiologisch gehört die Kiefer zusammen mit anderen Nadelbäumen zur Unterordnung der „nacktsamigen" Pflanzen: Die Samenanlagen liegen frei auf den Fruchtblättern; Blütenblätter, Fruchtknoten und Narben fehlen. Die männlichen, gelben Staubblüten finden sich in großer Anzahl am Grund der jungen Langtriebe. Sie erzeugen Blütenstaub in so großen Mengen (160 000 Pollenkörner je Blüte), dass er bei Erschütterung der Zweige

Die in Europa weit verbreitete Waldkiefer bildet vor allem auf Sandböden große Wälder.

Die Zapfen der Waldkiefer sind 3–8 cm lang, die Schuppen sind weit abgebogen.

Die bis zu 30 m hohe Schwarzkiefer ist in den Gebirgen Südeuropas verbreitet.

Die Zapfen der Schwarzkiefer sind 5–8 cm lang, gelbbraun und eiförmig zugespitzt.

Die weiblichen Blüten an den Jahressprossen der Bergkiefer sind purpurrot bis violett.

Die männlichen Blüten der nur im Gebirge vorkommenden Bergkiefer sind gelb.

in dichten Wolken entweicht. Vielfach bedeckt er dann als „Schwefelregen" die Pfützen der Waldwege in dicker Schicht. Die trockenen Staubkörner besitzen zwei, ihre Oberfläche stark vergrößernde luftgefüllte Blasen, wodurch sie sich lange schwebend in der Luft halten können.

Die weiblichen, etwa erbsengroßen, roten Blütenzäpfchen sitzen meist zu zweit am Ende der Maitriebe. Vor der Bestäubung stehen sie aufrecht, danach biegen sie sich nach unten um. Die Befruchtung findet ungefähr ein Jahr nach der Bestäubung statt, und erst dann beginnen die Zapfen zu wachsen. Zwei Jahre nach der Bestäubung reifen die Samen und werden zu Beginn des dritten ausgestreut und – da sie mit einem großen häutigen Flügel versehen sind – durch den Wind verbreitet. Rund 120 000 der nur 3–5 mm großen Samenkörner bilden 1 kg Saatgut. Die Samen bleiben 3–5 Jahre keimfähig. Verstärkt fruchtet die Kiefer ab dem 30. Lebensjahr. Reichliche Samenbildung erfolgt alle 2–6 Jahre.

Lebensraum zahlreicher Insektenarten

Die Samen der Kiefer werden als Zukost von Reh, Wildschwein, Eichhörnchen, Mäusen und Vögeln verzehrt. Der Baum selbst enthält von der Wurzel bis zur Kronenspitze viele „Ökonischen" für eine stattliche Zahl von Insekten und deren Larven, darunter mehrere gefürchtete Schädlinge (nach Brauns 1964, Auswahl):

<u>An Keim- und Jungpflanzen:</u>
Maulwurfsgrille, Staubkäfer, Großer und Kleiner Brauner Rüsselkäfer, Kiefernnadelmotte, Kiefernkultur-Gespinstblattwespe.
<u>An Wurzeln:</u>
Feldmaikäfer, Waldmaikäfer, Walker, Junikäfer, Schnellkäfer, Kiefernnadel-Rüsselkäfer, Schwarzer Kiefernbastkäfer, Holzzerstörender Kiefernbastkäfer.
<u>Stammbereich:</u>
Auf der Borke: Eichenschrecke. Unter der Rinde: Kiefernprachtkäfer, Brauner Fichten-

bock, Zimmermannsbock, Grubenhalsbock, Riesenbastkäfer, Gelbbrauner Fichtenbastkäfer, Kleiner Buchdrucker, Kupferstecher, Waldgärtner, Kiefernborkenkäfer. Im Holz: Riesenholzwespe, Schwarze Kiefernholzwespe, Gemeine Holzwespe, Schusterbock, Schneiderbock, Holzbohrer.
<u>Kronenregion:</u>
Unter der Rinde von Ästen und Zweigen: Vierpunkt-Prachtkäfer, Kiefernzweigbock, Kleiner Tannenborkenkäfer. An Knospen und Trieben: Kiefernknospentriebwickler, Kiefernknospenwickler, Brauner Weichkäfer, Schwarzer Kiefernblattkäfer, Kieferntriebwickler, Kiefernnadelwickler. An Nadeln: Kiefernkultur-Gespinstblattwespe, Kiefernbuschhorn-Blattwespe, Gelber und Schwarzer Kiefernblattkäfer, Kiefernnadel-Rüsselkäfer, Kiefernnadel-Motte, Kiefernspinner, Kiefernschwärmer, Kiefernprozessionsspinner, Kiefernspanner, Forleule, Schwammspinner. An Zapfen: Kiefernzapfen-Klopfkäfer, Kiefernzapfenrüssler.

Der Kiefernschwärmer ist weit verbreitet, tritt aber nirgends in großen Massen auf, sodass er nicht als Schädling einzustufen ist.

Die bunt gezeichneten Raupen des Kiefernschwärmers fressen von Juli bis September an Kiefernnadeln, seltener auch an Fichten.

Den Augenmarienkäfer findet man häufig in Kieferngebieten, er lebt von Koniferenblattläusen, von denen er große Mengen vertilgt.

Der Große braune Rüsselkäfer frisst im Frühjahr an der Rinde junger Kiefern, im Sommer an den Zweigen älterer Bäume. Die Weibchen legen 2–5 Eier in die Rindenspalten frischer Stubben. Die Larve nagt sich einen Gang bis zum Splint und überwintert darin.

Der Waldbock fliegt nachmittags und abends auf Lichtungen und Schneisen von Kiefernwäldern. Er lebt drei Wochen ohne Nahrung. Das Weibchen legt 100–150 Eier. Die Larven entwickeln sich zwei Jahre lang in den Wurzeln von Kiefern, Fichten und Tannen.

Die Tannenmeise bewohnt Nadelwälder (Kiefer, Fichte, Tanne) in der Ebene und im Gebirge. In Ostdeutschland lebt sie ausschließlich in Nadelwäldern.

In standortfremden Kiefern-Reinbeständen können die Raupen von Nonne, Forleule, Kiefernspinner und -spanner sowie die Larven der Kiefernbuschhorn-Blattwespe großflächigen Schaden anrichten. Durch pflegende Durchforstung und mit zunehmendem Alter lichtet sich jedoch der Kiefernwald. Schwarzer Holunder, Späte Traubenkirsche, Birke, Eberesche, Pfaffenhütchen und Faulbaum siedeln sich an. Das Insektenleben nimmt zu, viele Vogelarten (Buntspecht, Schwarzspecht, Tannenmeise, Haubenmeise, Ziegenmelker, Heidelerche und andere Kleinvögel) finden Lebensraum und Brutmöglichkeiten und bilden zusammen mit Schlupfwespen und anderen Nützlingen ein natürliches Gegengewicht zu den oben genannten „Waldverderbern".

Vielseitig verwendbar: Kiefernholz

Der gebräuchliche Name Kiefer entstand durch die Verschmelzung der beiden Worte Kien und Föhre. In den vergangenen Jahrhunderten lieferte der harzreiche Baum den Kienspan (althochdeutsch: kien, Fackel; forha, Föhre). Die getrockneten und vor der Verwendung in Harz oder Pech getauchten Späne konnten eine Bauernstube eine gute Stunde erhellen. Die Kiefer ist der ergiebigste Harzlieferant der heimischen Wälder. Doch ist die regelmäßige Harzgewinnung früherer Zeiten mittlerweile eingestellt worden. Naturharz war wichtiger Ausgangsstoff für weitere chemisch-technische Verarbeitung: Durch Destillieren von Kiefernholz konnte Kienöl, Teer, Fass- und Schiffspech gewonnen werden. Der beim Verbrennen des harzreichen Holzes entstandene Kienruß fand bei der Herstellung von Druckerschwärze und Schuhwichse Verwendung. Aus den Kiefernnadeln wurde die so genannte „Waldwolle" gewonnen, die als Stopfmaterial benützt oder in Verbindung mit Baum- und Schafwolle versponnen und zu Geweben verarbeitet wurde. Die erste Fabrik für Baumwolle wurde 1840 bei Ölmütz in Mähren gegründet. Kiefernnadelöl wird noch heute als Rohstoff für kosmetische und haushalttechnische Produkte verwendet.

An erster Stelle steht jedoch heute die Holzverarbeitung. Kiefern sind nach etwa 100 bis 120 Jahren hiebreif und liefern vielseitig verwendbares Holz. Es ist weich und leicht, jedoch dichter und härter als Fichten- und Tannenholz. Aufgrund seines hohen Harzgehaltes erweist es sich gegen Nässe als sehr widerstandsfähig. Im Erd- und Wasserbau ist das Holz für Masten, Pfeiler, Rammpfähle, Bohlen und Schwellen bestens geeignet. Von angenehmem Geruch und dekorativ ansprechender Zeichnung wird Kiefernholz auch gerne im Möbel- und Innenausbau eingesetzt. Im Industriebereich ist die Kiefer Rohstoff für Span- und Faserplatten, für Pappe, Packpapier und Zellstoff.

Alte Heilpflanze

In der Volksheilkunde wird die Kiefer häufig zusammen mit Fichte und Tanne gegen Lungenkrankheiten angeführt. Bei chronischer Bronchitis sollen Inhalationen mit Kiefernsprossen oder dem ätherischen Öl das Atmen erleichtern. Bei starkem Husten und Bronchitis verschafft Kiefernsalbe, auf Brust und Rücken gerieben, rasche Linderung. Die frischen, im Frühjahr gesammelten Triebe wurden gleich denen der Fichte vor der „Vitaminzeit" wegen ihres Gehaltes an Vitamin C medizinisch gegen Skorbut verwendet. Angeblich soll damit ein großer Teil des schwedischen Heeres unter Karl XII. im Jahr 1709 gerettet worden sein. In Nordamerika wird „spruce beer" aus frischen Kiefernnadeln bereitet und ebenfalls gegen Skorbut empfohlen. Bewährt hat sich auch das folgende Hausmittel: Die einjährigen Triebe der Kiefer werden in gesättigte Zuckerlösung eingelegt und einige Wochen stehen gelassen. Die Zuckerlösung wird dann löffelweise bei Erkältungskrankheiten, Husten, Heiserkeit und Angina eingenommen. Die Triebe lassen sich ferner zu Bädern bei Gicht und Rheuma verwenden (1 kg Triebe eine halbe Stunde in 3 l Wasser kochen und ins Badewasser gießen). Das Pech der Kiefer wird medizinisch in der Dermatologie verwendet, das Harz in Pflastern und die ätherischen Öle als Zusatz in Gichtsalben. Aus dem viele heilkräftige Stoffe enthaltenden Pollen werden industriell geriatrische Arzneimittel gegen krankhafte Alterserscheinungen erzeugt.

Tanne und Fichte

Tannen und Fichten zählen zu den Baum-Giganten Mitteleuropas. Mit einer Höhe von bis zu 60 Metern werden sie in unseren Breiten von keiner anderen Baumart überragt. Seit altersher galten diese Ehrfurcht erweckenden Baumriesen als Symbol der Stärke und der Hoffnung. Bereits in vorchristlicher Zeit stellte man zur Wintersonnenwende einen Tannenbaum auf. Im Jahr 1539 soll der erste christliche Weihnachtsbaum im Straßburger Münster gestanden haben und das ebenso bekannte wie beliebte Lied „Oh Tannenbaum ..." ist seit 170 Jahren aufs engste mit Weihnachten verbunden. Die Bezeichnung Weißtanne bezieht sich auf die weißlichgraue Borke, während sie bei der als Rottanne bekannten Fichte rötlichbraun ist. Das leichte, gelblichweiße Holz ist elastisch und harzfrei, schwindet kaum und dient als wertvolles Bau- und Konstruktionsholz. Instrumentenbauer schätzen es ähnlich dem der Fichte als Resonanzholz für Musikinstrumente. Als typischer Mischwaldbaum bietet die Tanne einer beachtlichen Zahl von Tieren Nahrung und Unterschlupf, wovon hier nur eine kleine Auswahl geboten werden kann.

Honigtau für 240 Insektenarten

Neben dem Blütennektar bildet der so genannte „Honigtau" eine zweite sehr ergiebige Nahrungsquelle der Bienen. Honigtau ist keine direkte pflanzliche Absonderung, sondern die von den Bienen gesammelte zuckerhaltige Ausscheidung pflanzensaugender Insekten, vor allem von Blatt-, Rinden- und Schildläusen. Solche Honigtauquellen können Laubgehölze (z. B. Linde, Ahorn, Eiche, Ulme) oder Nadelbäume (z. B. Fichte, Tanne, Lärche) sein. Fichten honigen im Juni, Weißtannen später und oft weit in den Herbst hinein. Der bedeutendste Honigtauerzeuger der Tanne ist die Grüne Tannenhoniglaus (*Cinara pectinatae*), die den Imkern meist alle 4–6 Jahre eine reichliche Tracht beschert. Ameisen, besonders die Rote Waldameise pflegen und schützen die Läuse. In der Nähe von Ameisennestern finden sich 10–20-mal, ja mitunter sogar 100-mal mehr Honigtau erzeugende Baumläuse als sonst im Wald. Für mehr als 240 Insektenarten, darunter Wespen, Schwebfliegen, Hummeln, stellt Honigtau eine wichtige Nahrungsquelle dar. Die sehr beliebten Honigtauhonige zeichnen sich gegenüber Blütenhonig durch ihren hohen Mineralstoffgehalt (insbesondere Tannenhonig) und ihre höhere keimtötende Wirkung aus.

Raupenfutterpflanze für Schmetterlinge

Tannen bilden die Hauptfraßpflanze der Tannennadelmotte (*Argyresthia fundella*), deren Raupen in Nadeln minieren, die später abfallen. Die Raupen des Tannenknospenwicklers (*Epiblema nigricana*) fressen in den Knospen. Schon eine Raupe verzehrt während ihrer Entwicklung mindestens 4–5 Knospen. Fraßschäden richtet auch der Tannentriebwickler (*Cacoecia murinana*) an, dessen Raupe für ihre Entwicklung zwei 1–2 Maitriebe (etwa 120 Nadeln) benötigt. Dieser „Bestandsverderber" kommt in Alt- und Mittelhölzern vor, befällt bei Massenvermehrung aber auch Stangenhölzer. Zusammen mit anderen Nadelbäumen (Kiefer, Fichte, Lärche) zählt die Tanne auch zu den Raupenfutterpflanzen mehrerer Großschmetterlinge, darunter eben-

Links: Tanne mit männlichem und weiblichem Blütenstand. Die 10–15 cm langen Zapfen stehen aufrecht. Nach dem Ausstreuen der Samen fallen die Schuppen ab, die Zapfenspindel bleibt stehen. Rechts: Fichte mit weiblichem und männlichem Blütenstand. Die bis zu 15 cm langen, nach unten hängenden Zapfen fallen mit den Samenschuppen ab.

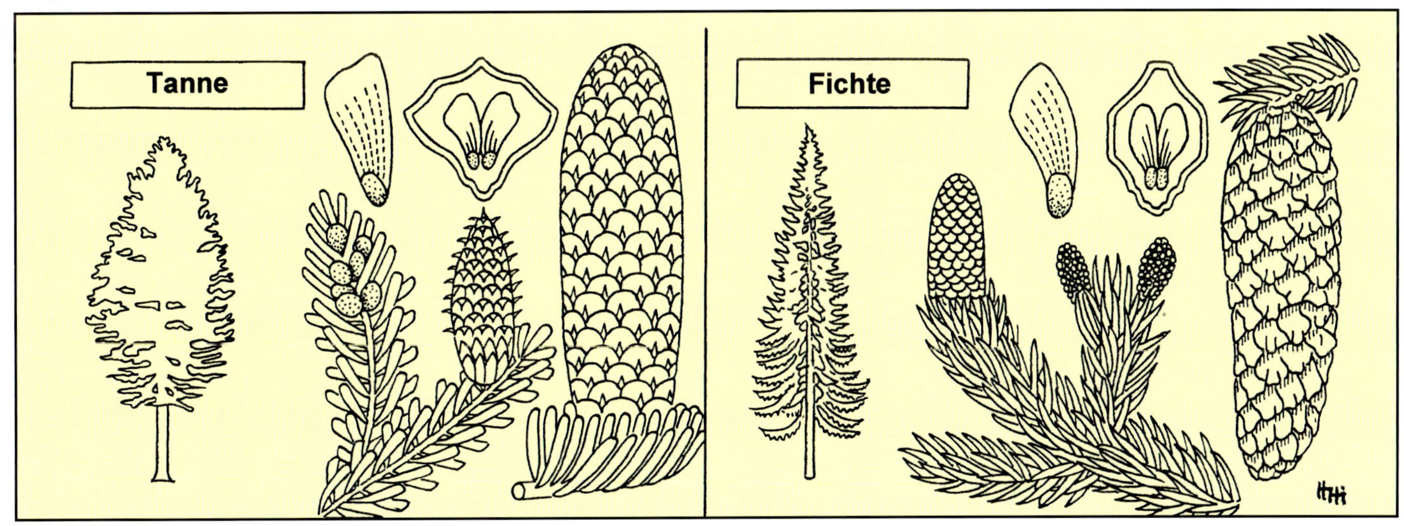

falls einige gefürchtete Schadfalter. An den unreifen Zapfen von Tannen und Fichten fressen die Raupen des Tannenzapfen-Blütenspanners (*Eupithecia togata*). Reine Nadelkonsumenten sind die Raupen von Tannenstreckfuß (*Dasychira abietis*), Tannen-Kammfühlerspanner (*Puengeleria capreolaria*), Kiefernspanner (*Bupalus piniaria*), Roter Kiefernspanner (*Ellopia fasciaria*), Kiefernspinner (*Dendrolimus pini*), Forleule (*Panolis flammea*) und Mönch (*Panthea coenobita*).

Entwicklungsort für Käferlarven

In Tannenbeständen können die Larven des Weißtannenborkenkäfers (*Ips curvidens*) und des Kleinen Tannenborkenkäfers (*Cryphalus piceae*) ausgedehnte Schäden anrichten, vor allem dort wo die Weißtanne nicht standortgemäß ist. Kränkelnde, aber auch gesunde Stämme werden vom Weißtannenrüssler (*Pissodes piceae*) zur Eiablage aufgesucht. Im Holz von Tannen, Kiefern und Fichten leben ferner die Larven des Vierpunktprachtkäfers (*Anthaxia quadripunctata*) und des Ländlichen Prachtkäfers (*Buprestis rustica*); die Larven des Rindenschröters (*Ceruchus chrysomelinus*) bevorzugen rotfaule, gefällte Tannen und Fichten. In toten Stubben, Stämmen und Ästen hausen die Larven des Blutroten Halsbockes (*Leptura sanguinolenta*). Die Larven des Waldbockes (*Spondylis buprestoides*) entwickeln sich in den Wurzeln von Nadelbäumen und dringen bis in die Stubben vor. Die Larven des Reisigbockes (*Obrium brunneum*) nutzen abgestorbene, faule Äste von Tannen, Kiefern, Fichten und Lärchen als Nahrungssubstrat. Angemerkt sei noch, dass der Waldmaikäfer (*Melolontha hippocastani*) auch in Nadelholzbeständen frisst und Weißtannen bevorzugt. Wie aus dem lateinischen Namen hervorgeht, kommt der Waldmaikäfer auch auf Rosskastanien vor. Das letzte Hinterleibsegment ist knopfartig erweitert.

Lebensraum für Vögel

Zu den ständigen Bewohnern des Tannen-Mischwaldes und des Nadelforstes zählt die Tannenmeise. Im Winter lebt die „Wald- oder Holzmeise" von Nadelholzsämereien, wovon sie schon im Spätherbst kleine Vorräte in Rindenritzen angelegt hat. In den übrigen Jahreszeiten stellt sie Insekten in allen Entwicklungsstadien nach, wobei ihnen u. a. große Mengen der oft winzigen Blattläuse zum Opfer fallen. Zur Zeit der Jungenaufzucht macht sich dieser kleine Waldvogel besonders nützlich, da er jetzt die größeren Raupen der Nonne und des Kiefernspinners sowie angehackte Nonnenpuppen verfüttert. Später stehen bei den Alt- und Jungvögeln auch Kiefernspannerraupen auf dem Speiseplan, schon ein einziger Vogel kann bis zu 230 Raupen pro Tag verzehren. Der Förster rechnet die Tannenmeise daher neben Kohlmeise, Blaumeise, Trauerschnäpper und Kleiber mit zu den „Arbeitsvögeln" seines Waldes und versucht durch Aufhängen von Nistkästen ihre Ansiedlung wo immer nur möglich zu fördern. Diese Maßnahme hat sich vor allem in unseren gut durchforsteten Nadelwäldern als notwendig erwiesen, da hier natürliche Baumhöhlen Mangelware sind. – Zur Brutzeit halten sich auch die zierlichen Wintergoldhähnchen ausschließlich in Fichten- und Tannenwäldern auf. Ihr Leichtgewicht gestattet den kleinen Wichten selbst dünnstes Wipfelgezweig nach winzigen Insekten samt Eiern, Larven und Puppen oder Spinnen zu durchstöbern. Obwohl sich die Reviere von Winter- und Sommergoldhähnchen überlagern können, kommen sie sich bei der Nahrungssuche kaum ins Gehege: Wintergoldhähnchen bevorzugen kleinste Beutetiere, die sie häufiger auf der Astunterseite aufspüren, während Sommergoldhähnchen größeres Getier von der Astoberseite ablesen. Als Kinderwiege dient ein zwischen kleinen Ästen von Nadelbäumen eingewobenes Hängenest. Reichlich verwendete Spinnstoffe, die Goldhähnchen den Eierkokons der Spinnen oder den Gespinsten mancher Raupen entnehmen, bewirken zusammen mit Moos, Flechten, Bast, Pflanzenwolle, Tierhaaren und Federn eine hervorragende Wärmeisolation des Nestes. Das Weibchen kann bis zu 25 Minuten fernbleiben, ohne dass das Gelege auskühlt.

Sommergoldhähnchen (links) und Wintergoldhähnchen (rechts) errichten ein zwischen den Ästen von Nadelbäumen eingewobenes, stabiles Hängenest.

Auf Fichten leben fünf Arten von Rindenläusen als Honigtauproduzenten, auf Tannen nur drei. Für mehr als 240 Insektenarten stellt der kohlenhydratreiche Honigtau eine wichtige Nahrungsquelle dar.

Aus dem Honigtau von Nadelgehölzen bereiten die Honigbienen den so beliebten, dunklen „Waldhonig". Er zeichnet sich gegenüber Blütenhonig durch seinen hohen Mineralstoffgehalt aus.

Die nachtaktive Nonne besiedelt in erster Linie Nadelwälder. Die Falter selbst nehmen keine Nahrung zu sich.

Die Raupen der Nonne leben vor allem auf Nadelbäumen, bei einer Massenvermehrung auch auf Laubgehölzen.

Die Raupen der weit verbreiteten Forleule leben auf Kiefern, zuweilen aber auch auf Fichten und Tannen.

Das ganze Jahr hindurch – mit Ausnahme der Brutzeit – bilden die Samen von Fichte, Kiefer und Lärche einen wesentlichen Teil der Nahrung des Großen Buntspechts. Die vom Zweig abgehackten oder abgedrehten Zapfen werden von den Spechten an einigen ausgewählten Stellen ihres Reviers bearbeitet. Solche von den Vögeln mehr oder weniger selbst gezimmerten „Gabel- oder Klemmschmieden" werden über Monate oder gar Jahre hinweg benutzt. Die mit der Basis nach unten festgeklemmten Zapfen werden mit Hackschlägen in der Regel von der Spitze her aufgeschuppt, oft 2–3 mal herausgenommen, gewendet und neu fixiert. Bei häufig benutzten Schmieden, d. h. unter besonders günstigen Hauptschmieden, hat man schon bis zu 3000 Kiefern- und 1400 Fichtenzapfen gefunden (Zeichnung nach F. Weick).

Von Spechten, Kreuzschnäbeln, Eichhörnchen und Mäusen bearbeitete Tannen- und Kiefernzapfen (nach A. Kelle/H. Sturm, Text siehe nebenstehende Spalte).

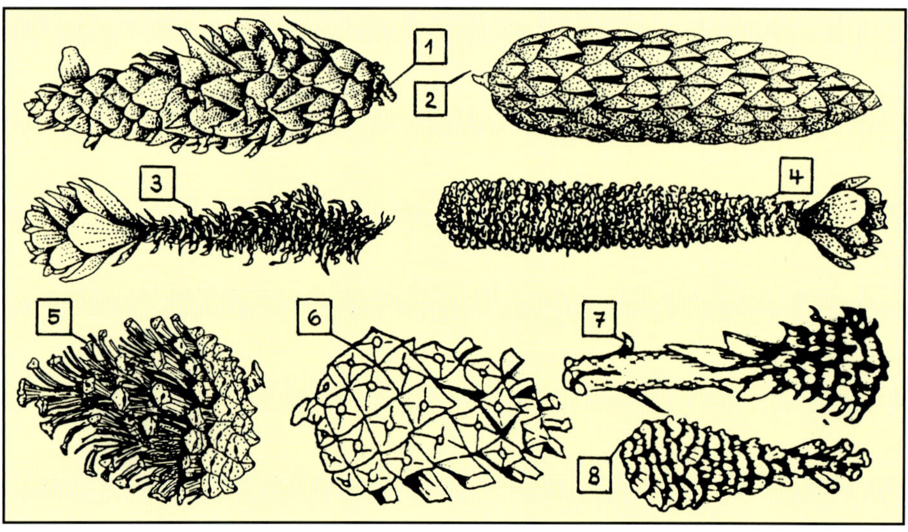

Verräterische Spuren

Wer mit offenen Augen Wald und Flur durchstreift, kann einer Vielzahl von Tieren begegnen, ohne dass er auch nur eines davon sieht: Der erfahrene Naturfreund erkennt sie an den typischen Spuren, die sie in ihrem Lebensraum hinterlassen. Das können Fährten oder eine Losung sein, aber auch Gewölle, Haarbüschel, Knochenreste, Federn oder ganze Rupfungen, Fegestellen des Rehwildes, Stichstellen des Dachses, Malbäume des Schwarzwildes, Verbissstellen oder Schälungen. Ebenso aufschlussreich sind Fraßspuren an Nüssen oder Zapfen, denn jede Tierart hat ihre besondere Methode, an die fett-, stärke- und eiweißreichen Kerne oder Samen zu kommen: Der Große Buntspecht keilt die Zapfen mit der Spitze nach oben in bereits vorhandene oder von ihm eigens angelegte Spalten und Löcher („Schmieden") und bearbeitet sie mit kräftigen Schnabelhieben. Die Fichten- oder Kiefernzapfen, die sich unter den immer wieder benutzten Schmieden in größeren Mengen sammeln, erhalten dadurch ein zerzaustes Aussehen mit nach allen Seiten stehenden Schuppen (1,5). Weder an der Spitze noch am Grund verletzte Zapfen mit längs aufgeschlitzten Schuppen (2) verraten dagegen die Tätigkeit des Fichtenkreuzschnabels. Für Ihn sind Nadelholzsamen das einzige Futter zur Jungenaufzucht, da die Brutzeit dieses Vogels in die Zeit von Dezember bis April fällt. Der Fichtenkreuzschnabel ist ein „Zigeunervogel", der auch außerhalb seines Brutgebiets weit herumstreift. An den weit härteren Kiefernzapfen arbeitet der Kiefernkreuzschnabel mit seinem viel kräftigeren Schnabel, wobei der die Schuppen von der Zapfenachse nach außen presst (6). Eichhörnchen kommen an die schmackhaften Koniferensamen, indem sie einfach die Schuppen nahe der Zapfenachse abbeißen. Übrig bleibt eine stark ausgefranste Spindel mit einem Büschel unbeschädigter Schuppen an der Spitze (3). Auch die von dem roten Waldkobold bearbeiteten Kiefernzapfen sind stark zerfranst oder gespalten (7). Von Mäusen benagte Zapfen, sie finden sich stets unter Reisighaufen oder an anderen deckungsreichen Fraßplätzen, besitzen glatte Nageflächen, einen abgerundeten Zapfengrund und nur wenige Schuppen an der Spitze (4,8).

Ein reich gedeckter Tisch

Rund vier Fünftel unserer heimischen Blütenpflanzen sind bei ihrer Bestäubung auf Insekten angewiesen. Unter ihnen bestreiten die Hautflügler nahezu die Hälfte aller Blütengäste. Honigbienen und Hummeln sowie ebenfalls schon früh im Jahr fliegende Sand-, Furchen-, Mauer- und Pelzbienen sichern und steigern nicht nur die Erträge von Obstkulturen, sondern auch die reichen Fruchtbehänge zahlreicher Wildsträucher. Dieser im herbstlichen Selbstbedienungsladen der Natur weithin leuchtende Fruchtschmuck ist in erster Linie eine verlockende, ja unwiderstehliche Offerte für die Vogelwelt. Der Grund: Wohl die meisten Bäume unserer Wälder vermehren sich mit Hilfe des Windes. Nur wenige Baumarten zeitigen schwerere Früchte (z. B. Buche, Eiche, Zirbe), die durch Tiere verbreitet werden. Andere hochwüchsige Bäume produzieren Samen mit Flugorganen (z. B. Linde, Ahorn, Esche, Pappel); sie haben gute Chancen durch den Wind weit fortgetragen zu werden. Dagegen garantiert bei niedrigen Gehölzarten eine Windverfrachtung nicht die gewünschte Verbreitung. Die oft in saftiges Fruchtfleisch verpackten Samen der meisten unserer einheimischen Sträucher und niedrigwüchsigen Baumarten werden daher über Vögel verbreitet. Viele Früchte sind zudem auffällig gefärbt, denn Farbsignale spielen für Vögel eine große Rolle. Leuchtend rote und glänzend schwarze Beeren besitzen eine besondere Attraktivität. Es handelt sich hier um ein seit Jahrtausenden eingespieltes Ökosystem, das bestens funktioniert und auch die „Bestäuber-Gesellschaften" mit einbezieht: Die Vögel bekommen Nahrung und verbreiten im Gegenzug die genutzte Baum- oder Strauchart durch Ausscheiden der unverdauten Samen, umgeben mit bestem „Guano". Davon profitiert letztlich wieder die Insektenwelt, da durch die gärtnerische Tätigkeit der Vögel neue Nektar- und Pollenspender gepflanzt werden. Auch neue Nistplätze entstehen.

Nektar, Pollen und Früchte spendende Wildgehölze für Bienen und Vögel.

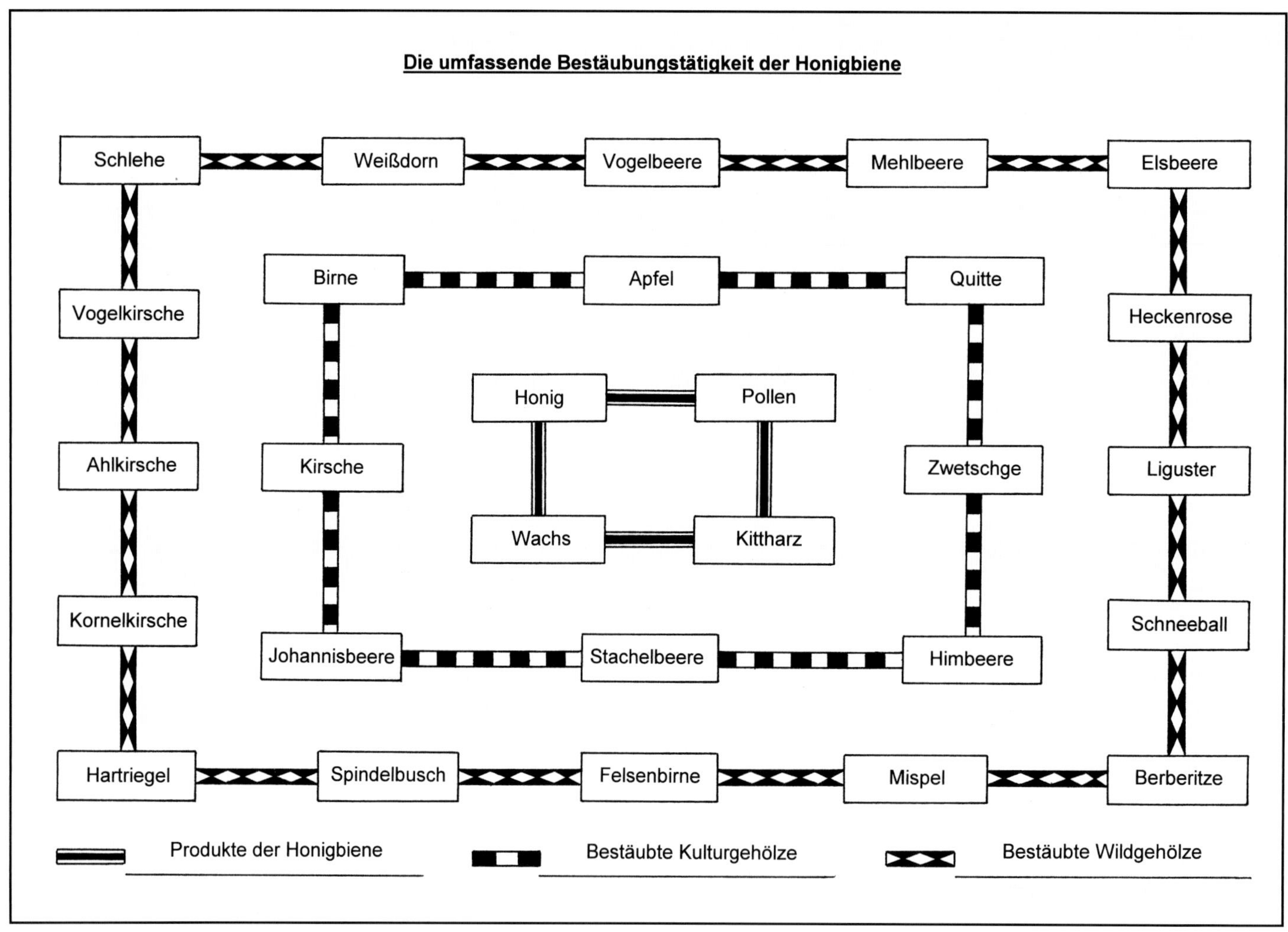

Honigbienen produzieren nicht nur Honig!

Honigbienen zeichnen sich durch eine ganze Reihe bestäubungsrelevanter Verhaltensweisen und Eigenschaften aus (Überwinterung als Volksganzes, rasche Vermehrung im Frühjahr, ausgeprägte Vorratswirtschaft, hochentwickeltes Kommunikationssystem, erstaunliches Zeitgedächtnis, große Anpassungsfähigkeit an Blütenformen, nahezu 100 %ige Blütenstetigkeit), woraus ihre große Sammelleistung und Bestäubungswirksamkeit resultiert. So werden in Deutschland jährlich ca 30 000 t Honig erzeugt. Bei einem Preis von 3 EURO je kg würde die Jahresernte einem Wert von 180 000 000 EURO entsprechen. Der Bestäubungswert der Honigbiene bei gärtnerischen und landwirtschaftlichen Nutzpflanzen übertrifft den Gesamtwert der Honig- und Wachserzeugung um das Zehn- bis Fünfzehnfache. Nimmt man schließlich noch die an der gesamten Wildflora geleisteten Bestäubungsdienste mit in die Betrachtung herein, sind entsprechende Zahlenangaben überhaupt nicht mehr möglich. Die Honigbiene wird damit zu einem wichtigen, ja unentbehrlichen ökologischen Bindeglied im komplexen Gefüge unterschiedlichster Lebensräume, Wälder eingeschlossen: In Waldgebieten Schwedens kam es ohne Bienenstände im Durchschnitt nur bei 50 % der Heidelbeerblüten zum Fruchtansatz. Die Früchte waren wegen der geringen Samenzahl klein. In Waldgebieten mit Bienenständen kam es dagegen bei 90 % der Blüten zum Fruchtansatz. Die Früchte hatten mehr Samen und waren im Durchschnitt 1,7-mal größer. Auf einer Fläche von 3 km² konnte durch Bienenflug der Ertrag von 50 t auf fast 100 t gesteigert werden.

Vogelbeere: *Nahrung für 63 Vogelarten. Standort: Lichte Wälder, Kahl-schläge, Felshänge, Weiden, Wiesenraine, Straßenränder. Blütezeit: Mai bis Juni. Fruchtreife: August bis Oktober. Inhaltsstoffe: Provitamin A, Vitamin C, Zucker, Pectin, Gerbstoff, Sorbinsäure, Fruchtsäuren, Ka-rotin, ätherisches Öl. Verwendung: Für Saft, Sirup, Mus, Marmelade, Gelee, auch in Verbindung mit anderen Marmeladen (Apfel, Birne, Quitte, Hagebutten, Preiselbeeren, Kürbis).*

Schwarzer Holunder: *Nahrung für 62 Vogelarten. Standort: Waldrand, Gebüsche, Hecken, feuchte Lichtungen, Böschungen, Schuttplätze, an Mauern und Zäunen. Blütezeit: Juni bis Juli. Fruchtreife: August bis September. Inhaltsstoffe: Vitamin A, B, C, ätherisches Öl, Mineralstof-fe. Verwendung: Bereitung von Marmelade, Mus, Sirup, Wein, Punsch, Likör. Tees aus getrockneten Blüten, Früchten und Blättern als blutrei-nigende, schweiß- und harntreibende Droge.*

Traubenholunder: *Nahrung für 47 Vogelarten. Standort: Lichte Laub-mischwälder, Kahlschläge, Waldränder, steinige Hänge. Blütezeit: April bis Mai. Fruchtreife: Juli bis August. Inhaltsstoffe: In den Früchten Provitamin A, reichlich Vitamin C, Pektin, Gerbstoff, fettes Öl, Karoti-noide. Die Samen enthalten einen harzartigen, stark schleimhautrei-zenden Wirkstoff, der Erbrechen und Durchfall hervorruft. Sie wurden früher als Abführmittel in der Volksmedizin verwendet.*

Wacholder: *Nahrung für 43 Vogelarten. Standort: Sandige und felsige Heiden, trockene Wälder, Gebirgsmatten, Moore. Blütezeit: April bis Mai. Fruchtreife: September bis Oktober. Inhaltsstoffe: Ätherisches Öl, Invertzucker, Vitamin C, Harze, Gerbstoffe, Pektin. Verwendung: Getrocknete Beeren für Tees, als Gewürzbeilage (zu Sauerkraut, Wild-braten, Fisch); auch für Wacholderöl, Wacholderspiritus und Schnäpse (Doppelwacholder, Genever, Gin usw.).*

Hundsrose: *Nahrung für 27 Vogelarten. Standort: Wald- und Wegränder, Bahndämme, Straßenböschungen, Gebüschsäume, Hecken, Lichtungen. Blütezeit: Mai bis Juni. Fruchtreife: September bis Oktober. Inhaltsstoffe: Reichlich Vitamin C, Fruchtzucker, Fruchtsäuren, Lecithin, Pektin, Gerbstoff, ätherisches Öl mit Vanillin, Mineralstoffe, Eisen. Verwendung: Für Hagebuttenmus, Kompott, Marmelade, Sirup, Bonbons für Kinder, Saft, Wildfruchtwein und Likör.*

Eibe: *Nahrung für 24 Vogelarten. Standort: Vereinzelt im schattigen Unterholz von Laub- und Mischwäldern, in zahlreichen Spielarten angepflanzt in Gärten, Parks und Friedhöfen. Blütezeit: März bis Mai. Fruchtreife: August bis Oktober. Inhaltsstoffe: Alle Pflanzenteile – mit Ausnahme des roten Samenmantels – enthalten das giftige, narkotisch wirkende Alkaloid Taxin: Erbrechen, heftige Leibschmerzen, Koliken, Durchfall, Tod im Koma durch Kreislauf- und Atemlähmung.*

Pfaffenhütchen: *Nahrung für 24 Vogelarten. Standort: Lichte Wälder, Gebüsche, Waldränder, Ufer- und Feldgehölze, Hecken, in mehreren Arten als Zierstrauch angepflanzt. Blütezeit: Mai. Fruchtreife: Oktober. Inhaltsstoffe: Besonders in den Früchten ein noch unerforschter, für Menschen und Säugetiere giftiger Bitterstoff. Nach 15–16 Stunden: Übelkeit, Magen-Darm-Koliken, Erbrechen, Fieber, Kreislaufstörungen, Kollapserscheinungen, Ohnmacht, Koma.*

Gemeiner Hartriegel: *Nahrung für 24 Vogelarten. Standort: Laubmischwälder, Auwälder, Waldränder, Lichtungen, Hecken, Gärten, Parkanlagen. Blütezeit: Mai bis Juni. Fruchtreife: September. Inhaltsstoffe: In den Früchten viel Vitamin C, in den Samen Öl, in Blüten und Blättern Gallussäure und ein Flavonolglykosid. Verwendung: Früchte früher zu Säften und Marmeladen verarbeitet, das Öl der Samen wurde zur Seifenherstellung und für Brennzwecke verwendet.*

Gemeiner Schneeball: *Nahrung für 22 Vogelarten. Standort: Auwälder, Schluchten, Bach- und Flussufer, Waldränder, Hecken, Gebüsche, Parkanlagen. Blütezeit: Mai bis Juni. Fruchtreife: September bis Oktober. Inhaltsstoffe: Rinde, Blatt und Frucht enthalten einen noch nicht erforschten Bitterstoff (Viburnin), Saponin, Gerbstoffe und Pektin. Für Menschen giftig: Durchfall, Erbrechen, Magen- und Darmentzündungen, blutiger Urin, bis hin zu Todesfällen.*

Schlehe: *Nahrung für 20 Vogelarten. Standort: Vollsonnige Berg- und Felshänge, Hecken, Feldraine, aufgelassene Wiesen und Weinberge. Blütezeit: März bis April. Fruchtreife: September bis Oktober. Inhaltsstoffe: Vitamin C, Fruchtzucker, Fruchtsäuren, Pektin, Gerbstoff. Verwendung: Früchte nach dem ersten Frost für Saft, Marmelade, Sirup, Mus (auch als Fleischbeilage), mit Zuckerwasser vergoren für Fruchtwein, Likör und höherprozentigen Schlehengeist.*

Berberitze: *Nahrung für 19 Vogelarten. Standort: Gebüsche, Wegränder, Hecken, Waldlichtungen, angepflanzt als Zierstrauch in mehreren Arten. Blütezeit: Mai bis Juni. Fruchtreife: September. Inhaltsstoffe: In den Beeren reichlich Vitamin C, Fruchtsäuren, Zucker, Pektin. Verwendung: Beeren nach dem Frost für Frischsäfte, Limonaden, Sirup, Marmelade oder als aromatischer Zusatz für Apfel- und Birnengelees. Früchte wurden früher auch dem Wein beigegeben.*

Sanddorn: *Nahrung für 16 Vogelarten. Standort: Sand- und Schotterböden der Fluss- und Seeufer, Felsschutthalden, Kiesgruben, auch zur Bodenbefestigung angepflanzt. Blütezeit: März bis April. Fruchtreife: September. Inhaltsstoffe: Vitamin A, B, C, E und P, Mannit, Apfelsäure, Kalzium, Öl. Verwendung: Saft, Mus, Gelee, Marmelade, Mischmarmelade, aromatischer Zusatz bei Milchmixgetränken, Mehlspeisen, Gebäck, Puddings und anderen Süßspeisen.*

Wolliger Schneeball: *Nahrung für 15 Vogelarten. Standort: Sonnige, steinige Hänge, Kalkfelsen, Trockenbusch- und Trockenwaldgesellschaften, lichte Eichen- und Kiefernwälder, angepflanzt als Ziergehölz. Blütezeit: Mai bis Juni. Fruchtreife: August bis September. Inhaltsstoffe: Noch nicht erforscht, als Hauptwirkstoff soll ein nicht näher bestimmtes Glykosid vorhanden sein. Beeren wurden früher zum Vogelfang benutzt, für Menschen sind sie giftig.*

Kornelkirsche: *Nahrung für 15 Vogelarten. Standort: Lichte, trockene Laubwälder und Gebüsche, Waldsäume, sonnige Hänge, angepflanzt als Zierstrauch. Blütezeit: Februar bis April. Fruchtreife: September bis Oktober. Inhaltsstoffe: Vitamin C, verschiedene Zucker, organische Säuren, Gerbstoffe. Verwendung: Früchte nach dem ersten Frost für Säfte, Kompott, Marmelade, Gelee, auch als Zusatz zu anderen Gelees, ferner für Süßmost, Likör, Obstwein.*

Rote Heckenkirsche: *Nahrung für 8 Vogelarten. Standort: Unterholz in lichten Laub- und Mischwäldern, Schluchten, als Ziergehölz angepflanzt an Straßenrändern, in Parkanlagen und Vorgärten. Blütezeit: Mai bis Juni. Fruchtreife: Juli bis August. Inhaltsstoffe: Die für Menschen giftigen Beeren enthalten neben Zucker, Pektin und Gerbstoff einen Bitterstoff, das Xylostein, der zu Erbrechen, starken Leibschmerzen, blutigem Durchfall und Tod im Koma führt.*

Schwedische Mehlbeere: *Nahrung für 4 Vogelarten. Standort: Lichte Mischwälder der Voralpen, sonnige Berghänge, angepflanzt in Gärten und Anlagen. Blütezeit: Mai bis Juni. Fruchtreife: Oktober. Inhaltsstoffe: Zucker, Sorbinsäure, Apfel- und Zitronensäure, Vitamin C, Flavonolglykoside. Verwendung: Früchte nach dem Frost geeignet für Mus, Gelee, Marmelade, Kompott; auch für Säfte (mit Johannisbeeren, ausgepressten Orangen, Honig und Mineralwasser).*

Hecken – Lebensraum für Vögel

Die Erhaltung und Neupflanzung von bunten, Früchte tragenden Hecken aus standortgerechten Sträuchern und Bäumen stellt eine ebenso wichtige wie lohnende Vogelschutzmaßnahme dar. In Hecken und Kleingehölzen ist die Bestandsdichte von Vögeln durchschnittlich drei- bis viermal größer als in zusammenhängenden Waldungen. Auch die Artenzahl ist in einer reich gegliederten Heckenlandschaft besonders groß. Im Schweizer Jura wurden auf 25 Quadratkilometer Heckenlandschaft 122 Vogelarten beobachtet und ein im Lehrrevier Buschletten angelegtes Flurgehölz von 800 m Länge beherbergte 45 Brutvogelpaare in 20 verschiedenen Arten. Der Grund: Die einzelnen Stockwerke oder Etagen ausgedehnter, strukturreicher Heckenzüge bieten gleich mehreren Vogelarten die ihnen zusagenden Nistplätze.
Dargestellte Beispiele:

Bluthänfling (1): Das vom Weibchen alleine gebaute Nest befindet sich bis zu 3 m hoch im Geäst. Seine äußere Schicht besteht aus Würzelchen, Grashalmen und Baststücken. Die glatt ausgeformte Mulde ist mit Haaren, Federn, tierischer und pflanzlicher Wolle ausgekleidet. Das napfförmige Nest des **Rotkehlchens** (2) steht meistens in einer Bodenmulde, durch überhängende Pflanzen gut versteckt. Es wird vom Weibchen aus abgestorbenen Blättern und Moos gebaut und innen mit Haaren ausgepolstert. Das Nest der **Heckenbraunelle** (3) befindet sich gewöhnlich wenig über dem Boden im dichtesten Gestrüpp. Die äußere Schicht besteht aus gröberen Reisern und Halmen, zur Polsterung werden von beiden Altvögeln Haare und dünne Hälmchen herbeigeschafft. Das aus Halmen, Moosfetzen, Blattstückchen und Spinnweben solide verwebte Nest des **Gelbspötters** (4) wird in einer Höhe von 1 bis 2 m angelegt.

Bei der Nestgründung scheint das Männchen zu bauen, während das Weibchen die Auspolsterung mit Haaren und Federchen besorgt. Das von den Altvögeln gemeinsam errichtete Nest der **Zaungrasmücke** (5) ist ein sehr hinfälliger Bau aus dünnen Halmen. Ein Ring aus Grasblättern bildet den oberen Rand der Mulde. Die Polsterung besteht aus zarten Gräsern, manchmal mit Haaren untermischt. Das Männchen des **Zaunkönigs** (6) legt gleich mehrere kugelförmige Bodennester aus Moos, Farnkraut und Gras an. Eines davon wird vom herbeigesungenen Weibchen fertig gebaut und mit Federn und Haaren sorgfältig ausgepolstert. Das vor allem aus Moos und Flechten dicht geflochtene, innen mit Haaren und Wolle ausgekleidete Nest des **Buchfinks** (7) liegt in Astgabeln oder in den Astachseln am Stamm, in einer Höhe von 3–5 m, häufig aber auch wesentlich höher. Das Männchen hilft beim Nestbau nur ausnahmsweise.

Literatur:

Aichele, D. (1991): Das blüht an allen Wegen. Stuttgart. – Angermann, J./Lieckfeld, C.-P. (1987): Ein Wirt für viele Gäste. Natur 9. – Arens, D. (1991): Sechzig einheimische Wildpflanzen in lebendigen Porträts. Köln. – Bayerischer Forstverein, Hrsg. (1998): Sträucher in Wald und Flur. Landsberg. – Bellmann, H. (1992): Spinnen, beobachten, bestimmen. Augsburg. – Ders. (1995): Bienen, Wespen, Ameisen. Stuttgart. – Ders. (2002): Insekten, erkennen & bestimmen. München. – Benjes, H. (1986): Die Vernetzung von Lebensräumen mit Feldhecken. München. – Bertsch, A. (1975): Blüten – lockende Signale. Ravensburg. – Biermann-Dähne, G. (1996): Bärlauch und Judenkirsche. Heidelberg. – Brauns, A. (1964): Taschenbuch der Waldinsekten. Stuttgart. – Carter, D. J./Hargreaves, B. (1987): Raupen und Schmetterlinge Europas und ihre Futterpflanzen. Hamburg, Berlin. – Cramer, E., Hrsg. (1956): Mitteleuropäische Pflanzenwelt. Hamburg. – Dustmann, J. H. (1996): Bienen und Blüten. ADIZ 3. – Ebert, G., Hrsg. (1991, 1994, 1997): Die Schmetterlinge Baden-Württembergs, Band 1–6. Stuttgart. – Freitag, H./Paul, H. (1966): Wiesen- und Waldblumen. Stuttgart. – Gleim, K. H. (1985): Die Blütentracht. Sankt Augustin. – Guttmann, R. (1997): Majestät am Straßenrand. Kosmos 7. – Haupt, J. u. H. (1998): Fliegen und Mücken. Beobachtung, Lebensweise. Augsburg. Hegi, G. (1924): Illustrierte Flora von Mitteleuropa. München. – Hecker, U. (1985): Laubgehölze. Wildwachsende Sträucher und Zwerggehölze. München. – Hedtke, C., Hrsg. (1994): Wildbienen. Hohen Neuendorf. – Heß, D. (1983): Die Blüte. Stuttgart. – Hintermeier, H. (1988): Nächtliche Blumenkavaliere: die Schwärmer. Der prakt. Gartenratgeber 8. – Ders. (1989): Sommerliche Blütengäste: Schwebfliegen. Der prakt. Gartenratgeber 3. – Ders. (1991): Schmetterlinge im Garten und in der Landschaft. München. – Ders. (1991): Unsere Marienkäfer – Lebensweise, Bedeutung, Schutzmaßnahmen. Der prakt. Gartenratgeber 8. – Ders. (1992): Schmetterlingswirtshaus: der Wasserdost. Der prakt. Gartenratgeber 7. – Ders. (1995): Auf dem Flug nach Süden: Winterschwebfliegen. Der prakt. Gartenratgeber 9. – Ders. (1999): Hummeln als Blütengäste. Praxis der Naturwissenschaften, Biologie 7. – Ders. (2000): Bienen, Hummeln, Wespen im Garten und in der Landschaft. – Ders. (2002): Hummeln. Allgemeine Deutsche Imkerzeitung 4 ff. – Ders. (2002): Der Bahndamm als Bienenweide. Deutsches Bienen-Journal 4, 5. – Ders. (2005) Imker schützen Schmetterlinge. Allgem. Deutsche Imkerzeitung 1 ff. – Kelle, A./Sturm, H. (1977): Tiere leicht bestimmt. Bonn. – Knoll, F. (1956): Die Biologie der Blüte. Berlin, Göttingen, Heidelberg. – Kormann, K. (1988): Schwebfliegen Mitteleuropas. Landsberg, München. – Kremer, B. P. (1990): Wegweiser zum Saftladen. Kosmos 8. – Kugler, H. (1970): Blütenökologie. Stuttgart. – Kuhn, W. (1967): Blumen „überlisten" Insekten. Die Scholle 5. – Landert, D. (1999): Mythos Baum. München. – Lohmann, M. (1985): Das farbige BLV Hausbuch der Natur. München. – Lunau, K. (1993): Angeborene und erlernte Blütenerkennung bei Insekten. Biologie in unserer Zeit 1. – Maurizio, A./Schaper, F. (1994): Das Trachtpflanzenbuch. München. – Meister, A. (1991): Wer besucht wen? Kosmos 7. – Meeuse, B. J. D./Morris, A. (1984): Blumenliebe. Köln. – Müller, H. (1873): Die Befruchtung der Blumen durch Insekten. Leipzig. – Müller, A./Krebs, A./Amiet, F. (1997): Bienen. Mitteleuropäische Gattungen, Lebensweise, Beobachtung. Augsburg. – Münker, B. (1982): Wildblumen. München. – Nielsen, H./Hancke, V. (1977): Heilpflanzen in Farbe, München. – Olberg, G. (1951): Blüte und Insekt. Leipzig. – Ders. (1954): Über die Blumenstetigkeit der Bienen. Imkerfreund 8. – Ders. (1956): Honigbienen an Hummelblumen. Imkerfreund 3. – Ders. (1967): Sonderstellung der Honigbiene im Tierreich. Imkerfreund 10. – Orbis-Verlag für Publizistik GmbH (1975): Blumen und Garten. Hamburg. – Reichholf-Riehm, H. (1984): Insekten. München. – Röseler, P.-F. (2001): Der Hummelgarten. Gelnhausen. – Röser, B. (1988): Saum- und Kleinbiotope. Landsberg/Lech. – Schmeil, O./Seybold, A. (1958): Lehrbuch der Botanik. Heidelberg. – Schmitt, C. (1908): Bilder aus dem Pflanzenleben. Freising. – Seidel, D. (1978): Heimische Pflanzen, BLV Naturführer, Band 1 und 2. München. – Sprengel, Ch. K. (1793): Das entdeckte Geheimnis der Natur im Bau und in der Befruchtung der Blüten. Reprint 1972. Berlin. – Sterne, C./von Enderes, A. (1951): Unsere Pflanzenwelt. Berlin. – Vetvicka, V. (1980): Pflanzen in Wald und Flur. Hanau, Prag. – Weberling, F. (1981): Morphologie der Blüten und der Blütenstände. Stuttgart. – Westrich, P. (1990): Die Wildbienen Baden-Württembergs, Teil 1 u. 2. Stuttgart. – Witt, R. (1985): Wildsträucher in Natur und Garten. Stuttgart. – Witte, G.R./Seger, J. (1999): Hummeln brauchen blühendes Land. Hohenwarsleben. – Wittekindt, E. (1963): Gastfreiheit im Reich der Blumen. Der Imkerfreund 5. – Zahradnik, J. (1985): Käfer Mittel- und Nordwesteuropas. Hamburg, Berlin. – Zander, R./Berner, K. (1979): Die Bienenweide. Stuttgart. – Zimmerer, E. W. (1896): Kräutersegen. Donauwörth. – Zizka, G./Schneckenburger S., Hrsg. (1999): Blütenökologie, faszinierendes Miteinander von Pflanzen und Tieren. Kleine Senckenberg-Reihe Nr. 33. Frankfurt a. M.

Weitere Bücher von Helmut Hintermeier aus dem Verlagsprogramm

164

Gartenbauvereine
helfen Mensch und Natur!

Die Mitgliedschaft in einem Gartenbauverein eröffnet viele Möglichkeiten die Gartenleidenschaft zu teilen. Gleichzeitig erhalten Sie Informationen zu allen Fragen rund um den Garten.

Kompetenz & Erfahrung

Wir geben unseren Mitgliedern praxisnahe Hilfestellung zur Anlage und Pflege von Gärten. Wir fördern den Erfahrungsaustausch über den Gartenzaun hinweg.

Natur & Familie

Wir sensibilisieren und begeistern auch Kinder und junge Menschen für die Belange der Natur. Wir erhalten die Natur für unsere Kinder als ein lebens- und erlebenswertes Gut.

Gartenkultur & Landespflege

Wir vermitteln Freude am Garten. Wir leisten unseren aktiven Beitrag zur Verschönerung der Dörfer, Gemeinden und Städte durch naturnahe Gärten, Wettbewerbe, Pflanzaktionen und Patenschaften.

Willkommen in einer großen Gemeinschaft

Mehr als 535.000 Mitglieder in über 3.300 Vereinen sind unter dem Dach des Bayerischen Landesverbandes für Gartenbau und Landespflege e. V. zusammengeschlossen. Nicht nur von anderen fordern, sondern selbst anpacken und mit positiven, nachahmenswerten Beispielen neue Wege aufzeigen, ist unser Erfolgsrezept.

Seit über 100 Jahren treten wir ein für die Förderung von Obst- und Gartenbau, Umweltschutz, Heimatpflege und somit für die gesamte Landeskultur.

Ziel unserer Bildungsarbeit ist es, ein verstärktes ökologisches Verständnis bei möglichst vielen Bürgern zu wecken sowie für die Bewahrung und Förderung der Natur in Garten, Siedlung und Landschaft als »Kulturaufgabe« zu werben. Die Dachorganisation der Gartenbauvereine ist deshalb bemüht, mit praxisnahen Unterlagen in Form von Diaserien, Merk- und Fachblättern, Broschüren sowie der Monatszeitschrift »Der praktische Gartenratgeber« die bestmögliche Beratung zu leisten. Darüber hinaus werden mit Schwerpunktprogrammen und Wettbewerben im ganzen Land wichtige Aktivitäten ausgelöst.

Herzog-Heinrich-Straße 21
80336 München
Telefon
(0 89) 54 43 05 - 0

Fax
(0 89) 54 43 05 34
E-Mail
info@gartenbauvereine.org

Weitere Informationen auch über die Gartenbauvereine in Ihrer Nähe finden Sie im Internet unter: www.gartenbauvereine.org oder fordern Sie unser kostenloses Faltblatt an.